Rechtliche Grenzen der Spielervermittlung im Lizenzfußball

AF828495

Europäische Hochschulschriften

European University Studies

Publications Universitaires Européennes

Reihe II **Rechtswissenschaft**

Series II Law

Série II Droit

Band/Volume **5719**

Louisa Leonhardt

Rechtliche Grenzen der Spielervermittlung im Lizenzfußball

PL ACADEMIC RESEARCH

Bibliografische Information der Deutschen Nationalbibliothek
Die Deutsche Nationalbibliothek verzeichnet diese Publikation in der Deutschen Nationalbibliografie; detaillierte bibliografische Daten sind im Internet über http://dnb.d-nb.de abrufbar.

Zugl.: Berlin, Freie Univ., Diss., 2014

D 188
ISSN 0531-7312
ISBN 978-3-631-65948-9 (Print)
E-ISBN 978-3-653-05368-5 (E-Book)
DOI 10.3726/ 978-3-653-05368-5

© Peter Lang GmbH
Internationaler Verlag der Wissenschaften
Frankfurt am Main 2015
Alle Rechte vorbehalten.
PL Academic Research ist ein Imprint der Peter Lang GmbH.
Peter Lang – Frankfurt am Main · Bern · Bruxelles · New York · Oxford · Warszawa · Wien

Das Werk einschließlich aller seiner Teile ist urheberrechtlich geschützt.
Jede Verwertung außerhalb der engen Grenzen des Urheberrechtsgesetzes ist ohne Zustimmung des Verlages unzulässig und strafbar.
Das gilt insbesondere für Vervielfältigungen, Übersetzungen, Mikroverfilmungen und die Einspeicherung und Verarbeitung in elektronischen Systemen.

Diese Publikation wurde begutachtet.

www.peterlang.com

I. Inhaltsverzeichnis

II. Literaturverzeichnis

Bach, Florian/Sauer, Jochen: Spielervermittlerhonorare des Vereins und Einkommenssteuer des Spielers. In: SpuRt 2010, S. 142-145

Baumbach, Klaus: Handelsgesetzbuch, Kommentar. 33. Auflage, München 2008

Bechtold, Rainer: GWB, Kommentar. 6. Auflage, München 2010

Bovelett, Hans-Gert: Rechtsprobleme der privaten Arbeitsvermittlung im Berufssport. Dissertation, Rostock 1999

Brox, Hans/Walker, Dietrich: Allgemeiner Teil des BGB. 37. Auflage, München 2013

Brox, Hans/Walker, Dietrich: Allgemeines Schuldrecht. 34. Auflage, München 2010

Buchberger, Markus: Rechtliche Grenzen von Beratertätigkeiten im Sport. In: AnwBl. 2000, S. 637-641

Chemnitz, Jürgen/Johnigk, Frank: Rechtsberatungsgesetz, Kommentar. 11. Auflage, Köln 2003

Dreier, Horst: Grundgesetz-Kommentar, Band 1. 2. Auflage, Tübingen 2004

Dreyer, Heinrich/Lamm, Christian-Peter/Müller, Thomas: Rechtsdienstleistungsgesetz, Kommentar. Berlin 2009

Ebenroth, Carsten/Boujong, Karlheinz/Joost, Detlev/Strohn, Lutz: Handelsgesetzbuch, Kommentar, Band 1. 2. Auflage, München 2008

Edelmann, Hervé: Die Kick-back-Rechtsprechung-ein Irrweg?. In: BB 2010, S. 1163-1172

Epping, Volker/Hillgruber, Christian: Grundgesetz, Kommentar. Hannover, Bonn 2009

Erman, Walter: Bürgerliches Gesetzbuch, Kommentar. 11. Auflage, Münster 2004

Feldgen, Réne/Schiffers, Joachim/Slotty-Harms, Ulrike: Die Leistungsbeziehungen zwischen Club-Spielervermittler und Spieler im Profifußball. In: BB 2014, S. 147-153

Feuerich, Wilhelm/Weyland, Dag: Bundesrechtanwaltsordnung, Kommentar. 8. Auflage, München 2008

Fischer, Ulrich: Die Spitzensportler des Mannschaftssports-Arbeitnehmer? In: SpuRt 1997, S. 181-185.

Fischer, Thomas: Strafgesetzbuch, Kommentar. 59. Auflage, München 2012

Frenz, Walter: Öffentliches Recht. 6. Auflage, München 2013

Fritzweiler, Jochen: Der Atlethen-Manager-Vertrag aus dem Blickwinkel des Athleten und des Sportlers. In: Scherrer (Hrsg.)-Sportlervermittlung und Sportlermanagement, Wien 2000

Fritzweiler, Jochen: Neueste Rechtsprechung zum Sportrecht. In: NJW 2000, S. 997-999

Fritzweiler, Jochen/Pfister, Bernd/Summerer, Thomas: Praxishandbuch Sportrecht. 2. Auflage, München 2007

Gaier, Reinhard/Wolf, Christian/Göcken, Stephan: Anwaltliches Berufsrecht, Kommentar. Köln 2010

Grunewald, Barbara/Römermann, Volker: Rechtsdienstleistungsgesetz, Kommentar. Köln 2008

Hartung, Wolfgang/Römermann, Volker: Berufs- und Fachanwaltsordnung, Kommentar. 4. Auflage, München 2008

Hartung, Wolfgang: Berufs- und Fachanwaltsordnung, Kommentar. 5. Auflage, München 2012

Heckelmann, Dieter: Der Idealverein als Unternehmer. In: AcP 179 (1979), S. 1-56

Helmholz, Niels: Die private Arbeitsvermittlung im Berufssport. Dissertation, Düsseldorf 2005

Hense, Burkhard/Ulrich, Dieter: WPO Kommentar. 2. Auflage, Düsseldorf 2013

Henssler, Martin: Das Verbot der Vertretung widerstreitender Interessen. In: NJW 2001, S. 1521-152

Henssler, Martin/Prütting, Hanns: Bundesrechtsanwaltsordnung, Kommentar. 3. Auflage, München 2010

Henssler, Martin/Prütting, Hanns: Bundesrechtsanwaltsordnung, Kommentar. 3. Auflage, München 2010

Homann, Hans-Jürgen: Der Künstlermanagementvertrag. Dissertation, Berlin 2013

Immenga, Ulrich/Mestmäcker, Ernst-Joachim: Wettbewerbsrecht, Kommentar, Band 1, Teil 1. 5. Auflage, München 2012

Immenga, Ulrich/Mestmäcker, Ernst-Joachim: Wettbewerbsrecht, Kommentar, Band 2. 4. Auflage, München 2007

Jarass, Hans/Pieroth, Bodo: Grundgesetz, Kommentar. 11. Auflage, München 2011

Jauering, Othmar: BGB, Kommentar. 13. Auflage, München 2009

Jenny, Christian: Der Sportvermittlungs- und der Sportlermanagementvertrag. In: Sportlervermittlung und Sportlermanagement, Scherrer (Hrsg.) S. 21-40, Wien 2000

Johnigk, Frank: Spielervermittler, Spielerberater und Rechtsberatungsgesetz. In: Sportler, Arbeit und Statuten, S. 121-135

Festschrift für Herbert Fenn, Bepler (Hrsg.), Berlin 2000

Jötten, Wolfgang: Vereinsautonomie und Grundrechtsschutz der Vereinsmitglieder. Dissertation, Köln 1976

Jungheim, Stefanie: Berufsregelungen des Weltfußballverbandes für Spielervermittler. Dissertation, Erlangen-Nürnberg, 2001

Karakaya, Ilkin/Buch, Steffen: Sittenwidrigkeit von Sportmanagementverträgen. In: ZRP 2002, S. 193-196

Kathmann, Uwe: Rechtsfragen zur praktischen Anwendung des Spielervermittler-Reglements des Weltfußballverbandes FIFA. In: Sportlervermittlung und Sportlermanagement, Scherrer (Hrsg.), S. 107-122, Wien 2000

Katz, Alfred: Staatsrecht. 18. Auflage, Heidelberg 2010

Kleine-Cosack, Michael: Restriktive Auslegung des Rechtsberatungsgesetzes. In: NJW 2003, S. 3009-3014

Kleine-Cosack, Michael: Rechtsdienstleistungsgesetz, Kommentar. 2. Auflage, Heidelberg 2008

Kleine-Cosack, Michael: Rechtsberatungsgesetz, Kommentar. Heidelberg 2004

Kleine-Cosack, Michael: Bundesrechtsanwaltsordnung, Kommentar. 6. Auflage, München 2009

Koch, Ludwig/Kilian, Matthias: Anwaltliches Berufsrecht. München 2007

Koller, Ingo/Roth, Wulf-Henning/Morck, Winfried: Handelsgesetzbuch, Kommentar. 7. Auflage, München 2011

Kröniger, Holger: Provisionsansprüche von Spielervermittlern gegenüber Fußballvereinen. In: SpuRt 2004, S. 233-236

Lampe, Christian/Müller, Michael: Sportmanagement und Arbeitsvermittlung. In: SpuRt 2003, S. 133-137

Langen, Eugen/Bunte, Hermann-Josef (Hrsg.): Kommentar zum deutschen und europäischen Kartellrecht, Band 2. 11. Auflage, Köln 2010

Langen, Eugen/Bunte, Hermann-Josef (Hrsg): Kommentar zum deutschen und europäischen Kartellrecht, Band 1. 11. Auflage, Köln 2010

Loewenheim, Ulrich/Meessen, Karl/Riesenkampff, Alexander: Kartellrecht, Europäisches und deutsches Recht, Kommentar. 2. Auflage, München 2009

Löhr, Karl-Ludwig: Mitwirkung der Vermittler von Berufssportlern/Lizenzspielern bei Vertragsverhandlungen. In: NJW 1995, S. 2148-2149

Looschelders, Dirk: Schuldrecht Allgemeiner Teil. 8. Auflage, München 2010

Looschelders, Dirk: Schuldrecht Besonderer Teil. 8. Auflage, München 2013

Mangoldt, v., Hermann/Klein, Friedrich/Starck, Christian: Kommentar zum Grundgesetz, Band 1. 6. Auflage, München 2010

Manssen, Gerrit: Staatsrecht II-Grundrechte. 10. Auflage, München 2013

Medicus, Dieter/Petersen, Jens: Bürgerliches Recht. 24. Auflage,München 2013

Menke, Johan-Michel/Schulz, Sebastian: Fristlose Kündigung nach § 627 BGB im Sportrecht. In: NJW 2011, S. 1845-1850

Menzel, Tobias: Werbebeschränkungen im Sport. Dissertation, Marburg 2001

Michael, Lothar/Morlok, Martin: Grundrechte. 4. Auflage, Baden-Baden 2014

Model, Otto/Müller, Klaus: Grundgesetz, Kommentar. 11. Auflage, Köln 1996

Münch, v., Ingo/Kunig, Philip: Grundgesetz, Kommentar, Band 1. 5. Auflage, München 2000

Münchener Kommentar: Handelsgesetzbuch (Schmidt, Karsten-Hrsg.), Band 1. 2. Auflage, München 2005

Münchener Kommentar: Bürgerliches Gesetzbuch (Säcker, Franz Jürgen/Rixecker, Roland-Hrsg.), Band 4. 5. Auflage, München 2009

Nasse, Roland: Der Sportler und (s)ein Manager. In: SpuRt 1996, S. 113-118

Nicklisch, Fritz: Der verbandsrechtliche Aufnahmezwang und die Inhaltskontrolle satzungsmäßiger Aufnahmevoraussetzungen. In: JZ 1976, S. 105-113

Niesel, Klaus/Brand, Jürgen: Sozialgesetzbuch, Arbeitsförderung – SGB III, Kommentar. 5. Auflage, München 2010

Nomos Kommentar,: Sozialgesetzbuch III (Mutscher, Bernd/Schmidt-De Caluwe, Reimund/Coseriu, Pablo-Hrsg.). 5. Auflage, Baden-Baden 2012

Oetker, Hartmut: HGB, Kommentar. 2. Auflage, München 2011

Palandt, Otto: Bürgerliches Gesetzbuch, Kommentar,. 70. Auflage, München 2011

Pfister, Bernhard: Der Managervertrag des Sportlers. In: Sportlervermittlung und Sportlermanagement, Scherrer (Hrsg.), S. 123-144,Wien2000

Pieroth, Bodo/Schlink, Bernhard/Kingreen, Thorsten/Poscher, Ralf: Grundrechte-Staatsrecht II. 29. Auflage, Heidelberg 2013

Reineke, Friedrich-Wilhelm: Lust oder Leid-Der Zweitberuf des Rechtsanwalts. In: NJW 2008, S. 2881-2886

Römermann, Volker/Hartung, Wolfgang: Anwaltliches Berufsrecht. 2. Auflage, München 2008

Römermann, Volker: Rechtsdienstleistungsgesetz-Die (un)heimliche Revolution in der Rechtsberatungsbranche. In: NJW 2006, S. 3025-3031

Sachs, Michael: Grundgesetz-Kommentar. 5. Auflage, München 2009

Scherrer, Urs: Die revidierte FIFA-Spielervermittler-Regelung. In: SpuRt 2001, S. 171-172

Scherrer, Urs: Die Spielervermittler-Regelung des Weltfussballverbandes (FIFA). In: Sportlervermittlung und Sportlermanagement, Scherrer (Hrsg.) S. 93-105, Wien 2000

Schwab, Martin: Provisionen, Rückvergütungen und der legitime Erwartungshorizont des Anlagekunden. In: BKR 2011, S. 450-456

Schloßer, Philipp: Führen Vertragsverhandlungen durch Spielervermittler zur Unwirksamkeit der Vermittlungsverträge? In: NZA 2001, S. 16-19

Schmalz, Dieter: Grundrechte. 4. Auflage, Baden-Baden 2001

Schmidt, Rolf: Grundrechte. 16. Auflage, Hamburg, 2014

Schmidt-Bleibtreu, Bruno/Hofmann, Hans/Hopfauf, Axel: Kommentar zum Grundgesetz. 11. Auflage, Köln 2008

Schminke, Martin/Helmholz, Niels: Der Spielervermittler im Lichte des neuen Rechtsdienstleistungsgesetzes. In: SpuRt 2008, S. 189-192

Schneider, Jürgen: Streikrecht der deutschen Profifußballer. In: SpuRt 1996, S. 118-121

Schönberger, Christoph: Rechtsberatungsgesetz und Berufsfreiheit. In: NJW 2003, S. 249-256

Schönke, Adolf/Schröder, Horst: Strafgesetzbuch, Kommentar. 27. Auflage, München 2006

Schröder, Werner: Sportrecht und Europäisches Wettbewerbsrecht. In: SpuRt 2006, S. 1-7

Schütz, Markus: Zur Zulässigkeit von Zensuren für Spielerberater und –vermittler im Internet. In: SpuRt 2010, S. 16-19

Sodan, Helge: Grundgesetz, Kommentar. München, 2012

Soergel, Hans Theodor: Bürgerliches Gesetzbuch, Band 10. 13. Auflage, Stuttgart 2011

Staub, Hermann: Handelsgesetzbuch, Großkommentar, 2. Band. 5. Auflage, Berlin 2008

Staudinger, Julius: Kommentar zum Bürgerlichen Gesetzbuch. Buch 2, §§ 652-656. Berlin 2010

Stern, Klaus/Becker, Florian: Grundrechte-Kommentar. Köln 2011

Stopper, Martin/Holzhäuser, Felix: Juristische Fallstricke im Recht der Spielervermittler. In: SpuRt 2011, S 13-17

Teubel, Joachim/Schons, Herbert: Erfolgshonorare für Anwälte. München 2008

Welter, Karl-Heinz: Die Zulässigkeit der Beratungs- und Vermittlungstätigkeit für Arbeitnehmer im Berufssport, insbesondere für Lizenzfußballspieler. Dissertation, Berlin 2007

Wertenbruch, Johannes: Die Vereinbarkeit der Beratungs- und Vermittlungstätigkeit für Berufssportler/Lizenzspieler mit dem Rechtsberatungsgesetz und dem neuen Arbeitsförderungsgesetz. In: NJW 1995, S. 223-227

Wertenbruch, Johannes: Die FIFA-Spielervermittlerlizenz im Fadenkreuz zwischen RDG, EG-Kartellrecht und Art. 12 GG. In: SpuRt 2009, S. 183-187

Weitere Quellen

Online:

www.transfermarkt.de
www.faz.de
www.fifa.com
www.focus.de
www.fussballportal.de
www.rp-online.de
www.spox.com

Zeitschriften:
Capital
Die Welt
TZ (Tageszeitung)

A. Einleitung

Allgemeine Bedeutung des Themas und Gegenstand der Untersuchung

Fußball ist längst nicht mehr nur ein Sport, der regelmäßig Millionen von Zuschauern fesselt, sondern ein riesiger hart umkämpfter und finanziell lukrativer Markt, bestimmt von Verträgen, Verhandlungen und Verdienstmöglichkeiten. Im Laufe der letzten Jahrzehnte wurde der Sport zunehmend kommerzialisiert, was eine komplexere Vertragsgestaltung zur Folge hat.

Im professionellen Fußball wechseln Spieler regelmäßig die Vereine. Oftmals werden dabei Ablösesummen in zweistelliger Millionenhöhe gezahlt. Transfers ohne die Beteiligung von Spielervermittlern, Spielerberatern oder beratenden Rechtsanwälten sind bei solchen Summen kaum noch denkbar und werden selten praktiziert.

Vereine sind längst vergleichbar mit mittelständischen Unternehmen, die nicht nur nach sportlichem, sondern auch nach wirtschaftlichem Erfolg streben. Ihre Spieler sind nicht nur Athleten, sondern eigene Marken. Trikots und Banden werden mit Werbung versehen, Sponsoren laden ihre Kunden zu Fußballspielen ein, Sportler bewerben Haarshampoos, Bratwürste und Reiseveranstalter. Die wirtschaftliche Bedeutung des Spitzensports ist daher für Sportler und Zuschauer allzeit präsent.

Momentan beträgt allein der Wert der 1. Bundesliga ungefähr 1,5 Milliarden Euro, wenn man die geschätzten Marktwerte der einzelnen Kader addiert.[1] Hinzu kommen die Kader der Vereine in den unteren, ebenfalls professionell organisierten Ligen sowie die Gehälter der Spieler. Insgesamt kommt man daher auf eine Summe jenseits von 2 Milliarden Euro, ohne Fernsehrechte und Umsätze der einzelnen Vereine einzurechnen. Nicht zu vergessen sind hierbei die Einnahmen aus Werbung, Sponsoring und Merchandising.

An Hand dieser Zahlen wird klar, welche Bedeutung den Verträgen zukommt, die die rechtlichen Verhältnisse zwischen Verein und Spieler, oder zwischen Spieler und Sponsoren regeln, und warum der Vertragsgestalter oberste Sorgfalt walten lassen muss. Die Bedeutung des Themas ist also zunächst unter dem finanziellen Aspekt enorm, aber auch mit einer ebenso hohen Verantwortung der agierenden Personen verbunden.

---

1 http://www.transfermarkt.de/de/1-bundesliga/startseite/wettbewerb_L1.html.

Abgesehen von den hohen Gehältern und Ablösesummen, über die ein Spielervermittler oder Berater verhandelt, darf auch nicht vergessen werden, dass ein Spieler seinen ersten Profivertrag in der Regel mit etwa 18 Jahren schließt und somit geschäftlich unerfahren und charakterlich noch nicht gefestigt ist. Auch muss bedacht werden, dass ein Spieler in den meisten Fällen keine weitere berufliche Ausbildung oder ein Studium absolviert. Die Fortbildung in vielen Bereichen wird dem Weiterkommen auf sportlicher Ebene zwingend untergeordnet.

Zum erhöhten Risiko eines verletzungsbedingten Karriereendes mit erheblich schlechteren Einstiegschancen in andere Berufe muss bedacht werden, dass auch bei optimalem Karriereverlauf der Beruf Fußballer nur bis zu einem gewissen Alter ausübt werden kann. Die aktive Zeit eines Fußballers endet wohl spätestens mit dem 35. Lebensjahr. Diese kurze Spanne ist daher für ihn oft die einzige Möglichkeit, seine Existenz zu sichern, bzw. die Zeit, in der er auf Grund der ausgebliebenen Ausbildung in andern Bereichen gehalten ist, die finanziellen Möglichkeiten, die ihm der Beruf bietet, auch optimal zu nutzen.

Neben dem sportlichen Druck muss der Spieler permanent unterwegs sein oder aus seinem gewohnten Umfeld in eine andere Stadt oder ins Ausland ziehen. Daneben steht er ununterbrochen im Interesse der Presse, der Fans und der Sponsoren. Für diese muss er sich stets präsentieren und sich ein Image aufbauen, das er ansprechend verkaufen kann. Auch bei einem Wechsel ist der Spieler oft Anfeindungen der eigenen Anhänger oder bei Auswärtsspielen den negativen Reaktionen der gegnerischen Fans ausgesetzt, was ihn zusätzlich unter psychischen Druck setzen kann. Daneben muss er nicht nur seine umfangreichen Finanzen und Steuern im Griff haben, sondern auch lernen, mit dem oftmals plötzlichen Reichtum umzugehen und versuchen, sich ein Leben nach dem Sport zu erarbeiten. All dies führt bei jungen Menschen oft zu einer Überforderungssituation. Daher ergibt sich für den Vermittler, noch mehr aber für den Berater, der in der Regel ein sehr enges Verhältnis zum Spieler unterhält und den Spieler langfristig betreut, auch eine gewisse soziale Verantwortung gegenüber dem Einzelnen. Auch diesem Umstand muss der beratende Rechtsanwalt oder der lizensierte Spielervermittler Rechnung tragen.

Weiterhin darf nicht außer Acht gelassen werden, dass die Öffentlichkeit ein nur teilweise korrektes Bild vom Beruf des Fußballers hat. Während es einzelne Spitzensportler mit tatsächlich sehr hohem Gehalt gibt, so ist die Masse der Spieler nicht derart finanziell abgesichert. Bis in die vierte Liga gibt es Berufsfußballer, also Spieler, die ihren Lebensunterhalt mit dem Fußballspielen verdienen. Diese Sportler verdienen keinesfalls Gehälter in Millionenhöhe. Gerade für sie sind die Karriereplanung und die Vertragsgestaltung in dieser Zeit von essenzieller Bedeutung. Der Fokus der Berichterstattung liegt jedoch regelmäßig auf dem

Spitzensportler. Darüber hinaus darf nicht vergessen werden, dass zahlreiche Spieler jede Saison wieder gegen die drohende Arbeitslosigkeit kämpfen müssen, so dass die Vereinigung der Vertragsfußballer Arbeitslosencamps organisieren muss, in denen sich die Spieler zumindest fit halten können. Arbeitslosigkeit ist also auch im Fußball ein präsentes Problem. Gerade für den Spielervermittler, der für die Vermittlung des Arbeitsplatzes zuständig ist, ergibt sich daher die hohe Verantwortung, den Spieler auch tatsächlich zu vermitteln. Während die Arbeitslosigkeit für den normalen Arbeitnehmer schon ein soziales, psychisches und finanzielles Problem darstellt, ist sie für den Sportler noch einmal schlimmer. Gerät der Spieler erst einmal in die Arbeitslosigkeit, gibt es meist keinen Weg zurück in den Beruf. Ein Spieler ohne Spielpraxis und mit erheblichem Trainings- und Leistungsrückstand hat in der Regel keine Möglichkeit, in einer späteren Saison wieder auf dem professionellen Niveau einzusteigen.

Dies gilt sicher nicht für die Spitzensportler, um die sich die Vereine reißen, wohl aber für die Spieler, die in den unteren Ligen spielen und der Masse der Zuschauer namentlich gar kein Begriff sind.

In der Öffentlichkeit und auch bei Vereinen genießen die Spielervermittler oft einen zweifelhaften Ruf. Ob die Kritik von Besorgnis um die soziale Verantwortung oder von Neid auf die zweifelsfrei hohen Einkommen der Spielervermittler geprägt ist, sei dahingestellt. So gilt der Markt der Spielervermittler als „Graumarkt, der nur wenige Regeln kennt – und noch weniger Regeln, die auch eingehalten werden".[2] Auch berichtet die Zeitung Die Welt im Zusammenhang mit Spielervermittlern von „zwielichtigen Machenschaften", die den „Geruch der Mauschelei" tragen.[3] Dem schließen sich namhafte Kritiker wie Franz Beckenbauer an: „Der Fußball ist ein Feld von Gauklern geworden", damit meint er „Spielervermittler, wohin man schaut, Profitmacher".[4] Dies sind wenige Beispiele für die sich ständig mehrende Berichterstattung.

Während die Spielervermittlung jahrelang nicht im Interesse der Öffentlichkeit stand, da Berater so gut wie nie persönlich auftraten, rücken sie nun immer öfter in den Fokus des Geschehens.

Oftmals ist von Honorarklagen eines Spielervermittlers die Rede[5], andere Male stellen sich die Berater bei Transfergesprächen in die Öffentlichkeit.

---

2 Martin Kaelble, Die Macht der Spielerberater, Capital 8/13, S. 102 ff.

3 Lars Wallrodt, Die zwielichtigen Machenschaften der Spielerberater, Die Welt, 18.10.2012.

4 dpa Meldung, Beckenbauer kritisiert Kommerz im Fußball, TZ, 5.6.2010.

5 Es kommt gerade im Verhältnis zum Spielervermittler häufig zu Honorarklagen oder Klagen gegen den Vermittlervertrag, da vieles rechtlich nicht eindeutig geklärt ist;

Im Folgenden wird daher zunächst ein Einblick in die Tätigkeit des Spielervermittlers und des Spielerberaters gegeben. Anschließend geht es um die Voraussetzungen, die ein Bewerber mitbringen muss, um den Beruf ausüben zu können. Hierbei wird neben den tatsächlichen Fähigkeiten auch auf das von der FIFA vorgeschriebene Zulassungsverfahren eingegangen. Danach erfolgt eine vertragstypologische Einordnung des Spielervermittlers sowie die Erläuterung der sich daraus ergebenden Konsequenzen für eine Vertragsgestaltung zwischen dem Spieler und seinem Vermittler.

Letztendlich geht es um die Frage, ob die Tätigkeit des Spielervermittlers für den lizenzierten Vermittler und den Rechtsanwalt auch mit deutschem Recht zu vereinbaren ist. Grundsätzlich ist der Maßstab der Arbeit das deutsche Recht. Auf die Schwierigkeiten, die sich für Vereine und Spieler sowie Spielervermittler bei internationalen Transfers ergeben, wird nicht eingegangen. Die Arbeit orientiert sich hierbei stets an der gängigen Praxis des Spielervermittlers und den Gepflogenheiten der Branche.

Die Fragestellung lautet dabei im Wesentlichen

- Wie werde ich Spielervermittler oder Berater?
- Was mache ich rechtlich?
- Was vereinbare ich vertraglich?
- Darf ich das nach deutschem Recht auch?

Kröninger, Provisionsansprüche von Spielervermittlern gegenüber Fußballvereinen, SpuRt 2004, S. 233.

B. Untersuchung

1. Teil: Spielervermittler und Spielerberater-Voraussetzungen zur Ausübung dieser Berufsbilder

Durch die ständig wachsende ökonomische Bedeutung des Fußballs und den steigenden sportlichen und finanziellen Wert (vgl. Einleitung) des Spielers haben sich die Berufe des Spielervermittlers und des Spielerberaters herausgebildet. Diese sollen dem Sportler alle außersportlichen Aufgaben abnehmen, um zu gewährleisten, dass er sich auf den sportlichen Erfolg konzentrieren kann. Weiterhin wird der Fußballer selbst heutzutage zu einer eigenen Marke, die insbesondere in der Werbung gewinnbringend eingesetzt werden kann. Diese Marke zu prägen und zu etablieren, wird dabei oft nicht vom Spieler selbst, sondern von Dritten übernommen.

Begründet wird diese Professionalisierung des Sport-Marketings seit den 1980er Jahren von Nasse[6], der hierfür die Liberalisierung der Amateurregel 26 des Internationalen Olympischen Committees im Jahre 1981 anführt. Danach wurden ab den Jahren 1984/1985 deutsche Sportagenturen gegründet. Im Wesentlichen ist es Aufgabe einer solchen Agentur oder Einzelperson, den Sportler für Werbung oder Sponsoring zu vermarkten.

Neben dem Spieler und dem Verein treten als handelnde Personen der Spielervermittler, der Spielerberater und der Rechtsanwalt auf. Daher gilt es, den Aufgabenbereich der einzelnen Berufsgruppen zu definieren.

Zunächst geht es um den Spielervermittler und den Spielerberater. Der beratende und vermittelnde Rechtsanwalt wird gesondert behandelt, da sich aus seiner Stellung als Rechtsanwalt besondere Probleme ergeben können.

I. Aufgabenbereiche und Tätigkeitsfelder des Spielerberaters und des Spielervermittlers

Die Aufgaben des Spielervermittlers und des Spielerberaters sind zwar unterschiedlich, können sich jedoch überschneiden.

1. Tätigkeit des Spielervermittlers

Nach den FIFA-Statuten über die Spielervermittlerlizenz ist Spielervermittler „eine natürliche Person, die gegen Entgelt Spieler bei einem Verein vorstellt,

6 Nasse, Der Sportler und (s)ein Manager, SpuRt 1996, S. 113.

um Arbeitsverträge auszuhandeln oder neu zu verhandeln, oder die im Hinblick auf den Abschluss eines Transfervertrags zwei Vereine einander vorstellt und zwar jeweils unter Einhaltung der in diesem Reglement niedergelegten Bestimmungen".[7]

Aufgabe des Spielervermittlers ist es danach im Wesentlichen, für einen Spieler einen geeigneten Verein, also einen Arbeitgeber, zu finden. Das Verhältnis zwischen Spieler und Verein ist nämlich nach ganz herrschender Auffassung ein Arbeitsverhältnis.[8] Der Vermittler wird je nach vertraglicher Vereinbarung mit dem Spieler ermächtigt, einen Verein für ihn zu suchen, einzelne Konditionen oder gar den gesamten Arbeitsvertrag auszuhandeln. Somit kann der Spielervermittler den Vertrag bei entsprechender Absprache sogar unterschriftsreif vorbereiten. Der Spielervermittler wird also versuchen, dem Spieler einen Arbeitsvertrag bei einem Verein zu verschaffen, seinen Arbeitsvertrag beim aktuellen Verein zu verlängern oder seinen Transfer zu einem anderen Verein zu ermöglichen. Den tatsächlichen Abschluss eines Vertrages zwischen den Parteien schuldet der Vermittler dabei jedoch nicht.[9] Findet der Spielervermittler also keinen geeigneten Verein und wird der Spieler daher arbeitslos, so besteht nicht etwa allein deshalb ein Schadensersatzanspruch gegen den Spielervermittler. Zur Aufgabe des Spielervermittlers zählt es dabei auch, Vorgespräche mit dem Spieler oder Verein zu führen oder Anschauungsmaterial, also insbesondere Videos, aber auch immer wichtiger werdende Statistiken zusammenzustellen.

Da Vereine kaum den Spieler selbst anrufen und ihm Verträge anbieten werden, sondern den Vermittler des Spielers kontaktieren bzw. von ihm kontaktiert werden, ist der Spielervermittler der erste Ansprechpartner, wenn es um Verhandlungen mit dem Spieler geht. Auch umgekehrt wird nicht der Spieler selbst bei einem Verein anfragen, ob er in der nächsten Saison dort spielen kann -in der Regel ist dies Aufgabe eines Vermittlers, der damit eine Kontaktperson darstellt.

---

7 Siehe FIFA-Reglement für Spielervermittler vom 01.01.2008, abrufbar unter http://de.fifa.com/mm/document/affederation/administration/51/55/18/playersagents_de_32512.pdf.

8 Lampe/Müller, Sportmanagement und Arbeitsvermittlung, SpuRt 03, S. 133, (134); Schloßer, Führen Vertragsverhandlungen durch Spielervermittler zur Unwirksamkeit der Vermittlungsverträge?, NZA 2001, S. 16 (17); Wertenbruch, Die Vereinbarkeit der Beratungs- und Vermittlungstätigkeit für Berufssportler/Lizenzspieler mit dem Rechtsberatungsgesetz und dem neuen Arbeitsförderungsgesetz, NJW 1995, S. 223.

9 Nach herrschender Ansicht handelt es sich bei der Spielervermittlung zumindest auch um einen Maklervertrag im Sinne der §§ 652 ff. BGB, vgl. dazu Teil 2, I, 1, S. 51 ff.

2. *Tätigkeit des Spielerberaters*

In der Praxis sucht ein Spieler sich oft einen Spielerberater, der ihm zahlreiche Aufgaben abnimmt und im Wesentlichen seine Karriere managt. Der Berater, der sowohl als Einzelperson agieren oder in einer Agentur arbeiten kann, nimmt je nach vertraglicher Vereinbarung und Wunsch des Spielers Aufgaben wahr, die dem Spieler bei der Karriere helfen oder nur das tägliche Leben erleichtern. Dazu gehören die Suche von Sponsoren und Werbepartnern, die Vermarktung des Sportlers in Fernsehen oder Rundfunk, das Finden eines Ausrüsters, Finanz- und Steuerberatung oder auch alltägliche Aufgaben wie die Wohnungssuche, das Autoleasing, Abschluss von Versicherungen und Ähnliches.[10] Aus der Vereinbarung zwischen den Parteien bemisst sich der Umfang der Tätigkeit des Beraters, der auch als Manager bezeichnet werden kann. Da die Parteien diesen frei wählen können, kann ebenfalls eine Vermittlungsleistung vereinbart werden. Damit kann der Spielerberater auch die Tätigkeit des Spielervermittlers ausüben, er kann aber durchaus vielseitigere Aufgaben übertragen bekommen.

Wird ein reiner Vermittlungsvertrag geschlossen, der nur zum Gegenstand hat, den Arbeitsvertrag des Spielers zu verhandeln, spricht man von einem Spielervermittler. Werden umfangreichere Aufgaben in der Karriereplanung übernommen, die auch die Vermittlung beinhalten können, ist die Rede von einem Spielerberater oder Manager. Da das Verhältnis zwischen Spieler und Manager oft über Jahre besteht und ein gewisses Vertrauen voraussetzt, sind reine Vermittlungsverträge eher selten. Der Spieler wird dem Manager oftmals seine ganze Karriereplanung, insbesondere die Vermittlung an Sponsoren und Werbepartner sowie Ausrüster, überlassen.

II. Anforderungen an die Spielervermittlungs- und Spielerberatungstätigkeit

Laut der Zeitschrift Focus[11] gaben die Vereine der 1. und 2. Bundesliga in der Saison 2009/2010 71,6 Millionen Euro für Spielervermittlergehälter aus.[12] Dies zeigt, wie lukrativ der Markt ist, und erklärt, warum immer mehr Vermittler

---

10 Jenny, Der Sportvermittlungs- und der Sportlermanagementvertrag, in: Sportlervermittlung und Sportlermanagement, Scherrer (Hrsg.), S. 21 (26).

11 www.focus.de, Meldung vom 9.12.2010, http://www.focus.de/sport/fussball/dfl-liga-zahlt-spielervermittlern-71-6-millionen-euro_aid_579895.html.

12 Stopper/Holzhäuser, Juristische Fallstricke im Recht der Spielervermittler, SpuRt 2011, S. 13.

und Berater versuchen, ihr Geld mit der Vermittlung von Profi-Fußballern zu verdienen.

Tatsächlich erfordert die Spielervermittlertätigkeit keine Ausbildung oder ein Studium. Daher ist der Zugang prinzipiell jedermann möglich. Weil es keine staatliche Ausbildung und damit keinerlei zwingende Kenntnisse gibt, eröffnet sich einerseits eine große Chance für jeden Bewerber, andererseits birgt dies die Gefahr einer unqualifizierten Beratung. Diese ist angesichts der eingangs dargestellten wirtschaftlichen und sozialen Verantwortung nicht zu unterschätzen.

Zu differenzieren gilt es nach tatsächlichen Anforderungen, also Fähigkeiten, die der Bewerber mitbringen muss, und eventuellen gesetzlichen oder verbandsrechtlichen Anforderungen. Die tatsächlichen Voraussetzungen, also die Fähigkeiten für den Beruf des Spielervermittlers und des Spielerberaters, können sich ähneln oder auch überschneiden, da sich auch die Tätigkeit, wie bereits aufgezeigt, nach der zugrundeliegenden Parteivereinbarung richtet und die Beratungsleistung daher die Vermittlungsleistung umfassen kann. Lediglich hinsichtlich der rechtlichen Anforderungen gibt es Unterschiede.

1. *Tatsächliche Anforderungen an Spielerberater und Spielervermittler*

Tatsächlich erforderlich ist für beide Berufe zunächst sowohl der Kontakt zum betreffenden Spieler als auch der Kontakt zu Vereinen in Deutschland und Europa oder gar weltweit sowie eine gute Kenntnis der Branche und der üblichen Gepflogenheiten, da die Vermittlung des Sportlers an einen Verein die Kerntätigkeit des Spielervermittlers ist. Darüber hinaus ist es unerlässlich, den Markt permanent zu beobachten, um einen Spieler im richtigen Zeitpunkt bei einem Verein anbieten zu können, zu wissen, wo ein „Stürmer" mit entsprechenden Qualitäten gesucht wird, welcher Spieler wechselwillig ist, wo ein Ersatz für einen langzeitverletzten Spieler gebraucht wird oder welcher Spieler einen neuen Vertrag benötigt. Nur wer eine solche Situation erkennt, kann unverzüglich reagieren.

Wichtig ist es dafür auch, die sportlichen Fähigkeiten des Spielers einschätzen zu können und ihn somit richtig beraten zu können. Eine gute Beratung innerhalb der Vermittlung setzt voraus, dass man sowohl Potenzial als auch Grenzen des Spielers erkennt, um Spielklasse und Gehalt des Spielers realistisch einschätzen zu können. Oftmals fehlt dem Berater oder Vermittler die dazu nötige Sachkunde, so dass sich Kooperationen zu Scouts, also Beobachtern, und ehemaligen Trainern, die einen Spieler nach Kriterien wie Schnelligkeit, Stellungsspiel, technische Fähigkeiten oder Ballsicherheit beurteilen, ergeben können.

Umfasst die angebotene Dienstleistung nur Vermarktungsleistungen oder Karriereberatung des Spielers, also keine Vermittlungsleistung, so spricht man von einem Spielerberater.[13] Erforderliche zusätzliche Fähigkeiten, um den Beruf des Managers, also des Spielerberaters, ausüben zu können, richten sich nach dem vereinbarten Pflichtenprogramm der Parteien. Je nachdem, was der Spieler von seinem Berater erwartet, muss dieser über die entsprechenden Qualifikationen verfügen. Im Mittelpunkt steht hierbei die Fähigkeit, den Sportler langfristig bei der Planung und Umsetzung seiner Karrierestrategie zu unterstützen. Auch eine Planung des Lebens nach dem Karriereende spielt dabei eine Rolle. Neben den bloßen Kontakten zu Sponsoren und Werbepartnern und der Kenntnis des Marktes sowie der sportlichen Einschätzung des Spielers wären hier zusätzliche Kenntnisse in den Bereichen wünschenswert, die der Spielerberater für den Sportler übernimmt. Gerade wenn eine Beratung im Finanzbereich erfolgt, sollte der Berater eine gewisse Kenntnis von Risiken der verschiedenen Anlagemöglichkeiten besitzen, um den Spieler hier fachgerecht zu beraten. Dieses ist in der Praxis oftmals leider nicht der Fall. Laut Medienberichten ist jeder vierte Spieler bereits am Ende seiner aktiven Karriere insolvent.[14] Weitere Spieler geraten im Laufe der Zeit in die Zahlungsunfähigkeit oder erleiden empfindliche Verluste im Rahmen riskanter Finanzanlagen. Für diesen Umstand ist der Berater sicher nicht unbedingt verantwortlich, sondern vorwiegend der ausschweifende Lebensstil der betroffenen Spieler. Ein guter Berater sollte diesem Prozess jedoch nach Möglichkeiten entgegenwirken, indem er abgesicherte und seriöse Finanzanlagen und Produkte empfiehlt oder den Spieler hierfür an einen geeigneten und sachkundigen Finanzexperten verweist. In der Presse liest man jedoch eher von riskanten Geschäften der Spieler.[15] Zwar kann in dem angeführten Fall nicht nachgewiesen werden, dass der Anlagetipp vom Spielerberater kam, es fällt jedoch auf, dass alle Beteiligten den selben Manager haben. Unter dem eben genannten Aspekt können sich auch Kooperationen mit beispielsweise Steuerberatern oder Rechtsanwälten ergeben.

Nicht zu unterschätzen ist auch die psychologische Betreuungsleistung, die ein Berater erbringen muss. Er wird oftmals zum Beistand in allen Lebensfragen. Bei dem enormen Leistungsdruck, der hohen Verletzungsgefahr, der Trennung von Familie, Freunden und dem gewohnten Umfeld und den oftmals wechselnden Mitspielern wird der Manager zu einer Vertrauensperson des Spielers, da er durch eine langfristige Zusammenarbeit zu einer Konstanten im Leben des

---

13 Lampe/Müller, Sportmanagement und Arbeitsvermittlung, SpuRt 2003, S. 133.

14 http://www.welt.de/sport/fussball/article12420729/Jeder-vierte-Profi-ist-am-Karriereende-pleite.html.

15 http://www.faz.net/artikel/S31501/geschlossene-fonds-schiffsfonds-sind-in-not-geraten-30334856.html.

Sportlers werden kann. Auch den Spieler auf dem Boden der Realität zu belassen, ist angesichts der hohen Summen, die Spielern in jungen Jahren gezahlt werden, Aufgabe des Beraters, um den sportlichen Erfolg nicht zu gefährden. Letztendlich ist der Maßstab der Leistung des Beraters hier die Zufriedenheit des Spielers.

2. *Anforderungen der FIFA an den Spielervermittler – Lizenzerfordernis*

Gesetzliche Zulassungsanforderungen werden an den Bewerber nicht mehr gestellt. Sieht man in dem Beruf des Spielervermittlers eine Arbeitsvermittlung, so war hierfür bis 2002 eine Erlaubnis erforderlich. Die Regelung der Erlaubnispflicht gem. § 291 SGB III a.F. ist im Zuge der Änderung des SGB III ersatzlos weggefallen.

Der Beruf des Spielerberaters, sofern dieser keine Vermittlungstätigkeit beinhaltet, unterlag nicht der Erlaubnispflicht des § 291 SGB III a. F. Er ist Berufsberatung im Sinne des § 30 SGB III[16] und damit ebenfalls erlaubnisfrei.[17] Der Beruf des Managers ist gesetzlich nicht vorgesehen und unterliegt daher keinen gesonderten Bestimmungen. Vereinbaren die Parteien in ihrem Beratungsvertrag die zusätzliche Vermittlungsleistung, so gelten die Voraussetzungen für den Spielervermittler natürlich auch für den vermittelnd tätig werdenden Berater. Damit bestehen keine gesetzlichen Zugangs-oder Ausübungsbeschränkungen.

Während sich die Berufe ihren tatsächlichen und gesetzlichen Anforderungen nach kaum unterscheiden oder sich überschneiden, stellen sie durch das Spielervermittler-Reglement der FIFA, umgesetzt vom DFB, durchaus andere Zugangserfordernisse an einen Bewerber.

Zum Vermitteln von Spielern ist-anders als zum Beraten-eine FIFA-Spielervermittlerlizenz erforderlich. Im Folgenden wird daher zunächst das Verfahren der Lizenzerteilung erläutert und bewertet. Im Weiteren wird die Vereinbarkeit einer Lizenzpflicht mit europäischem und deutschem Recht untersucht.

a) Sinn und Zweck der Lizenz

Auf Grund der hohen Summen und der oftmals jungen Menschen, auf deren Karriere der Vermittler erheblichen Einfluss ausübt, versucht die FIFA, eine gewisse Kontrolle über die Spielervermittler auszuüben. Somit soll eine seriöse Vermittlerbranche entstehen. Zu diesem Zweck hat sie das Spielervermitt-

---

16 Lampe/Müller, Sportmanagement und Arbeitsvermittlung, SpuRt 2003, S. 133, (134).

17 Lampe/Müller, Sportmanagement und Arbeitsvermittlung, SpuRt 2003, S. 133, (134).

lerreglement zum 1.1.2008 in Kraft gesetzt, das vom DFB umzusetzen war.[18] Dieses regelt neben den Aufgaben von Spielervermittlern auch die Frage, wer überhaupt Spielervermittler sein darf. Vermittler kann daher nicht jeder sein. Vielmehr ist nach dem Spielervermittler-Reglement der FIFA eine Spielervermittlerlizenz erforderlich.[19]

Eine Lizenz ist danach eine vom zuständigen Verband ausgestellte offizielle Urkunde, die eine natürliche Person berechtigt, als Spielervermittler zu agieren.[20] Bewerber für eine solche Lizenz ist „eine natürliche Person, die eine Lizenz zu erlangen wünscht, die sie berechtigt, als Spielervermittler zu agieren".[21] Vorbehaltlich von Artikel 4 Nr. 1 und Nr. 2, der Familienangehörigen und Rechtsanwälten das Vermitteln von Spielern auch ohne Lizenz gestattet, ist es Sportlern und Vereinen verboten, die Dienste eines nichtlizenzierten Spielervermittlers in Anspruch zu nehmen.[22]

Im Falle des Zuwiderhandelns werden empfindliche Strafen angedroht.[23] Die Strafen reichen von einer Geldbuße für alle Beteiligten über eine Sperre für den Spieler bis zu einem Punktabzug oder dem Zwangsabstieg für den betreffenden Verein. Zur Erlangung der Lizenz muss der Bewerber unter anderem eine Prüfung bestehen, in der fachliche und rechtliche Grundkenntnisse vorausgesetzt werden. Das Lizenzerfordernis ist daher ein Versuch der FIFA, Seriosität und Qualifikation des Bewerbers gegenüber dem Spieler und dem Verein zu gewährleisten. Zusätzlich zu der Prüfung fordert die FIFA eine Bankgarantie über einen Mindestbetrag von CHF 100.000 von einer schweizerischen Bank oder eine Berufshaftpflichtversicherung, die die Risiken der Spielervermittlertätigkeit angemessen abdeckt.[24] Damit soll garantiert werden, dass ein Spielervermittler die im Rahmen seiner Tätigkeit entstehenden Schäden auch ausgleichen kann.

Ein nicht lizenzierter Vermittler kann den Beruf zwar in der Theorie, nicht aber in der Praxis ausüben. Indem die FIFA Vereinen und Spielern vorschreibt, nur mit lizenzierten Vermittlern arbeiten zu dürfen[25] und für den Fall eines Verstoßes empfindliche Strafen androht, wird faktisch die Inanspruchnahme eines

---

18 Wertenbruch, Die FIFA-Spielervermittlerlizenz im Fadenkreuz zwischen RDG, EG-Kartellrecht und Art. 12 GG, Spurt 2009, S. 183.

19 FIFA Reglement für Spielervermittler, Art. 3, Nr. 1.

20 FIFA Reglement für Spielervermittler, Definitionen, Nr. 2.

21 FIFA Reglement für Spielervermittler, Definitionen, Nr. 3.

22 FIFA Reglement für Spielervermittler, Art. 2 II.

23 FIFA Reglement für Spielervermittler, Art. 33, 34, 5.

24 FIFA Reglement für Spielervermittler, Art. 9, 10.

25 FIFA Reglement für Spielervermittler, Art. 2, Nr. 2.

nicht lizenzierten Vermittlers verhindert. Damit ist die Lizenzpflicht quasi Ausübungsvoraussetzung für den Beruf des Spielervermittlers. Voraussetzung für den Beruf des Spielerberaters ist sie nur dann, wenn auch eine Vermittlungstätigkeit angeboten wird.

Indem die FIFA empfindliche Geldstrafen oder sogar sportliche Sanktionen für den Fall verhängt, dass bei einem Transfer ein nicht lizenzierter Vermittler mitwirkt, will sie sicherstellen, dass Vereine und Spieler sich an die Lizenzpflicht halten. Die Kontrolle der Einhaltung der Lizenzpflicht obliegt dabei den nationalen Verbänden, also dem DFB. Strafen werden dem nicht lizenzierten Spielervermittler in Artikel 33 FIFA Reglement zwar angedroht, sind aber wohl ihm gegenüber nicht durchsetzbar. Anders als der Verein oder der Spieler unterliegt er als Nichtmitglied nämlich nicht der Vereinsgewalt der FIFA, womit sich weder verbandsrechtliche Regelungen noch die Disziplinargewalt des DFB auf ihn erstrecken.[26] Strafen können daher, wenn überhaupt, nur gegen den Spieler oder den Verein verhängt werden, nicht aber gegen den tätig gewordenen nicht lizenzierten Vermittler.

b) Verfahren der Lizenzerteilung

Vorliegend wird das Verfahren der Lizenzerteilung als faktische Voraussetzung zur Ausübung der Spielervermittlertätigkeit erläutert und bewertet.

aa) Zuständigkeit

Die Zuständigkeit für die Lizenzerteilung richtet sich nach Artikel 5 des FIFA Reglements. Die Spielervermittlerlizenzen vergibt danach der Verband des Landes, dessen Staatsangehörigkeit der Bewerber hat. Hat der Bewerber eine doppelte oder mehrfache Staatsangehörigkeit, ist der Verband des Landes zuständig, dessen Staatsangehörigkeit der Bewerber zuletzt erworben hat.[27] Damit kann jeder nationale Verband, also in Deutschland der DFB, die Spielervermittlerlizenz vergeben.

bb) Antrag

Zunächst muss der Bewerber einen schriftlichen Antrag an den zuständigen Verband stellen.[28] Die Antragsvoraussetzungen sind in Artikel 6 des FIFA-Reglements niedergelegt. Danach muss der Bewerber eine natürliche Person mit

---

26 Helmholz, Die private Arbeitsvermittlung im Berufssport, S. 75.

27 FIFA Reglement für Spielervermittler, Art. 5, Nr. 1.

28 FIFA Reglement für Spielervermittler, Art. 6, Nr. 1.

tadellosem Leumund sein. Dies wird vermutet, wenn der Bewerber noch nie wegen einer Finanz-oder Gewaltstraftat zu einer Strafe verurteilt wurde.[29]

Um Interessenkollisionen zu vermeiden, darf der Bewerber unter keinen Umständen eine Position als Funktionär, Arbeitnehmer o. ä. der FIFA, „einer Konföderation, eines Verbands, einer Liga oder eines Vereins oder einer mit solchen Organisationen oder Rechtsträgern verbundenen Organisation innehaben".[30]

Um den Standard dauerhaft zu wahren, müssen die Antragsvoraussetzungen für die Lizenz während seiner gesamten Karriere erfüllt sein.[31]

Ist der Antrag eingegangen, prüft die FIFA, ob diese Voraussetzungen vorliegen, und entscheidet darüber, ob der Antrag anzunehmen oder abzulehnen ist. Ist eine der Voraussetzungen nicht erfüllt, ist der Antrag abzulehnen. Liegen sie hingegen vor, wird das Lizenzerteilungsverfahren weitergeführt. Wird der Antrag abgelehnt, kann der Bewerber eine erneute Überprüfung des Vorliegens der einschlägigen Voraussetzungen verlangen.

cc) Prüfung

Artikel 8 regelt die Prüfungsmodalitäten.

Der Bewerber muss eine schriftliche Prüfung[32] absolvieren, die von den Verbänden zweimal jährlich im März und September organisiert und von der FIFA überwacht wird. Diese Prüfung muss grundsätzlich für den Bewerber kostenlos sein, allerdings darf der Verband eine Gebühr erheben, die die Organisationskosten deckt.[33] Damit wird sichergestellt, dass jeder an der Prüfung teilnehmen kann, ohne dabei eine erhebliche finanzielle Last zu tragen. Weiterhin bietet es so keinen finanziellen Anreiz für den Verband, die Prüfung durchzuführen. Damit wird unterstrichen, dass die FIFA sich durch die Lizenzpflicht keine zusätzliche Einnahmequelle generieren, sondern lediglich den Markt seriöser gestalten will. Dies führt auch dazu, dass die Durchfallquote nicht künstlich erhöht wird, sondern die Prüfung unter fairen Bedingungen stattfindet.

Die Prüfung selbst ist ein Multiple-Choice Test, der als bestanden gilt, wenn die von der FIFA vorgeschriebene Mindestpunktzahl erreicht ist.[34] Inhalt der Prüfung sind die Reglements und Statuten der FIFA, insbesondere die das

29 FIFA Reglement für Spielervermittler, Art. 6, Nr. 1.
30 FIFA Reglement für Spielervermittler, Art. 6, Nr. 2.
31 FIFA Reglement für Spielervermittler, Art. 6, Nr. 3.
32 FIFA Reglement für Spielervermittler, Art 8.
33 FIFA Reglement für Spielervermittler, Art 8, Nr. 3.
34 FIFA Reglement für Spielervermittler, Art. 8, Nr. 4.

Transferwesen betreffenden Bestimmungen, Grundkenntnisse im Zivilrecht, insbesondere Vertragsrecht und Grundlagen zum Persönlichkeitsrecht. Die Prüfung dauert zwischen 60 und 90 Minuten[35] und besteht aus 20 Fragen: fünf Fragen zum nationalen und fünfzehn Fragen zum internationalen Recht.[36]

dd) Abschluss einer Haftpflichtversicherung

Hat der Bewerber diese schriftliche Prüfung bestanden, so muss er nun eine Berufshaftpflichtversicherung abschließen,[37] die die sich aus der Tätigkeit des Spielervermittlers ergebenden Risiken angemessen abdeckt und auch Schadenersatzansprüche erfasst, die entstehen, nachdem der Spielervermittler seine Tätigkeit eingestellt hat.

Anstelle der Berufshaftpflichtversicherungsversicherung kann der Bewerber auch eine Bankgarantie einer schweizerischen Bank über einen Mindestbetrag von CHF 100.000 vorlegen.[38] Der Bewerber muss unwiderruflich garantieren, dieses Geld für eventuell entstehende Schadensersatzansprüche, die aus seiner Tätigkeit als Spielervermittler resultieren, zur Verfügung zu stellen.

ee) Einhaltung des Berufsethikkodex und der Fußballreglemente

Letztendlich muss der Bewerber noch einen Berufsethikkodex unterschreiben und sich verpflichten diesen einzuhalten.[39]

ff) Lizenzerteilung

Sind alle genannten Voraussetzungen erfüllt, wird die Lizenz vom Verband erteilt. Die Lizenz ist fünf Jahre gültig. Nach dieser Zeit erlischt sie.[40] Der Bewerber muss vor Ablauf der fünf Jahre die Teilnahme an einer erneuten schriftlichen Prüfung beantragen.[41] Die Lizenz ist personenbezogen und nicht übertragbar.[42] Damit soll die Weitergabe von Aufgaben, die der Spielervermittler zu erledigen hat, an einen nicht lizenzierten Vermittler ausgeschlossen werden. Spielervermittler soll nach Vorstellung der FIFA nur sein, wer sich durch die Prüfung als geeignet erwiesen hat. Die Lizenz gestattet die Betätigung im internationalen

---

35 Festzulegen vom Verband, FIFA Reglement für Spielervermittler, Art. 8, Nr. 6, S. 2.
36 FIFA Reglement für Spielervermittler, Art. 8, Nr. 6.
37 FIFA Reglement für Spielervermittler, Art. 9.
38 FIFA Reglement für Spielervermittler, Art. 10.
39 FIFA Reglement für Spielervermittler, Art. 11.
40 FIFA Reglement für Spielervermittler, Art. 17, Nr. 1.
41 FIFA Reglement für Spielervermittler, Art. 17, Nr. 2.
42 FIFA Reglement für Spielervermittler, Art. 12, Nr. 1.

Bereich, stellt jedoch deklaratorisch klar, dass der Spielervermittler die nationalen Gesetze beachten muss.[43]

Der Verband ist dazu verpflichtet, eine regelmäßig aktualisierte Liste von lizenzierten Spielervermittlern zu führen. Diese soll sichern, dass es für Vereine und Spieler einfach ist, sich zu vergewissern, ob der Vermittler, mit dem sie eine Zusammenarbeit in Betracht ziehen, lizenziert ist.

gg) Lizenzverlust

Erfüllt der Spielervermittler die dargestellten Voraussetzungen nicht mehr, kann die Lizenz vom zuständigen Verband entzogen werden.[44] Ist die Erfüllung der Voraussetzungen noch möglich, muss der Verband vorher eine Frist zur Erfüllung setzen.[45] Weiterhin kann der Spielervermittler die Lizenz zurückgeben. Außerdem kann der Verband die Lizenz auf Grund einer Sanktion vorübergehend entziehen.[46]

III. Zulässigkeit der Lizenzpflicht

Fraglich erscheint, ob eine Lizenz für Spielervermittler grundsätzlich mit deutschem Recht vereinbar ist. Wie bereits dargestellt, erschwert die Lizenz als von der FIFA geschaffene Voraussetzung zur Ausübung der Spielervermittlertätigkeit dem Bewerber den Zugang zum Beruf. Das Lizenzerfordernis ist also eine Hürde für den Bewerber. Die Spielervermittlerlizenz ist faktische Voraussetzung zur Ausübung des Berufs.

In der Praxis wird dieses Erfordernis jedoch vielfach umgangen, indem formal ein Rechtsanwalt, der eine solche Lizenz nicht benötigt, oder ein lizenzierter Spielervermittler hinzugezogen wird.

Bedenkt man, dass der Beruf eigentlich nach deutschem Recht frei zugänglich ist, da gesetzliche Anforderungen nicht gestellt werden, so wird deutlich, dass die Bestimmungen der FIFA hier einschränkend zu Lasten des Bewerbers eingreifen. Dies ist im Hinblick auf das europäische sowie das deutsche Wettbewerbsrecht bedenklich. Auch problematisch erscheint die Vereinbarkeit der Regelung mit Artikel 12 GG, der eigentlich jedermann die freie Wahl und Ausübung eines Berufes garantiert. Zu prüfen ist ebenfalls eine Vereinbarkeit mit der Konkurrenzausschlussklausel des § 297 Nr. 4 SGB III sowie die Vereinbarkeit

---

43 FIFA Reglement für Spielervermittler, Art. 2, Nr. 2, S. 2.

44 FIFA Reglement für Spielervermittler, Art 14, 15.

45 FIFA Reglement für Spielervermittler, Art. 14, 15.

46 FIFA Reglement für Spielervermittler, Art. 15.

mit dem gesetzgeberischen Willen. Der Gesetzgeber hat die früher erforderliche Arbeitsvermittlungslizenz abgeschafft. Die Schaffung eines neuen Lizenzerfordernisses könnte also seiner Intention zuwiderlaufen.

1. Europarechtliche Probleme der Lizenz-Vereinbarkeit mit Artikel 101 und 102 AEUV

Mit der Frage der Vereinbarkeit des FIFA Spielervermittler Reglements mit europäischem Wettbewerbsrecht hatte sich das Europäische Gericht in seiner Entscheidung über den Spielervermittler Laurent Piau[47] zu befassen.

Piau hielt das FIFA Reglement für unzulässig, da es gegen europäisches Wettbewerbsrecht verstoße. Daher legte er am 23.3.1998 eine Beschwerde gegen das FIFA Reglement in seiner Fassung von 1996 ein.[48] Er beanstandete darin zum Beispiel eine Verletzung der Gleichbehandlung von Angehörigen der Mitgliedsstaaten oder die Tatsache, dass ein Rechtsweg gegen Entscheidungen und Sanktionen der FIFA nicht vorgesehen war. Der Spielervermittler Piau fühlte sich insbesondere durch die Pflicht zur Abgabe einer Bankgarantie über CHF 200.000, die das FIFA Reglement in der Fassung vom 1.1.1996 enthielt, in seiner Dienstleistungsfreiheit eingeschränkt. Eine Bankgarantie in Höhe von CHF 200.000 sei nicht ohne Weiteres für jedermann beibringbar.

Die Beschwerde wurde von der EU-Kommission zurückgewiesen.[49] Tatsächlich äußerte die EU Kommission Bedenken hinsichtlich der Vereinbarkeit des Spielervermittlerreglements mit Artikel 81 EG, da es zwar ausreichend qualifizierten aber nicht lizenzierten Bewerbern den Zugang zum Beruf versage, obgleich zur Sicherung der Qualität auch weniger restriktive Mittel ausreichen würden.[50] Da allerdings noch während der Prüfung durch die Kommission die Pflicht zur Abgabe dieser Bankgarantie im Zuge einer Revidierung des Reglements durch die Möglichkeit des Abschlusses einer Haftpflichtversicherung ergänzt wurde, wies die Kommission die Beschwerde zurück.[51]

---

47 Dargestellt auch bei Wertenbruch, Die FIFA Spielervermittlerlizenz im Fadenkreuz zwischen RDG, EG-Kartellrecht und Art 12 GG, SpuRt 2009, S. 183 (186); EuG, Urteil vom 26.1.2005, Spurt 2005, 102 ff.

48 Wertenbruch, Die FIFA Spielervermittlerlizenz im Fadenkreuz zwischen RDG, EG-Kartellrecht und Art 12 GG, SpuRt 2009, S. 183, (186).

49 Entscheidung der EU-Kommission vom 15.4.2002, vgl. ABl. Nr. C 219/21 vom 14.9.2002; (2002/C 219/51).

50 Mitteilung vom 21.10.1999 IP/99/782.

51 Entscheidung der EU-Kommission vom 15.4.2002, vgl. ABl. Nr. C 219/21 vom 14.9.2002; (2002/C 219/51).

Gegen diese Entscheidung klagte Piau vor dem Europäischen Gericht. Dies wies seine Klage zurück.[52] Auch das gegen die Entscheidung des EuG eingelegte Rechtsmittel[53] hat der EuGH mit Beschluss vom 23.02.2006 zurückgewiesen.

Das Europäische Gericht prüfte bei der Zurückweisung der Klage nur, ob die europäische Kommission richtig von Ihrem Ermessen Gebrauch gemacht hat. Die Überprüfung bezog sich daher nur auf eine Vereinbarkeit mit den europäischen Wettbewerbsregeln. Prüfungsmaßstab war also für das EuG nur die Rechtmäßigkeit und nicht die Natur des Spielervermittler-Reglements und die Rechtssetzungskompetenz der FIFA an sich.[54] Zwar sieht das EuG Probleme bei der Frage der Rechtsetzungskompetenz der FIFA als privatrechtlicher Verband in der vorliegenden Frage, die Klärung sei jedoch nicht vom Prüfungsprogramm umfasst. Die Entscheidungskompetenz beschränke sich auf die Überprüfung der vorangegangenen Zurückweisung der Beschwerde durch die europäische Kommission.

a) Vereinbarkeit der Lizenzpflicht mit Artikel 101 AEUV (Artikel 81 EG a.F.)

Somit stellte sich die Frage, ob das Lizenzerforderns gegen das europäische Kartellverbot verstößt. Dabei ist darauf hinzuweisen, dass Artikel 101 AEUV der alten Fassung des Artikel 81 EG entspricht. Artikel 102 AEUV entspricht dem früheren Artikel 82 EG.

Ein Verstoß gegen Artikel 101 AEUV ist dann anzunehmen, wenn die Regelung den freien Wettbewerb in unzulässiger Weise einschränkt. Danach sind mit dem Binnenmarkt unvereinbar und verboten alle Vereinbarungen zwischen Unternehmen, Beschlüsse von Unternehmensvereinigungen und aufeinander abgestimmte Verhaltensweisen, welche den Handel zwischen Mitgliedsstaaten zu beeinträchtigen geeignet sind und eine Verhinderung, Einschränkung oder Verfälschung des Wettbewerbs innerhalb des Binnenmarktes bezwecken oder bewirken.[55]

Diese Vorschrift soll den unverfälschten Wettbewerb sichern.[56] Die Artikel 101 AEUV f. haben den Zweck, eine von Unternehmen oder einer

---

52 EuG Urteil vom 26.1.2005, SpuRt 2005, S. 102 ff.

53 Rs. C-171/05 P, eingereicht 15.4.2005.

54 EuG Urteil vom 26.1.2005, Spurt 2005, S. 102 (103).

55 Vgl. Art. 101 AEUV.

56 Langen/Bunte-Bunte, Kartellrecht, Band 2, Art. 81, Rn. 1; Immenga/Mestmäcker-Emmerich, Wettbewerbsrecht, Band 1/Teil1, Art. 101, Rn. 3.

Unternehmensvereinigung ausgehende Wettbewerbsverfälschung zu verhindern und damit die wirtschaftliche Betätigungsfreiheit zu schützen.[57]

Damit ist das europäische Wettbewerbsrecht auf den vorliegenden Fall nur anwendbar, wenn es sich bei dem FIFA Reglement um den Beschluss einer Unternehmensvereinigung handelt.

Unternehmen im Sinne des Kartellrechts ist dabei jede Einheit, die eine wirtschaftliche Tätigkeit ausübt, unabhängig von ihrer Finanzierung und ihrer Rechtsform.[58] Erfasst werden hiervon auch relative Unternehmen, also solche, die hinsichtlich einzelner Fragen unternehmerisch auftreten, im Übrigen jedoch nicht.[59] Unternehmensvereinigungen sind Zusammenschlüsse solcher Unternehmen.[60] Auf die Unternehmenseigenschaft der Unternehmensvereinigung kommt es dabei nicht an, so dass deren wirtschaftliche Betätigung nicht gegeben sein muss.[61] Nimmt die Vereinigung wirtschaftliche Tätigkeiten im eigenen und nicht im Interesse ihrer Mitglieder wahr, so ist sie nicht Unternehmensvereinigung, sondern selbst Unternehmen,[62] anders jedoch, wenn sie außerdem die Aufgabe hat, die Interessen ihrer Mitglieder zu wahren.[63] Indem die Unternehmensvereinigung das Verhalten ihrer Mitglieder durch Beschlüsse koordinieren kann, hat sie die ebenso wirksame Möglichkeit, den Wettbewerb zu beschränken, wie ein Unternehmen, dass eine Vereinbarung mit einem anderen Unternehmen trifft.[64] Daher ist die Unternehmensvereinigung ebenso dem Kartellrecht unterstellt wie das einzelne Unternehmen.

Beschlüsse sind hierbei von der Unternehmensvereinigung ausgehende Regelungen des für die Organisation zuständigen Organs, die die rechtlichen Beziehungen zwischen der Unternehmensvereinigung und dem Beschlussadressaten oder zwischen den beteiligten Unternehmen auf Grund eines bereits bestehenden Gesamtrechtsaktes wie einer Vereinssatzung, eines Gesellschaftsvertrages

---

57 Langen/Bunte-Bunte, Kartellrecht, Band 2, Art. 81, Rn. 3; Loewenheim/Meessen/Riesenkampff-Gippini-Fournier/Mojzesowicz, Kartellrecht, Art. 81, Rn. 1 f.

58 st. Rspr. EuGH, zB. NJW 2009, 1325, (1326) mwN.; Langen/Bunte-Bunte, Kartellrecht, Band 2, Art. 81, Rn. 5; Loewenheim/Meessen/Riesenkampff-Gippini-Fournier/Mojzesowicz, Kartellrecht, Art. 81, Rn. 40; Immenga/Mestmäcker-Emmerich, Wettbewerbsrecht, Band 1/Teil 1, Art. 101, Rn. 7.

59 Immenga/Mestmäcker-Emmerich, Wettbewerbsrecht, Band 1/Teil 1. Art. 101, Rn. 12.

60 Langen/Bunte-Bunte, Kartellrecht, Band 2, Art. 81, Rn. 15; Immenga/Mestmäcker-Emmerich, Wettbewerbsrecht, Band 1/Teil 1, Art 101, Rn. 38.

61 Langen/Bunte-Bunte, Kartellrecht, Band 2, Art. 81, Rn. 15.

62 EuGH, 9.6.1977 „Van Ameyde/UCI“.

63 Immenga/Mestmäcker-Emmerich, Wettbewerbsrecht, Band 1/Teil 1, Art. 101, Rn. 38.

64 Immenga/Mestmäcker-Emmerich, Wettbewerbsrecht, Band 1/Teil 1, Art. 101, Rn. 41.

oder einer Geschäftsordnung, durch den sich die beteiligten Unternehmen zu einer organisatorischen Einheit, nämlich der Unternehmensvereinigung, zusammengeschlossen haben.[65] Faktisch kommt ein solcher Beschluss dabei einem Vertrag zwischen den beteiligten Unternehmen gleich, so dass der Beschluss der Unternehmensvereinigung ebenso behandelt wird wie der dem Vertrag bzw. der Absprache zwischen zwei Unternehmen.

aa) Ansicht des EuG

Nach Ansicht des Gerichts[66] ist dieser Kartelltatbestand durch das Lizenzerfordernis erfüllt. Bei der FIFA handele es sich um eine Unternehmensvereinigung. In ihr seien die nationalen Fußballverbände wie zum Beispiel der DFB zusammengeschlossen. Der DFB selbst sei ebenfalls eine Unternehmensvereinigung, da in ihm die einzelnen nationalen professionellen Fußballvereine zusammengeschlossen seien. Das Fußballspielen stelle für die nationalen Verbände eine wirtschaftliche Tätigkeit dar. Diese seien somit wirtschaftliche Unternehmen im Sinne des Artikel 81 EG. Indem die FIFA diese einzelnen Unternehmen zusammenschließt, sei sie eine Unternehmensvereinigung. Damit sei Artikel 81 EG, also der heutige Art 101 AEUV, auf das Handeln der FIFA anwendbar, da es wettbewerbsrechtlich relevant sein könne.

Dies bestätige sich auch dadurch, dass die nationalen Verbände an die FIFA einen Prozentsatz der Bruttoeinnahmen aus jedem internationalen Spiel abführen müssten und zusammen mit der FIFA als Inhaber der Ausschließlichkeitsrechte zur Verbreitung und Übertragung der betreffenden Sportveranstaltung anerkannt seien, also in soweit eine wirtschaftliche Tätigkeit ausübten.

Da die FIFA das Reglement aus eigener Machtbefugnis erlassen habe, um dadurch das Verhalten der Spielervermittler als Mitglieder zu regeln, stelle es somit einen Beschluss einer Unternehmensvereinigung dar, der damit am Wettbewerbsrecht zu messen sei, sobald er Wirkung auf die Gemeinschaft zeige.

Das darin enthaltene Lizenzerfordernis behindere den Zugang zum Beruf und beeinträchtige damit den Wettbewerb, da es für die Ausübung des Berufes von wesentlicher Bedeutung sei. Damit liege ein wettbewerbsrechtlich relevanter Eingriff einer Unternehmensvereinigung durch einen Beschluss vor, der sich beeinträchtigend auf den Markt auswirke.

Allerdings sei das Reglement aber als freistellungsfähig im Sinne des Artikel 81 III EG einzustufen.[67] Der Spieler und der Verein seien auf Grund der enormen

65 Langen/Bunte-Bunte, Kartellrecht, Band 2, Art. 81, Rn 33.
66 EuG Urteil v. 26.1.2005, SpuRt 2005, 102 ff.
67 EuG Urteil v. 26.1.2005, SpuRt 2005, 102, (104).

wirtschaftlichen Bedeutung und der kurzen Karrieredauer schützenswert. Ein Schutz beispielsweise über nationale Berufsstände sei derzeit nicht gewährleistet, so dass das Reglement der FIFA zwingend notwendig sei um eine sachgerechte Beratung des Sportlers und des Vereins zu gewährleisten. Es sei unstreitig, dass in der Vergangenheit zahlreiche Spieler und Vereine durch unsachgemäße Beratung geschädigt worden seien. Ziel der Zwangslizenz sei daher der Schutz der Spieler. Der Wettbewerb werde durch die Lizenz nicht verhindert, es sei vielmehr seit Einführung zu einer Öffnung gekommen.

Dem folgt auch *Wertenbruch*,[68] der im Lizenzerfordernis eine Qualitätssicherung sieht, da die Lizenz garantiere, dass gewisse Kenntnisse vorhanden seien und ethische Werte gewahrt würden.[69] Spieler und Vereine würden vor unseriöser Beratung geschützt und die Wahl des Beraters werde durch die Lizenz erleichtert, da ein lizenzierter Berater von der FIFA als zuverlässig eingestuft wurde. Auch das Ansehen der Brache könne so gesteigert werden.[70]

Damit qualifiziert das EuG nationale Verbände wie den DFB als Unternehmen und die FIFA als Unternehmensvereinigung und kommt somit zu einer Anwendbarkeit der europäischen Wettbewerbsregeln. Allerdings stelle das Reglement keinen Verstoß dar, da es freistellungsfähig sei. Dies bedeutet, dass das Kartellverbot des Artikel 101 I AEUV nicht anwendbar sei. Von einer Anwendung wird nämlich abgesehen, wenn dem Unternehmer nur Beschränkungen auferlegt werden, die für die Verbesserung der Marktwirtschaft an sich unerlässlich sind, sofern der Verbraucher an der Verbesserung partizipiert.[71]

bb) Stellungnahme

Das EuG gelangt zunächst zu der Annahme, bei der FIFA handele es sich um eine Unternehmensvereinigung, da die nationalen Verbände wirtschaftliche Unternehmen seien, die sich unter dem Dach der FIFA zusammenschließen. Weiterhin gelangt es zu dem Ergebnis, die FIFA habe durch einen Beschluss gehandelt. Letztendlich sieht es das Reglement jedoch als freistellungsfähig an.

In Anbetracht der Tatsache, dass der Begriff der Unternehmensvereinigung derart weit ausgelegt wird und auch Zusammenschlüsse von Unternehmensver-

---

68 Wertenbruch, Die FIFA Spielervermittlerlizenz im Fadenkreuz zwischen RDG, EG-Kartellrecht und Art 12 GG, SpuRt 2009, S. 183 (186).

69 Wertenbruch, Die FIFA Spielervermittlerlizenz im Fadenkreuz zwischen RDG, EG-Kartellrecht und Art 12 GG, SpuRt 2009, S. 183 (186).

70 So auch: Wertenbruch, Die FIFA Spielervermittlerlizenz im Fadenkreuz zwischen RDG, EG-Kartellrecht und Art 12 GG, SpuRt 2009, S. 183 (186).

71 Immenga/Mestmäcker-Emmerich, Wettbewerbsrecht, Band 1/Teil 1, Art. 101, Rn. 7.

einigungen erfasst werden,[72] oder auch Zusammenschlüsse von relativen Unternehmen,[73] kann die FIFA als Unternehmensvereinigung bezeichnet werden.

Letztendlich kann das jedoch dahinstehen, da das Reglement überzeugend als freistellungsfähig im Sinne des Artikel 101 III AEUV eingestuft wurde. Richtig wird dargestellt, dass ein großes Interesse aller Beteiligten besteht, den Markt sicherer und seriöser zu gestalten. Spieler und Vereine profitieren von einer Seriosität des Marktes. Auch ist die Prüfung und der Abschluss der Versicherung keineswegs mehr ein unverhältnismäßiger Aufwand für den Bewerber und durchaus mit anderen Zugangsanfordernissen zu vergleichen, so dass eine Freistellungsfähigkeit in jedem Fall gegeben ist. Insbesondere das Argument des EuG, den zweifelsfrei notwendigen Schutz der Sportler und Vereine nicht anders gewährleisten zu können, da (abgesehen von Frankreich) nationale Regelungen nicht vorliegen, überzeugt.

Eine komplette Vernachlässigung der Bedürfnisse der Spieler und Vereine nach Seriosität und Verlässlichkeit der Berater erscheint im Verhältnis zum abverlangten Aufwand des Anwärters auf den Beruf nicht angemessen. Somit kommt das EuG im Ergebnis zutreffend zu einer Ablehnung eines Verstoßes gegen Artikel 81 a.F. Nichts anderes kann somit für Artikel 101 AEUV gelten.

b) Vereinbarkeit der Lizenzpflicht mit Artikel 102 AEUV (Artikel 82 EG a.F.)

Zu klären ist weiterhin, ob die FIFA als Unternehmen durch die Lizenzpflicht ihre Monopolstellung auf einem gemeinsamen Markt missbräuchlich ausübt. Auch hier stellt sich wieder die Frage, ob die FIFA als Unternehmen zu klassifizieren ist. Allerdings kann dies auch hier offen bleiben, da ein missbräuchliches Ausnutzen nicht festzustellen ist.

Eine Monopolstellung wird der FIFA unzweifelhaft zu unterstellen sein,[74] da sie sämtliche Veranstaltungen und Turniere steuert und veranstaltet und ein professioneller Fußball außerhalb des Verbandes eigentlich nicht stattfindet. Allerdings wird diese Stellung nicht durch die Lizenzpflicht missbraucht.[75]

Da das Reglement als freistellungsfähig im Sinne des Artikel 81 III EG eingestuft und festgestellt wurde, dass die Regelung keine wettbewerbsschädigende Beschränkung sei, sondern eine gerechtfertigte Qualitätssicherung, liegt darin

72 Immenga/Mestmäcker-Emmerich, Wettbewerbsrecht, Band 1/Teil 1 Art. 101, Rn. 40.
73 Immenga/Mestmäcker-Emmerich, Wettbewerbsrecht, Band 1/Teil 1 Art. 101, Rn. 12.
74 Schröder, Sportrecht und Europäisches Wettbewerbsrecht, SpuRt 2006, S. 1 (6).
75 EuGUrteil v. 26.1.2005, SpuRt 2005, S. 102, (105).

keine Ausnutzung der marktbeherrschenden Stellung.[76] Der dahingehenden Ansicht des EuG kann in vollem Umfang gefolgt werden, da ein Missbrauch abzulehnen ist, sofern eine Freistellungsfähigkeit bejaht wurde.

2. Unternehmenseigenschaft des DFB und Verstoß gegen nationales Wettbewerbsrecht

Damit gilt es nunmehr zu klären, ob es sich bei dem DFB um ein Unternehmen handelt und sich daraus gegebenenfalls ein Verstoß gegen deutsches Wettbewerbsrecht ergibt.

Nicht jeder Spielervermittler hat die gleichen Chancen auf erfolgreiche Berufsausübung, da nicht lizenzierte Spielervermittler nicht in Anspruch genommen werden dürfen. Dadurch greift die FIFA mit dem Erlass des Spielervermittlerreglements, bzw. der DFB durch dessen Umsetzung in den Markt der Spielervermittler ein.

Der Wettbewerb zwischen den einzelnen Spielervermittlern könnte daher dahingehend gestört sein, dass nicht lizenzierte Berater gegenüber lizenzierten benachteiligt werden. Daraus könnte sich ein Verstoß gegen § 19 I GWB ergeben. Ein solcher liegt vor, wenn eine marktbeherrschende Stellung durch ein oder mehrere Unternehmen missbräuchlich ausgenutzt wird.[77]

a) Anwendbarkeit des GWB

Voraussetzung für die Anwendbarkeit des Wettbewerbsrechtes ist, dass es sich bei dem DFB um ein Unternehmen handelt und von diesem eine eventuelle Ungleichbehandlung ausgeht.

Ein Unternehmen ist grundsätzlich, wer eine wirtschaftliche Tätigkeit erbringt, die darin besteht, Güter oder Dienstleistungen auf einem bestimmten Markt anzubieten.[78]

Eine differenziertere Betrachtung ergibt sich bei Zugrundelegung der Annahme, der DFB stelle einen Idealverein im Sinne des § 21 BGB dar. Ein Idealverein ist jeder Verein, dessen Zweck nicht auf einen wirtschaftlichen Geschäftsbetrieb gerichtet ist. Als ein solcher nicht wirtschaftlicher Verein ist der DFB zu klassifizieren, da er nach § 1 DFB-Satzung ein eingetragener Verein ist,

---

76 EuGUrteil v. 26.1.2005, SpuRt 2005, S. 102, (105).

77 vgl. § 19 I GWB.

78 BGHZ-110, 371, 380= NJW 1990, 2851; BGH DE-R 839 ff. (841); Bechthold, GWB, § 1, Rn. 6; Langen/Bunte-Bunte, Kartellrecht, Band 1, § 1, Rn. 19; Immenga/Mestmäcker-Zimmer, Wettbewerbsrecht, Band 2, § 1, Rn. 32 mwN.

der gem. § 4 DFB-Satzung nicht auf Gewinnerzielung, sondern auf Förderung insbesondere im Jugendbereich, die Vertretung des deutschen Fußballsportes im In- und Ausland und die Förderung von Bildungsmaßnahmen sowie Organisation gerichtet ist.[79]

Grundsätzlich unterfällt die Tätigkeit eines Idealvereins nicht dem Kartellverbot des § 1 GWB, da sein Handeln dem privaten Bereich zugeordnet wird.[80] Dies gilt aber nur insoweit, als der Verein tatsächlich auch die Interessen seiner Mitglieder vertritt.[81] Bei Sportvereinen ist daher zu differenzieren, ob eine Vertretung sportlicher Interessen der Mitglieder oder eine wirtschaftliche Betätigung des Vereines im Vordergrund steht.[82] Zweifelsfrei unternehmerisch ist der An- oder Verkauf eines Spielers zu werten.[83] Auch der Verkauf von Eintrittskarten, die Vergabe von Fernsehübertragungsrechten oder die Nutzung von Sponsoring und Werbemöglichkeiten ist wirtschaftlicher Natur.[84] Wird der Verein auf wirtschaftlichem Gebiet tätig, so ist er in dieser Hinsicht als Unternehmen zu klassifizieren, im Übrigen jedoch nicht.[85]

Daraus ergibt sich eine differenzierte Betrachtung der einzelnen in Frage stehenden Handlung mit der anschließenden Prüfung, ob es sich dabei um eine wirtschaftliche Tätigkeit handele.

Bovelett[86] und *Jungheim*[87] klassifizieren den DFB generell als Unternehmen, da sie es für ausreichend erachten, dass der DFB im Rahmen all seiner Tätigkeiten auch wirtschaftlich tätig wird. Insbesondere Bovelett sieht auf Grund der Monopolstellung des DFB und der Tatsache, dass der DFB die Bundesliga betreibe, eine generelle Unternehmenseigenschaft als gegeben an.

Mit der Frage, ob der DFB in der Frage der Spielervermittlerlizenz unternehmerisch im Sinne des GWB tätig wird, setzt sich auch *Helmholz*[88] auseinander.

---

79 So auch Helmholz, Die private Arbeitsvermittlung im Berufssport, S. 77.

80 Loewenheim/Meessen/Riesenkampff-Nordemann, Kartellrecht, § 1, Rn. 23.

81 Loewenheim/Meessen/Riesenkampff-Nordemann, Kartellrecht, § 1, Rn. 23.

82 Loewenheim/Meessen/Riesenkampff-Nordemann, Kartellrecht, § 1, Rn. 23.

83 Heckelmann, Der Idealverein als Unternehmer, AcP 179 (1979), S. 1 (29).

84 Loewenheim/Meessen/Riesenkampff-Nordemann, Kartellrecht, § 1, Rn. 23, mit Bezugnahme auf: WuW/E BGH 2406,2408= BGH NJW 1987, 3007, (3008), (Inter-Mailand Spiel); BGH WuW/E DE-R 17 (18) =BGH NJW1998, 756 (757), (Europapokalheimspiele); KG WuW/E OLG 1429,1431 (Deutscher Fußball Bund); Immenga/Mestmäcker-Zimmer, Wettbewerbsrecht, Band 2, § 1, Rn. 59.

85 Loewenheim/Meessen/Riesenkampff-Nordemann, Kartellrecht, § 1, Rn. 23.

86 Bovelett, Rechtsprobleme der privaten Arbeitsvermittlung im Berufssport, S. 135 ff.

87 Jungheim, Berufsregelungen des Weltfußballverbandes für Spielervermittler, S. 188 ff.

88 Helmholz, Die private Arbeitsvermittlung im Berufssport, S. 104 ff.

Er kritisiert die vorstehenden Ansichten. Für ihn ist auf Grund der Natur des DFB als Idealverein zu differenzieren, ob eine Betätigung im Einzelfall wirtschaftlich ist oder nicht. Vorliegend geht er davon aus, dass die Voraussetzung einer Spielervermittlerlizenz nicht wirtschaftlich, sondern sportlicher Herkunft ist und das GWB somit keine Anwendung finden kann. Für ihn stellt der DFB insoweit kein Unternehmen dar. Bei der Ausgestaltung der Spielervermittlung werde der DFB nämlich gerade nicht auf Grund wirtschaftlicher Interessen tätig. Vielmehr sei das Lizenzerfordernis ein Versuch, den Markt seriöser zu gestalten.

Auch *Welter*[89] legt auf Grund der Eigenschaft des DFB als relatives Unternehmen eine differenzierende Sicht zu Grunde, kommt aber anders als Helmholz zu dem Ergebnis, der DFB werde in der Frage der Spielervermittlerlizenz wirtschaftlich und damit unternehmerisch im Sinne des § 1 GWB tätig. Für ihn stellt das Verhängen von Strafen und das Sperren von Spielern eine unternehmerische Tätigkeit dar.

b) Stellungnahme und eigene Ansicht

Auf Grund der Natur des DFB als Idealverein gehen Welter und Helmholz zu Recht von einer differenzierenden Betrachtung aus, so dass zur Klärung der Frage, ob eine unternehmerische Tätigkeit im Sinne des § 1 GWB vorliegt, auf die konkrete Handlung abzustellen ist. Nur eine solche Differenzierung macht vor dem Hintergrund des Wettbewerbsrechtes Sinn. Verhindert werden sollen nicht sämtliche Handlungen eines Sportvereines, die im Rahmen der sportlichen Ausrichtung getroffen werden. Vielmehr soll der Verein nur dann als Unternehmen eingestuft und damit dem Anwendungsbereich des GWB unterstellt werden, sofern er auch tatsächlich unternehmerisch tätig wird. Nur eine solche wirtschaftliche Tätigkeit soll dem Schutzzweck des GWB unterstellt werden.

Dabei ist nicht darauf abzustellen, ob der DFB in einzelnen Punkten auch unternehmerisch tätig wird. Soweit eine solche Klassifizierung von Bovelett und Jungheim vorgenommen wird, wird sie dem Bild des Idealvereines nicht gerecht. Zwar ist die von ihnen angesprochene Verpachtung der Lizenzligen zweifelsfrei wirtschaftliche Tätigkeit des DFB. Auch der Verkauf von Eintrittskarten oder die Vergabe der Fernsehübertragungsrechte wird zu Recht als wirtschaftlich angesehen. Dies kann aber nicht dazu führen, dass der DFB als Idealverein generell

89 Welter, Die Zulässigkeit der Beratungs- und Vermittlungstätigkeit für Arbeitnehmer im Berufssport, insbesondere für Lizenzfußballspieler, S. 234.

als Unternehmen angesehen wird. Vielmehr ist auf die konkrete in Frage stehende Handlung, vorliegend also die Frage der Lizenz, abzustellen. Dabei ist zwischen der Erteilung der Lizenz und den Auswirkungen eines Verstoßes zu differenzieren.

Die Erteilung der Lizenz ist in Übereinstimmung mit Helmholz[90] nicht wirtschaftlicher Natur. Sie dient als Qualitätsmerkmal für den Spielervermittler und soll die Seriosität und das Ansehen der Branche fördern. Sie hat daneben auch die bereits angesprochene Komponente, Spieler und Vereine vor unzureichender Beratung zu schützen und die Erfüllung etwaiger Schadensersatzansprüche zu sichern.

Wirtschaftliche Gesichtspunkte wie eine Entgeltlichkeit der Lizenz oder ein Bieterverfahren um eine Lizenz sind gerade nicht Voraussetzung für die Erteilung. Die Lizenz ist kostenlos ausgestaltet. Dies zeigt, dass der DFB oder die FIFA nicht versucht, sich durch die Lizenz eine zusätzliche Einnahmequelle zu generieren. Da die Lizenz auf Grund eines Antrags- und Prüfungsverfahrens erteilt wird, hat sie keinen bezifferbaren Gegenwert und kann daher nicht im wirtschaftlichen Sinne gehandelt werden. Damit hat die Erteilung der Lizenz an sich keinen wirtschaftlichen Wert. Vor diesem Hintergrund stellt sie somit keine unternehmerische Tätigkeit des DFB dar, die dem Schutzzweck des Wettbewerbsrechts zu unterstellen wäre.

Ebenso verhält es sich mit den Strafen, die als Konsequenz eines Verstoßes verhängt werden können.

Für *Welter*[91] stellen sich diese Strafen als wirtschaftliche Tätigkeit des DFB dar. Eine nähere Begründung dazu erfolgt nicht. Man könnte annehmen, die Strafen seien als finanzielle Einbußen wirtschaftliche Folge der Lizenz bzw. eines Verstoßes gegen das Lizenzerfordernis. Damit stellt sich die Frage, ob vielleicht nicht die Erteilung der Lizenz selbst, sondern das Vorgehen bei einem Verstoß gegen das Erfordernis als wirtschaftliche Tätigkeit zu qualifizieren ist, so dass sich die Lizenz insgesamt als wirtschaftliche Tätigkeit darstellt. Daraus ergäbe sich dann eine Unternehmenseigenschaft des DFB in dieser Beziehung. Das Wettbewerbsrecht wäre auf das Lizenzerfordernis anwendbar.

Einer solchen Annahme kann jedoch nicht gefolgt werden. Eine Strafe kann für den Einzelnen finanzieller Natur sein und damit wirtschaftliche Konsequenzen haben. So kann auch der Abstieg oder die Sperre eines Spielers wirtschaftliche

90 Helmholz, Die private Arbeitsvermittlung im Berufssport, S. 105.

91 Welter, Die Zulässigkeit der Beratungs- und Vermittlungstätigkeit für Arbeitnehmer im Berufssport, insbesondere für Lizenzfußballspieler, S. 234.

Auswirkungen haben. Die Strafen sind jedoch nicht Inhalt, sondern ein bloßer Reflex der eigentlich bezweckten Regelung. Eine finanziell relevante Strafe bei Zuwiderhandlung kann nicht die Regelung an sich zu einer wirtschaftlichen Tätigkeit machen. Vielmehr sind Geldbußen auch im öffentlichen Recht oder im Strafrecht zu finden, ohne dass dabei jemand auf die Idee käme, die einziehende Behörde als Unternehmen anzusehen. Vielmehr ist eine Teilnahme am Wirtschaftsleben hier abzulehnen, da eine unternehmerische Tätigkeit vorliegend auch im Verhängen einer Strafe nicht gesehen werden kann, da eine solche Strafe nur Nebenregelung der eigentlichen Bestimmung ist und dazu dient, den sportlichen Zweck auch tatsächlich durchzusetzen. Diese Lizenz ist daher sportlicher und organisatorischer Natur.

Damit ist nationales Wettbewerbsrecht auf unternehmerische Tätigkeiten des DFB zwar grundsätzlich anwendbar, nicht aber, wenn es wie vorliegend um eine nicht wirtschaftliche Tätigkeit, sondern um den Versuch geht, Verbandsmitglieder wie Spieler und Vereine durch das Aufstellen von Regeln zu ordnen und auch zu schützen. Ein Verstoß gegen das GWB ist daher im Reglement nicht zu sehen.

Obwohl der DFB also weder bei der Lizenzerteilung noch bei einer Verhängung von Sanktionen unternehmerisch tätig wird und somit schon nicht in den Anwendungsbereich des GWB fällt, sei allgemein klargestellt, wie es sich mit der Besonderheit verhält, dass beide Parteien vorliegend nicht auf dem gleichen sachlich relevanten Markt der Spielervermittlung tätig sind. Fraglich wäre hier, ob das Tätigwerden beider Seiten auf dem identischen Markt Voraussetzung für das Vorliegen eines Marktmissbrauchstatbestandes ist, also ob sich die Reglementierung auf dem vom tatsächlich beherrschten Markt abspielen muss, oder ob es ausreicht, wenn der Wettbewerb auf einem Gebiet beeinträchtigt werden soll, auf dem der Marktbeherrscher selbst gar nicht Konkurrent ist.[92]

Unabhängig von der fehlenden Unternehmensqualität des DFB im vorliegenden Fall wäre der DFB marktbeherrschend im Sinne des § 18 I Nr. 1 GWB, da es außerhalb der vom DFB organisierten und vermarkteten Fußballveranstaltungen und Fußballligen keinen sportlich oder wirtschaftlich relevanten Wettbewerber gibt. Kerntätigkeit des DFB ist die Veranstaltung und Vermarktung von Fußballspielen. Das Vermitteln von Fußballspielern steht damit nur in entferntem Zusammenhang, da die Spieler im Rahmen der Spiele des DFB eingesetzt werden. Der DFB selbst vermittelt jedoch keine Spieler, wodurch es nie zu einem

92 Immenga/Mestmäcker-Möschel, GWB, § 19, Rn. 114.

Wettbewerb zwischen Spielervermittler und DFB auf dem hier sachlich relevanten Markt der Vermittlung kommen kann, dies also für den DFB ein Drittmarkt ist. Ein unmittelbares Konkurrenzverhältnis wäre jedoch auch keine Voraussetzung für das Vorliegen eines Marktmissbrauches.

Zunächst ist in diesem Zusammenhang anzumerken, dass der bis zur 8. GWB-Novelle – endgültig verabschiedet im Juni 2013-geltende § 19 GWB durch diese Neuerung aufgeteilt wurde. § 18 GWB enthält nunmehr die Definition der Marktbeherrschung und die Marktbeherrschungsvermutungen. § 19 GWB normiert das Missbrauchsverbot. Sachliche Änderungen waren durch diese Umgestaltung allerdings nicht angestrebt.[93]

Für die Beantwortung der Frage, ob die Beeinträchtigung eines Drittmarktes ausreicht, lässt der Wortlaut hier keine eindeutige Auslegung zu.[94]

Ausreichend erscheint es jedoch, dass sich ein Verhalten des marktbeherrschenden Unternehmens auf einem Drittmarkt auswirkt, sofern die marktbeherrschende Stellung des Unternehmens selbst kausal für eben diese Auswirkung ist, also gerade die Marktbeherrschung für das wettbewerbsschädigende Verhalten genutzt wird.[95] Eine solche Kausalität wäre vorliegend gegeben:

Der DFB kann das Lizenzerfordernis nur durchsetzen, weil Spieler und Vereine darauf angewiesen sind, an den Veranstaltungen des DFB teilzunehmen sofern sie am einzig relevanten Spielbetrieb teilhaben wollen. Indem der DFB nun seine Mitglieder mit Strafen bedroht, um die Einhaltung der Lizenzpflicht durchzusetzen, nutzt er seine Monopolstellung gezielt, um den Markt der Spielervermittler, also einen Drittmarkt, zu beeinflussen. Allein die Tatsache, dass DFB und Spielervermittler keine direkten Konkurrenten sind, würde damit das Vorliegen eines Missbrauchstatbestandes nicht ausschließen, wenn der DFB in einem anderen Fall tatsächlich wirtschaftlich handeln und somit unternehmerisch tätig werden würde.

3. *Verletzung des Artikel 12 Grundgesetz*

In Betracht kommt eine Verletzung des Artikel 12 GG durch das Lizenzerfordernis der FIFA. Zur Beurteilung der Frage, ob eine Verletzung des Grundgesetzes vorliegt, muss zunächst die Anwendbarkeit der Grundrechte geklärt werden.

---

93 Begr. Zum Reg. Entwuf BT-Drucks. 17/9852, S. 23.

94 Immenga/Mestmäcker-Möschel, GWB, § 19, Rn. 114.

95 BGH NJW-RR 2004, 1183; BGH NJW-RR 2005, 1562; BGH NJW 2004, 2375; Bechtold, GWB, § 19, Rn. 5; Langen/Bunte-Nothdurft, § 19, Rn. 147.

Anschließend ist zwischen dem Lizenzerfordernis an sich, dem Verfahren der Lizenzerteilung und der Geltungsdauer der Lizenz zu unterscheiden.

a) Anwendbarkeit der Grundrechte

Die Regelung könnte das Grundrecht auf freie Berufswahl und Berufsausübung aus Artikel 12 GG beschränken. Danach ist es grundsätzlich jedem erlaubt, sich einen Beruf auszusuchen und diesen auch auszuführen. Dies könnte durch das Lizenzerfordernis erschwert werden.

Grundrechte sind ihren Ursprungs nach Abwehrrechte des Bürgers gegen den Staat.[96] Dies bedeutet, dass sie den Bürger nur vor Eingriffen der in Artikel 1 III GG beschriebenen Staatsgewalt in seine Grundrechte schützen sollen. Vorliegend handelt es sich aber um eine verbandsrechtliche Regelung der FIFA, umgesetzt durch den DFB. Damit agiert eine Personen des Privatrechts, also gerade keine Staatsgewalt im Sinne des Artikel 1 III GG. Daher ist zu klären, ob ein Grundrechtseingriff überhaupt von der FIFA ausgehen kann.

Das Bundesverfassungsgericht betont die absolut grundlegende Bedeutung der Grundrechte dadurch, dass sie zugleich auch eine objektive Werteordnung „für alle Bereiche des Rechts"[97] sind und legt damit den Grundstein für die Lehre der Drittwirkung der Grundrechte im Privatrecht.[98] Drittwirkung meint hierbei die Einwirkung der Grundrechte in privatrechtliche Rechtsbeziehungen,[99] also die horizontale Richtung der Grundrechte im Verhältnis der Bürger untereinander, im Gegensatz der klassischen vertikalen Ausübung im Verhältnis des Bürgers gegenüber dem Staat. Dass eine solche Drittwirkung grundsätzlich möglich ist, ist allgemein anerkannt; umstritten ist lediglich die Einordung einer solchen als mittelbar oder unmittelbar.[100]

Eine unmittelbare Drittwirkung der Grundrechte würde bedeuten, dass der Bürger sich auch in privatrechtlichen Beziehungen direkt auf ein Grundrecht berufen kann. Eine solche unmittelbare Anwendung der Grundrechte im privaten Bereich wird jedoch eher abgelehnt, da sie einen Widerspruch zu Artikel 1

---

96 BVerfGE 7, 198 (204); BVerfGE 21, 362 (369), v. Mangoldt/Klein/Starck-Gusy, GG, Art. 10 Rn. 57; v. Münch/Kunig-v. Münch, GG, Vorb. Art. 1-19, Rn. 28.

97 BVerfGE7, 198, 205.

98 v. Münch/Kunig-Münch, GG, Vorb. Art. 1-19, Rn. 28.

99 v. Mangoldt/Klein/Starck-Starck, GG, Art. 1, Rn. 303; Jarass/Pieroth-Jarass, GG, Art. 1, Rn. 54; Schmidt-Bleibtreu/Hofmann/Hopfauf-Kannengießer, GG, Vor. Art. 1, Rn. 6; Dreier, GG, Vorb., Rn. 98.

100 v. Mangoldt/Klein/Starck-Starck, GG, Art. 1, Rn. 303 ff.

III GG darstellen könnte.[101] Danach sollen die Grundrechte nur die staatliche Gewalt binden, also gerade nicht private Rechtsverhältnisse bestimmen, da eine derartige Einschränkung die Privatautonomie gefährden würde.[102] Auch die explizit gewollte unmittelbare Drittwirkung in Artikel 9 III GG lässt eher darauf schließen, dass der Gesetzgeber Bedarf gesehen hat, gerade diese eine Vorschrift als unmittelbares Grundrecht zwischen Privaten auszugestalten. Sie hat daher den Charakter einer Ausnahmevorschrift[103] und lässt darauf schließen, dass den Grundrechten ansonsten gerade keine unmittelbare Drittwirkung zukommen soll.

Eine mittelbare Grundrechtswirkung erfolgt über die sogenannten „Einbruchstellen" der Grundrechte,[104] also die Einbeziehung der Wertung der Grundrechts in unbestimmte Rechtsbegriffe und Generalklauseln des jeweiligen Rechtsgebiets. Im Zivilrecht sind dies beispielsweise die unbestimmten Rechtsbegriffe sowie die Generalklauseln, die sich etwa in § 138 BGB für sittenwidrige Rechtsgeschäfte, § 242 BGB im Bezug auf Treu und Glauben oder § 826 BGB in einer vorsätzlich sittenwidrigen Schädigung finden.[105] Unbestimmte Rechtsbegriffe und Generalklauseln benötigen stets eine besonders sorgfältige Auslegung und sind daher geeignet, die Wertung der Grundrechte aufzunehmen. Eine solche Ausstrahlung in das Privatrecht soll der Bedeutung der Grundrechte als objektive Werteordnung gerecht werden[106] und macht somit eine verfassungskonforme Auslegung der privatrechtlichen Vorschriften erforderlich.[107] Grundrechte vermitteln dem Bürger daher im Verhältnis zu einem anderen Privatrechtssubjekt keinerlei Ansprüche. Sie entscheiden also nicht unmittelbar zivilrechtliche Streitigkeiten, sondern werden in die Interpretation einzelner Vorschriften einbezogen.

Danach könnte ein Spielervermittler sich gegenüber dem DFB nicht auf eine Verletzung des Artikel 12 GG berufen. Vielmehr müsste er seinen Anspruch

---

101 v. Münch/Kunig-Münch, GG, Vorb. Art. 1-19, Rn. 30; Menzel, Werbebeschränkungen im Sport, S. 26; Sodan, GG, Vorb. Art. 1, Rn. 23.

102 Menzel, Werbebeschränkungen im Sport, S. 26; Dreier, GG, Vorb. § 98; Sodan, Vorb. Art. 1, Rn. 23.

103 V. Münch/Kunig-Münch, GG, Vorb. Art. 1-19, Rn. 29; Sodan, GG, Vorb. Art. 1, Rn. 23.

104 BVerfGE 7, S. 206.

105 v. Mangoldt/Klein/Starck-Starck, GG, Art. 1, Rn. 304; Epping/Hillgruber-Kirschel, GG, Art. 3, Rn. 85; Dreier, GG, Vorb., Rn. 98.

106 BVerfGE 73, 261 (269), Sodan, GG, Vorb. Art. 1, Rn. 24.

107 Sodan, GG, Vorb. Art. 1, Rn. 24.

zivilrechtlich beispielsweise über die Anspruchsgrundlage § 826 I BGB geltend machen und im Rahmen dieser Prüfung mit einer Einstrahlung der Grundrechte argumentieren.

Zu überdenken jedoch wäre eine unmittelbare Geltung der Grundrechte ausnahmsweise im Bezug auf den DFB, da dieser auf Grund seiner besonderen öffentlichen Aufgaben und Funktionen und seiner sozialen und wirtschaftlichen Machtstellung vielleicht nicht mehr mit einem reinen Privatrechtssubjekt gleichgestellt werden könnte.[108]

Diesen Ansatz führt *Helmholz*[109] aus, der von einer unmittelbaren Geltung der Grundrechte ausgeht. Auf Grund der Monopolstellung des DFB als „Veranstalter" der einzigen sportlich relevanten Wettkämpfe im Fußball komme dem DFB keine für das Privatrecht typische gleichgeordnete, sondern eine für das öffentliche Recht charakteristische übergeordnete Stellung zu. Damit liege der klassische Anwendungsfall der Grundrechte vor, nämlich eine „Hierarchie", also ein Über- und Unterordnungsverhältnis zwischen dem Verband und seinen Mitgliedern. Einziger Unterschied zum Staat sei hier die verbandsrechtliche Organisation. Damit unterstehe das Mitglied nicht der Staatsgewalt, sondern der Verbandsgewalt. Helmholz verweist hierzu auch auf die ausführliche Darstellung *Jöttens*[110]. Im Unterschied zum normalen Verein, aus dem der Einzelne austreten könne, gebe es bei Vorliegen einer Monopolstellung des DFB nicht die Möglichkeit, das Lizenzerfordernis zu umgehen und den Beruf in einem anderen Verband auszuüben. Der einzig relevante Markt für Spielervermittler sei dem Lizenzerfordernis unterworfen. Damit müssten die Grundrechte zum effektiven Schutz des Einzelnen unmittelbar gelten.

Welter[111] hingegen lehnt eine Anwendung des Grundgesetzes vorliegend generell ab, da es sich bei dem FIFA Reglement um private, nicht um staatliche Regelungen handele. Damit sei der Schutzbereich der Grundrechte als Abwehrrechte gegen den Staat gar nicht erst eröffnet. Die Regelung sei daher nicht an Artikel 12 GG zu messen. Vielmehr komme es darauf an, ob allgemeine Gesetze entgegenstünden.

---

108 Menzel, Werbebeschränkung im Sport, S. 26 mit Bezugnahme auf Nicklisch, Der verbandsrechtliche Aufnahmezwang und die Inhaltskontrolle satzungsgemäßer Aufnahmevorschriften, JZ 1976, S. 105 (108 f.).

109 Helmholz, Die private Arbeitsvermittlung im Berufssport, S. 76 ff.

110 Jötten, Vereinsautonomie und Grundrechtsschutz der Vereinsmitglieder, S. 284 ff.

111 Welter, Die Zulässigkeit der Beratungs- und Vermittlungstätigkeit für Arbeitnehmer im Berufssport, insbesondere für Lizenzfußballspieler, S. 229.

b) Stellungnahme und eigene Ansicht

Der Ansicht Welters kann nicht gefolgt werden. Die bloße Aussage, die Grundrechte seien Abwehrrechte gegen den Staat und damit nicht anwendbar, ist zu pauschal und wird der anerkannten Möglichkeit einer Drittwirkung nicht gerecht. Überzeugender ist hier die Ansicht von Helmholz, denn sie trägt dem Umstand Rechnung, dass der Staat hier quasi vertreten wird, da dem DFB bzw. der FIFA eine Monopolstellung und daher eine Ausübungskompetenz zukommt, die mit der staatlichen zu vergleichen ist. Gerade das Argument der „staatsvertretenden" Stellung des Verbandes bei Vorliegen einer Monopolstellung überzeugt, da die Möglichkeit des Wechsels zu einem anderen Verband dann eben nicht gegeben ist und sich derjenige der Verbandsgewalt vergleichbar mit der Staatsgewalt unterwerfen muss, da es kein Ausweichen auf einen anderen Markt gibt. Unterwirft er sich der Regelung nicht, kann er den Beruf nicht ausüben, da es außerhalb der in der FIFA zusammengeschlossenen Verbände keinen sportlich oder wirtschaftlich relevanten Fußball gibt.

Die für das Zivilrecht typische Vertragsfreiheit, also die Wahl des Vertragspartners und des Vertragsinhaltes besteht hier gerade nicht.

Allein diese Monopolstellung führt aber noch nicht dazu, dass die vom DFB ausgehenden Regelungen der Staatsgewalt im Sinne des Art. 1 III GG gleichgestellt werden. Dafür besteht auch unter Beachtung der Möglichkeit der mittelbaren Drittwirkung der Grundrechte kein Bedarf. Somit ist von einer mittelbaren Drittwirkung der Grundrechte auszugehen. Dies hat die Konsequenz, dass der Bürger bei einer noch festzustellenden Verletzung eines Grundrechtes keine Ansprüche aus dem betroffenen Recht selbst herleiten, wohl aber den zivilrechtlichen Weg wählen kann. So kann beispielsweise die verweigerte Aufnahme in einen Monopolverband mit erheblichem wirtschaftlichen oder sozialem Stellenwert eine sittenwidrige vorsätzliche Schädigung im Sinne des § 826 BGB darstellen.[112]

Damit stellt sich die Frage einer Verletzung des Artikel 12 GG vorliegend gleichermaßen wie bei der Annahme einer unmittelbaren Grundrechtswirkung.

c) Verletzung des Artikel 12 GG durch das Lizenzerfordernis

Artikel 12 GG vermittelt den umfangreichen Schutz der Berufsfreiheit. Neben der freien Wahl des Berufes fällt auch die freie Ausübung in den Schutzbereich des Artikel 12 GG.[113] Gleichzeitig schützt die negative Berufsfreiheit

---

112 BGH NJW 1980, 186; BGHZ 140, 74.

113 v. Mangoldt/Klein/Starck-Manssen, GG, Art. 12, Rn 2; Epping/Hillgruber, GG, Art. 12, Rn. 47; Katz, Staatsrecht, Rn. 787; Schmidt, Grundrechte, Rn. 787.

des Artikel 12 II und III GG vor Arbeitszwang und Zwangsarbeit. Ausbildung, berufliche Betätigung und Sicherung der wirtschaftlichen Lebensgrundlage sind wesentliche Teile der persönlichen Entfaltung des Menschen und seiner Lebensgestaltung.[114]

Grundrechtsträger sind alle Deutschen im Sinne des Artikel 116 I GG.

Weiterhin muss es sich um einen Beruf handeln. Der Beruf des Spielervermittlers unterfällt dem Berufsbegriff des Artikel 12 GG. Er ist eine auf Dauer angelegte Tätigkeit, die zur Schaffung einer Lebensgrundlage erfolgt.[115]Sieht man die Erlaubtheit[116] der Tätigkeit als zusätzliches Kriterium, so ist dies jedenfalls erfüllt, da der Beruf des Spielervermittlers wohl kaum als gemeinschädlich betrachtet werden kann.

Eingriffe in dieses Grundrecht werden durch Gesetz oder auf Grund eines Gesetzes zugelassen. Ein Eingriff kann in einer Regelung mit Berufsbezug liegen. Eine solche berufsbezogene Regelung unterbindet gänzlich oder teilweise eine berufliche Tätigkeit oder beschränkt final die Ausübung eines Berufes in bestimmter Art und Weise.[117] Darüberhinaus kann auch eine nicht unmittelbar berufsbezogene Regelung mittelbare Auswirkungen auf die Berufsfreiheit haben. Weist eine solche Regelung eine objektiv berufsregelnde Tendenz auf, so kann auch sie einen Eingriff in die Berufsfreiheit darstellen.[118] Eine berufsregelnde Tendenz lässt sich immer dann erkennen, wenn das Ziel einer gesetzlichen Regelung nicht primär darauf abzielt, die Berufsausübung selbst zu reglementieren, wohl aber in „einem engen Zusammenhang mit der Ausübung des Berufs steht".[119] Solche Regelungen können nur dann als Eingriff in den Schutzbereich des Artikel 12 GG gesehen werden, wenn sie Auswirkungen von einigem Gewicht auf die Berufsfreiheit haben.[120]

Eine Besonderheit ergibt sich vorliegend daraus, dass die Eingriffswirkung im Fall der Spielervermittlung nicht durch ein an den Berufsträger selbst gerichtetes Verbot vermittelt wird, sondern auf einem Umweg, nämlich durch ein

---

114 Katz, Staatsrecht, Rn. 788.

115 Model/Müller, GG, § 12, Rn. 4; v. Mangoldt/Klein/Starck-Manssen, GG, Art. 12, Rn. 42.

116 v. Mangoldt/Klein/Starck-Manssen, GG, Art. 12, Rn. 43.

117 BVerfGE 82,209 (223); Frenz, Öffentliches Recht, Rn. 551.

118 BverfGE 97, 228 (254); Schmidt, Grundrechte, Rn. 791; Manssen, Staatsrecht II, Rn 606; Manssen, Staatsrecht II, Rn. 606.

119 BVerfGE 70, 191 (214).

120 BVerfGE 97, 228 (253 f.); Dreier-Wieland, GG, Art. 12, Rn. 85; Stern/Becker, GG, Art. 12, Rn. 80.

Verbot, das an jeden denkbaren Empfänger einer potentiellen Leistung gerichtet wird. Indem also nicht dem Spielervermittler selbst die Tätigkeit untersagt wird, sondern der Verein und der Spieler mit Strafen bedroht werden, wird dem Spielervermittler ohne Lizenz zwar nicht explizit, wohl aber faktisch die Berufsausübung verboten. Da es der FIFA um eine seriöse Gestaltung des Marktes geht, dies aber untrennbar mit den auf diesem Gebiet agierenden Personen verbunden ist und sich das Verbot somit gezielt gegen Vermittler ohne Lizenz richtet, geht es hier über eine objektiv berufsregelnde Tendenz hinaus, da die Berufsfreiheit nicht nur am Rande berührt, sondern final beschränkt wird. Es handelt sich somit um einen Eingriff in Artikel 12 GG.

Ein solcher Eingriff kann jedoch gerechtfertigt sein.

Artikel 12 GG ist ein Grundrecht mit Gesetzesvorbehalt. Nach dem Wortlaut des Artikel 12 GG kann nur in die Berufsausübung, nicht aber in die Berufswahl eingegriffen werden. Da Berufswahl und Berufsausübung aber nicht voneinander zu trennen sind, spricht man von einem einheitlichen Grundrecht der Berufsfreiheit.[121] Daher ist der Regelungsvorbehalt des Artikel 12 GG auf die Berufswahl auszudehnen.[122] Indem Artikel 12 GG die Berufsausübung explizit nennt, die Berufswahl jedoch nicht, soll diese weitergehend eingeschränkt werden können. Nach der Drei-Stufen-Theorie des Bundesverfassungsgerichts sind daher drei Stufen zu unterscheiden.[123] Danach hängt die Anforderung an die Rechtfertigung entscheidend von der Schwere des Eingriffs ab. Bei genauerem Hinsehen ist die Drei_Stufen-Theorie also nur die konsequente Anwendung des Verhältnismäßigkeitsgrundsatzes.

Die erste Stufe erfasst Regelungen, die sich auf die Berufsausübung beziehen, also die Art und Weise der Tätigkeit.[124] Hier können bereits vernünftige Erwägungen des Gemeinwohls zur Rechtfertigung ausreichen.[125] Auf Grund der geringen Eingriffsintensität hat der Gesetzgeber hier den größten Spielraum.

Die subjektiven Zulassungsbeschränkungen stellen die zweite Stufe dar. Im Unterschied zur objektiven Zulassungsschranke, also der dritten Stufe, liegt die Erfüllbarkeit der Voraussetzung bei der subjektiven Zulassungsschranke in der

---

121 Schmalz, Grundrechte, Rn. 810; Michael/Morlok, Grundrechte, Rn. 675.

122 BVerfGE 7, 377 (401); Frenz, Öffentliches Recht, Rn. 556.

123 BVerfGE 7, 377 (405 ff.); Katz, Staatsrecht, Rn. 797; Frenz, Öffentliches Recht, Rn. 556; Sodan, GG, Art. 12, Rn. 29; Sachs-Mann, GG, Art. 12, Rn. 125; Schmalz, Grundrechte, Rn. 824; Stern/Becker-Nolte, GG, Art. 12, Rn. 85; Pieroth/Schlink, Grundrechte, Rn. 916; Manssen, Staatsrecht II, Rn. 618.

124 Frenz, Öffentliches Recht, Rn. 557.

125 Frenz, Öffentliches Recht, Rn. 557.

Hand des Bewerbers.[126] Die Aufnahme des Berufes wird also von persönlichen Qualifikationen und Fähigkeiten des Bewerbers abhängig gemacht.[127] Bei einer objektiven Zulassungsschranke kann der Bewerber weder durch seine persönlichen Qualifikationen, noch durch sonstige Einflüsse auf eine Ausübung des Berufes hinwirken.[128]

Vorliegend handelt es sich bei der Lizenzpflicht um eine subjektive Zulassungsschranke und damit einen Eingriff auf der zweiten Stufe. Die Lizenz kann von jedermann bei Ablegung einer Prüfung erhalten werden. Somit hat der Bewerber die Möglichkeit, durch den Erwerb einer zusätzlichen Qualifikation den Beruf des Spielervermittlers auch mit den für ihn relevanten Partnern auszuüben.

Damit ist eine Einschränkung der Berufsfreiheit nur dann möglich, wenn sie verhältnismäßig ist, also die Schwere des Eingriffs in angemessenem Verhältnis zum angestrebten Ziel der Regelung steht.

Dies orientiert sich an den Stufen der Eingriffsintensität, also den objektiven Zulassungsbeschränkungen, den subjektiven Zulassungsvoraussetzungen und den Ausübungsregelungen.[129]

Da es sich vorliegend bei der Lizenz um eine subjektive Zulassungsvoraussetzung handelt, darf die Ausbildungsanforderung nicht außer Verhältnis zum angestrebten Ziel stehen. Die Lizenz muss mithin zur sachgemäßen Berufsausübung erforderlich sein.

Ziel der Lizenz ist es, den Spieler und die Vereine vor unseriösen Beratern zu bewahren. Vor dem Hintergrund der wirtschaftlichen und sozialen Verantwortung des Spielervermittlers und der Bedeutung für Spieler und Verein ist die Lizenz daher verhältnismäßig, zumal das Ablegen einer Prüfung auch in anderen Berufen erforderlich ist und nicht erkennbar ist, dass das Verfahren der Lizenzerteilung oder die Prüfung selbst den Bewerber überfordern oder besonders benachteiligen. Die sachgemäße, also sachkundige und seriöse Berufsausübung ist nur durch das Lizenzerfordernis garantiert, da somit ein Mindestmaß an für den Beruf erforderlichen Kenntnissen gewährleistet wird. Der Eingriff in die Berufsfreiheit ist daher vorliegend gerechtfertigt, soweit es um das Lizenzerfordernis an sich geht.

---

126 v. Mangoldt/Klein/Starck-Manssen, GG, Art. 12, Rn. 141; Katz, Staatsrecht, Rn. 800.

127 BVerfGE 9, 338 (345); Pieroth/Schlink, Grundrechte, Rn. 901.

128 Dreier-Wieland, GG, Art. 12, Rn. 76; Pieroth/Schlink, Grundrechte, Rn. 895; Katz, Staatsrecht, Rn. 801.

129 Dreier-Wieland, GG, Art. 12, Rn. 107.

d) Verletzung durch das Erfordernis einer Bankgarantie bzw. den Abschluss einer Berufshaftpflichtversicherung

Es sei darauf hingewiesen, dass vor Änderung des FIFA-Reglements zum 28.02.2001 nach Artikel 9 I a.F. jeder Spielervermittler verpflichtet war, eine Bankgarantie in Höhe von CHF 200.000 ausgestellt auf die FIFA zu hinterlegen. Diese Pflicht schränkte den Zugang zum Beruf unverhältnismäßig ein. Jungen Beratern, Berufseinsteigern oder Bürgern aus ärmeren Ländern war es auf Grund der Höhe der Bankgarantie kaum möglich, den Beruf auszuüben. Problematisch ist dies insbesondere, wenn man bedenkt, dass in Drittweltländern eine Vielzahl von Talenten lebt, die in reichere Länder verkauft werden. Indem die dortigen Berater keine Lizenz erlangen konnten, waren sie nicht im Stande, den Transfer alleine durchzuführen.[130] Danach befand sich lange Zeit nur ein afrikanischer Berater in der von der FIFA herausgegebenen Liste der Spielervermittler.[131] Bedenkt man die Menge der afrikanischen Talente und die Zahl der Spieler, die es bereits geschafft hat, sich international zu etablieren, so wird klar, dass diese Zahl in keinem Verhältnis steht.

Damit wurden sowohl national als auch global betrachtet Bewerber durch diese Anforderung vom Beruf abgehalten obgleich mildere Mittel ersichtlich waren.

Dies hat die FIFA erkannt und gibt in ihrem momentanen Reglement dem Bewerber die Möglichkeit, entweder eine Bankgarantie über (nur noch) CHF 100.000 zu stellen oder eine Berufshaftpflichtversicherung abzuschließen. Insbesondere mit der Aufnahme der Berufshaftpflichtversicherung hat die FIFA den Zugang zum Beruf erheblich erleichtert, da eine Berufshaftversicherung durchaus finanzierbar ist und auch in anderen Berufen wie beispielsweise dem des Rechtsanwalts anerkannt ist. Diese Änderung macht es nun auch jungen Bewerbern und Bewerbern aus Drittweltländern möglich, eine Lizenz zu erwerben.

Auch im Bezug auf Artikel 12 GG kann daher nicht mehr von einer Grundrechtsverletzung gesprochen werden. Der Abschluss einer solchen Versicherung stellt zwar eine subjektive Zulassungsvoraussetzung dar, was jedoch gerechtfertigt ist, da es für eine sachgemäße Berufsausübung erforderlich ist, insbesondere den Klienten für den Fall eines Fehlers und den daraus resultierenden

---

130 Scherrer, Die Spielervermittler-Regelung des Weltfußballverbandes (FIFA), S. 93 (99), in: Sportlervermittlung und Sportlermanagement, Scherrer (Hrsg.).

131 Scherrer, Die Spielervermittler-Regelung des Weltfußballverbandes (FIFA), S. 93 (99), in: Sportlervermittlung und Sportlermanagement, Scherrer (Hrsg.).

Schadensersatzansprüchen absichert, zumal über hohe Summen verhandelt wird und daher empfindliche Schäden für den Spieler und den Verein entstehen können.

Das Erfordernis einer Berufshaftpflichtversicherung ist daher keine Verletzung des Artikel 12 GG.

e) Verletzung des Artikel 12 GG durch das Erlöschen der Lizenz nach 5 Jahren

Bedenklich ist hier, dass nach Artikel 17 Nr. 1 des Reglements die Spielervermittlerlizenz nur fünf Jahre gültig[132] ist und der Bewerber die Prüfung innerhalb dieser Zeit erneut ablegen muss.[133] Dies birgt für ihn die ständige Gefahr, die Lizenz wieder zu verlieren. Der Verlust der Lizenz mit dem Erfordernis einer erneuten Prüfung stellt einen Eingriff in das Grundrecht aus Artikel 12 GG dar.

Es handelt sich ebenfalls um eine subjektive Zulassungsbeschränkung, da der Bewerber die Prüfung ja nach Ablauf der fünf Jahre wiederholen kann und dadurch selbst darüber entscheiden kann, ob er die Anforderungen erfüllen will. Daher stellt sich hier die Frage der Rechtfertigung des Eingriffs, insbesondere der Verhältnismäßigkeit der Regelung. Diese setzt neben dem angenommenen legitimen Zweck Spieler und Verein vor unseriöser Beratung zu schützen nämlich voraus, dass der Eingriff erforderlich ist, also das mildeste Mittel zur Erreichung des legitimen Zwecks bei gleicher Effektivität darstellt.

Eine erstmalige Prüfung zur Zulassung ist sicher verhältnismäßig,[134] bedenkt man, wie bereits oben erläutert, dass der Spielervermittler mit dem Schicksal junger Menschen betraut wird und nicht selten über hohe Summen verhandelt. Insbesondere durch die konkrete Ausgestaltung und die Möglichkeit der Wiederholung ist sie nicht derart einschränkend, dass sie dem Bewerber unter Beachtung der Interessen des Spielers und der Vereine nicht zugemutet werden kann. Sie ist geeignet und das mildeste Mittel, um den Zweck der seriösen und zuverlässigen wie qualifizierten Berufsausübung zu erreichen. Auch müssen Spieler und Vereine ein gewisses Vertrauen in den Berater haben, welches durch dieses Vorauswahlverfahren der FIFA gestärkt wird.

Allerdings ist das Erfordernis einer erneuten Prüfung nicht mehr verhältnismäßig. Zwar ist es grundsätzlich auch legitim, sicherstellen zu wollen, dass der

---

132 Sie erlischt 5 Jahre nach der Ausstellung durch den zuständigen Verband, FIFA Spielervermittler Reglement Art. 17, Nr. 1.

133 FIFA Spielervermittler Reglement Art. 17, Nr. 2.

134 Wertenbruch, Die FIFA Spielervermittlerlizenz im Fadenkreuz zwischen RDG, EG-Kartellrecht und Art 12 GG, SpuRt 2009, S. 183 (187).

Bewerber nach wie vor qualifiziert ist und über die sonstigen Voraussetzungen verfügt, ein Entzug der Lizenz, mit dem Erfordernis einer erneuten Prüfung ist jedoch ein derart schwerwiegender Eingriff, dass er nicht als mildestes Mittel gesehen werden kann, wenn man bedenkt, dass der Vermittler bei Nicht-Bestehen der Prüfung daran gehindert ist, seinen Beruf auszuüben, obwohl er noch vor fünf Jahren als geeignet betrachtet wurde. Bedenkt man, dass Prüfungen auch immer zu einem gewissen Grad mit Glück verbunden sind, so kann ein solches Vorgehen nicht als verhältnismäßig betrachtet werden.

Zudem gibt es andere, gleich effektive und dabei mildere Mittel, die Qualität der Spielervermittlung auch über einen längeren Zeitraum zu sichern. Das Interesse der FIFA daran, dass der Spielervermittler über Änderungen im Transferrecht o. ä. unterrichtet wird, kann auch anders erreicht werden als durch einen erneuten Prüfungszwang, so zum Beispiel durch die Teilnahme an Fortbildungen[135] oder der stichprobenartigen Überprüfung einzelner Vermittler.

Eine Qualitätskontrolle gibt es beispielsweise auch bei Wirtschaftsprüfern. Wirtschaftsprüfer, die keine Teilnahmebescheinigung an einer solchen externen Qualitätskontrolle durch einen anderen Wirtschaftsprüfer vorweisen können, dürfen keine gesetzlich vorgeschriebenen Abschlussprüfungen mehr durchführen, § 319 I S. 3 HGB.[136] Sinn und Zweck der Einführung einer solchen Qualitätskontrolle ist es das besondere Vertrauen der Öffentlichkeit in die Arbeit des Wirtschaftsprüfers zu stärken. Der Wirtschaftsprüfer nimmt nämlich die gesetzlichen Abschlussprüfungen vor. Die Rechnungslegungsinformationen von Unternehmen erhalten durch die Prüfung des Abschlussprüfers eine erhöhte Glaubwürdigkeit. Die Prüfung erfolgt durch externe, bei der Wirtschaftskammer registrierte Wirtschaftsprüfer, die ihrerseits die Voraussetzungen des § 57 a III WPO erfüllen müssen. Die Teilnahme am sogenannten „Peer-Review" (sinngemäß übersetzt Nachschau durch Gleiche) gemäß § 57a der Wirtschaftsprüferordnung ist zwar für den Prüfling mit Kosten und Aufwand verbunden, jedoch im Unterschied zu einer wissensorientierten Prüfung weitergehend persönlich beeinflussbar, da die Verantwortlichkeit allein im Einflussbereich des Prüflings liegt. Beurteilt wird hierbei die Angemessenheit und Wirksamkeit des internen Qualitätssicherungssystems

135 Dieser Ansicht ist auch Wertenbruch, Die FIFA-Spielervermittlerlizenz im Fadenkreuz zwischen RDG, EG-Kartellrecht und Art. 12 GG, SpuRt 2009, S. 183, (187), der eine erneute Prüfung ebenfalls als unverhältnismäßig und Fortbildungen als ausreichend ansieht, zumal der Spielervermittler nach 5 Jahen über ein hohes Maß an Berufserfahrung verfügt, mit dem eventuell fehlendes theoretisches Wissen kompensiert werden könne.

136 Hense/Ulrich-Gunia, WPO, § 57a, Rn. 2.

einer Wirtschaftsprüferpraxis,[137] das nach § 55 b WPO gesetzlich vorgeschrieben ist, also die praxisinterne Organisation und die pflichtgemäße Abwicklung von Prüfungsaufträgen. Auch wenn der Wirtschaftsprüfer nicht an der Qualitätssicherung teilnehmen möchte, kann er den Beruf noch ausüben, er kann weiterhin steuerliche und betriebswirtschaftliche Beratung anbieten, darf aber keine gesetzlich vorgeschriebenen Abschlussprüfungen mehr vornehmen.

Daneben gibt es die Möglichkeit eine interne Nachschau durchzuführen. Hierbei werden die gleichen Bereiche wie bei der externen Qualitätskontrolle überprüft. Unterschiedlich ist nur die Person des Prüfenden. Bei der internen Nachschau handelt es sich um einen Mitarbeiter der Praxis selbst, der jedoch nicht unmittelbar am zu überprüfenden Vorgang beteiligt war. Eine solche interne Nachschau spart daher Kosten und Aufwand.

Es ist also durchaus denkbar, ein internes oder externes Kontrollsystem zu etablieren, das gleichermaßen geeignet ist, den Zweck der Qualitätssicherung der Vermittlungsleistung effektiv zu erreichen. Damit ist die erneute Prüfung schon nicht erforderlich.

Auch wird außer Acht gelassen, dass ein seit Jahren tätiger Berater über genug Berufserfahrung verfügt und dadurch ein präsentes Wissen erlangt hat. Im Rahmen der Interessenabwägung, also der Verhältnismäßigkeit im engeren Sinne, überwiegt daher das Interesse des bereits lizensierten Spielervermittlers, sich seine Existenzgrundlage zu erhalten gegenüber dem der FIFA, die Qualität der Spielervermittler zu sichern.[138] Da die FIFA durch die Lizenz schon die Möglichkeit wahrnimmt, eine Vorauswahl zu treffen und Bewerber nach ihren Kriterien zuzulassen, liegt es in ihrer Zuständigkeit, die Prüfung so zu gestalten, dass sie sich auch auf das Ergebnis verlassen kann, ohne die Prüfung Jahre später wiederholen zu müssen.

Damit ist die erneute Prüfung unverhältnismäßig und verstößt gegen Artikel 12 GG.

Einen solchen Verstoß haben nun wohl auch FIFA und DFB erkannt. Zwar befindet sich die Vorschrift noch in der aktuellen Fassung des FIFA Reglements, die FIFA und der DFB verschickten jedoch im April und Dezember 2010 Schreiben an die Spielervermittler, die die Regelung außer Kraft setzten.

Während die FIFA im April 2012 davon sprach, Artikel 17 Nr. 2 des Reglements (also die erneute Prüfungsteilnahme) vorerst nicht anwenden zu wollen,

---

137 Hense/Ulrich-Gunia, WPO, § 57 a, Rn. 43.

138 Ebenso Wertenbruch, Die FIFA-Spielervermittlerlizenz im Fadenkreuz zwischen RDG, EG-Kartellrecht und Art. 12 GG, SpuRt 2009, S. 183, (187).

informierte der DFB die Spielervermittler mit Schreiben vom Dezember 2012, dass die FIFA die Beschränkung hinsichtlich der Geltungsdauer bereits aufgehoben habe. Ein neues Reglement gibt es jedoch bislang nicht. Der Spielervermittler, der bereits im Besitz einer Lizenz ist, muss die erneute Prüfung jedoch nicht mehr wiederholen, so dass eine Vereinbarkeit mit dem Grundgesetz durch Aufhebung der Regelung nunmehr gegeben ist.

Mithin ist die Lizenz als Voraussetzung, den Beruf ausüben zu können, unbedenklich und verstößt nicht gegen nationales Recht, auch die Pflicht, eine Berufshaftpflichtversicherung abzuschließen, stößt auf keine Bedenken. Die erneute Prüfung wird nicht mehr durchgeführt.

4. *Verstoß des Lizenzerfordernisses gegen Deutsches Recht nach Aufhebung der Vorschrift 291 a.F. SGB III*

Der Spielervermittler ist Arbeitsvermittler im Sinne des § 35 I S. 2 SGB III.[139]

Vor der Änderung des SGB III im Jahre 2002 brauchte der private Arbeitsvermittler nach § 291 SGB III a.F. eine Arbeitsvermittlungslizenz. Diese wurde beantragt und nach Überprüfung der Eignung erteilt. Seit diese Regelung im März 2003 ersatzlos weggefallen ist, unterliegt die private Arbeitsvermittlung nur noch der Anzeigepflicht des § 14 GewO sowie den Vorschriften zur Arbeitsvermittlung im SGB III. Indem der Gesetzgeber diese Lizenzpflicht gestrichen und die Arbeitsvermittlung somit weitgehend privatisiert hat, könnte er bezwecken wollen, dass jeder den Beruf des Arbeitsvermittlers ausüben kann, ohne dass er dafür eine zusätzliche Lizenz bräuchte. Diesem freien Zugang zum Beruf des Arbeitsvermittlers könnte dann aber die Lizenzpflicht der FIFA zuwiderlaufen, da sie ja gerade wieder eine Lizenz erforderlich macht.

Mit der Privatisierung der Arbeitsvermittlung möchte der Gesetzgeber allerdings nicht, dass Prüfungen und Lizenzen abgeschafft werden, worunter möglicherweise die Qualität der Arbeitsvermittler leidet, sondern nur dass sie privat organisiert werden.[140] Danach kann der Verband, Dienstleister etc. selbst die Qualität der Arbeitsvermittler sichern, indem er durch Prüfungen, Ausbildungen oder Lizenzen sicherstellt, dass die Arbeitsvermittler über die nötige fachliche Kenntnis oder sonst erforderliche Qualifikation verfügt.[141] Eben dies tut die FIFA. Es wird ein Mindeststandard an rechtlichen und fachlichen Kenntnissen garantiert und der Anspruch der Achtung einer Berufsethik gewährleistet.

139 Vgl. dazu Teil 2, I, S. 65 ff.

140 BT-Drs, 14/8546 S. 6; BT-AfArbSoz Drs 14-2204.

141 BT-Drs, 14/8546 S. 6; BT-AfArbSoz Drs 14-2204.

Weiterhin sind die von der FIFA lizenzierten Spielervermittler im Gegensatz zu vielen nicht lizenzierten Beratern für den Fall des Entstehens von Schadensersatzansprüchen versichert, bzw. haben eine unwiderrufliche Bankgarantie für einen solchen Fall abgegeben. Die Lizenzvergabe für Spielervermittler durch die FIFA oder den zuständigen nationalen Verband widerspricht somit nicht dem Willen des Gesetzgebers.

5. *Vereinbarkeit der Lizenz mit der Konkurrenzausschlussklausel § 297 Nr. 4 SGB III.*

Die FIFA verpflichtet die Vereine und die Spieler dazu, ausschließlich mit lizenzierten Beratern zusammenzuarbeiten. Diese Regelung hat auch der DFB im Mustervertrag, der für nahezu alle Arbeitsverträge des Spielers benutzt wird, übernommen. Indem damit die Zusammenarbeit mit nicht lizenzierten Beratern unter Strafe gestellt wird, könnten diese faktisch von der Ausübung der Tätigkeit ausgeschlossen sein. Ein solcher Ausschluss könnte gegen § 297 Nr. 4 SGB III verstoßen.

Ein Verstoß ist anzunehmen, wenn durch die Regelung bezweckt werden soll, dass der Arbeitssuchende sich ausschließlich an einen bestimmten Vermittler wenden kann. Damit sind nach § 297 Nr. 4 SGB III alle Vereinbarungen nichtig, die eine exklusive Vermittlung zum Ziel haben. Indem hier die Auswahl durch das Lizenzerfordernis auf einzelne Berater beschränkt wird, werden die nichtlizenzierten Berater ausgeschlossen. Damit ist die Wahlmöglichkeit des Arbeitssuchenden auf eine Gruppe von Arbeitsvermittlern, nämlich die lizenzierten Spielervermittler, beschränkt.

Fraglich ist daher, ob die Beschränkung auf eine bestimmten Kreis von Arbeitsvermittlern dem Schutz des Arbeitssuchenden durch § 297 Nr. 4 SGB III zuwiderläuft.

Kathmann[142] sieht auch die Beschränkung der Wahlmöglichkeiten auf eine Berufsgruppe als unzulässige Einschränkung. Begründet wird diese Ansicht mit der Durchführungsbestimmung zur privaten Arbeitsvermittlung.[143] Unzulässig sei jede Vereinbarung, egal ob mit Arbeitnehmern oder Arbeitgebern, die einen bestimmten Vermittler oder eine Berufsgruppe ausschließt.

---

142 Kathmann, Rechtsfragen zur praktischen Anwendung des Spielervermittler-Reglements der FIFA, in: Sportlervermittlung und Sportlermanagement, Scherrer (Hrsg.), S. 107 (115).

143 DA AVPriv 1.297.14 zu § 297 SGB III.

Ihm zustimmend sieht auch *Jungheim*[144] einen Verstoß gegen die Konkurrenzausschlussklausel als gegeben an, da der Arbeitssuchende nun nicht mehr komplett frei zwischen allen Vermittlern wählen kann, sondern sich seine Wahlmöglichkeiten auf die Gruppe der lizenzierten Vermittler beschränken. Effektiv sei die Arbeitsvermittlung aber nur, wenn dem Arbeitssuchenden die bestmöglichen Chancen gegeben werden. Dazu zähle die gänzlich freie Wahl des Arbeitsvermittlers.

Dem entgegen sieht *Helmholz*[145] keinen Verstoß darin, die Wahl des Arbeitsvermittlers auf lizenzierte Vermittler zu begrenzen. Begründet wird diese Ansicht mit dem Wortlaut des § 297 Nr. 4 SGB III. Danach untersagt § 297 Nr. 4 SGB III nur die Vereinbarung zugunsten eines Vermittlers. Solange der Arbeitssuchende innerhalb einer Gruppe von Vermittlern frei wählen könne, sei der Sinn und Zweck des § 297 Nr. 4 SGB III gewahrt. Vielmehr sei eine solche Vorauswahl sogar vom Gesetzgeber selbst angedacht, da so ein gewisser Qualitätsstandard gesichert werde.[146] Lizenzierte Berater verfügten über ein rechtliches und fachliches Wissen, hätten sich verpflichtet, den Berufsethikkodex zu achten, und seien für eventuelle Schadensersatzansprüche versichert. Verhindert werden solle nur eine exklusive Bindung an einen Vermittler, die dazu führe, dass der Arbeitssuchende in seinen Möglichkeiten einen Arbeitsplatz zu finden durch diese Bindung beeinträchtigt werde.

Der Ansicht Helmholz' ist zu folgen. Grund der Regelung ist es, dem Bewerber optimale Jobchancen zu geben. Lediglich die Effektivität der Arbeitsvermittlung soll nicht dadurch beeinträchtigt werden, dass die Chancen auf Vermittlung durch Beschränkung auf einen Arbeitsvermittler verringert werden. Hat der Arbeitssuchende jedoch die Auswahl zwischen zahlreichen Anbietern, so kann dies nicht als unzulässige Beschränkung gesehen werden.

Bedenklich für die Praxis wäre eine dahingehende Auslegung der Norm nur dann, wenn die Zulassungsschranke in Form des Lizenzerfordernisses unangemessen hoch gehängt worden wäre, was dazu führen könnte, dass die Zahl der Arbeitsvermittler auf dem Markt der Spielervermittlung derart gering werden würde, dass sie einer Beschränkung auf wenige Vermittler gleichkomme. Dies würde den Arbeitssuchenden dann in seinen Vermittlungschancen einschränken. Eine solche Entwicklung ist jedoch nicht abzusehen. Im Gegenteil sichert die Lizenz eine qualitativ hochwertigere Beratung und eine Durchsetzbarkeit

---

144 Jungheim, Berufsregelungen des Weltfußballverbandes für Spielervermittler, S. 144.
145 Helmholz, Die private Arbeitsvermittlung im Berufssport, S. 99 ff.
146 Helmholz, Die private Arbeitsvermittlung im Berufssport, S. 99 ff.

eventueller Schadensersatzansprüche. Zwar ist eine solche tatsächliche Entwicklung ohnehin nicht geeignet die Auslegung der Norm zu beeinflussen, da eine Norm nur eine Steuerung des Sachverhaltes aus der ex ante Perspektive zum Ziel haben kann. Es ist jedoch beruhigend zu sehen, dass auch die Praxis dies problemlos bestätigt.

IV. Mögliche Abschaffung der Lizenz

Grundsätzlich ist das Bestreben der FIFA, Vereine und Spieler vor unseriösen Vermittlern schützen zu wollen, verständlich und auch notwendig. Momentan denkt die FIFA jedoch darüber nach, die Lizenzpflicht abzuschaffen.[147] Dies liegt insbesondere daran, dass sie sich in der Praxis als wenig effektiv erweist. Nicht lizenzierte Vermittler arbeiten einfach mit zugelassenen Rechtsanwälten oder lizenzierten Vermittlern zusammen und umgehen somit das Lizenzerfordernis. Eine Kontrolle der Vorgänge findet in Deutschland, anders als beispielsweise in England, nicht statt, so dass die Strafen in der Praxis nicht angewendet werden.

Eine Abschaffung wäre jedoch ein Schritt in die falsche Richtung, denn grundsätzlich ist die Lizenz eine begrüßenswerte Einrichtung. Ihr Erwerb sichert ein Mindestmaß an grundlegenden rechtlichen und wirtschaftlichen Kenntnissen. Dass das Lizenzerfordernis in der Praxis umgangen wird, ist nicht etwa ein Fehler der Lizenz an sich, sondern Folge eines offensichtlich lückenhaften Kontrollsystems. Durch eine Abschaffung der Lizenz würde die FIFA auch den letzten Mindeststandard für den Beruf des Spielervermittlers abschaffen. Würden hingegen sämtliche Transfers genauer dokumentiert und untersucht und damit festgestellt, wer an ihnen beteiligt ist, so würde es weniger Missbrauch geben.

Zu den Möglichkeiten der Umgehung des Lizenzerfordernisses sagte Rechtsanwalt Michael Becker, Lehrbeauftragter für Sportrecht und Management an der Fachhochschule Erding und Berater des ehemaligen Nationalspielers Michael Ballack gegenüber dem SID: „Die Sinnhaftigkeit der Spielervermittlerlizenz erschließt sich mir schon seit Jahren nicht. Nach Expertenschätzung werden jetzt schon 70 Prozent der Transfers in Deutschland unter Mitwirkung von nicht lizenzierten Spielerberatern durchgeführt. Trotzdem hat nach hiesigen

147 http://www.rp-online.de/sport/fussball/Fifa-plant-Abschaffung-der-Lizenzpflicht_aid_922562.html; http://www.fussballportal.de/wm-2014/wm-2014-fifa-news/fifa-plant-abschaffung-der-berater-lizenz; http://www.spox.com/de/sport/fussball/1011/News/fifa-plant-abschaffung-lizenzpflicht-fuer-spielervermittler-berater.html.

Informationen der DFB-Kontrollausschuss noch kein Verfahren mit einer Sanktion gegen einen illegalen Spielervermittler zum Abschluss gebracht".[148] Damit wird der aufgezeigte Missstand deutlich. Die FIFA versucht durch aufwändige Prüfungen einen seriöseren Markt herzustellen und einen Mindestqualitätsstandard zu sichern, wohingegen der DFB die Kontrolle der Einhaltung der Regelung der FIFA vernachlässigt. Becker erklärt weiter, dass angeblich selbst hochrangige Nationalspieler von Beratern betreut werden, die über keine Spielervermittlerlizenz verfügen,[149] weshalb diese in seinen Augen eine „Bratwurst-Lizenz" sei, die nicht mehr Wert habe „als ein Freischwimmerzeugnis".[150] Anders sei die Situation seiner Einschätzung nach in England, wo Verstöße gegen das Lizenzerfordernis vom nationalen Verband geahndet werden, während man in Deutschland wegschaue, wenn unlizenzierte Spielervermittler aktiv werden.[151]

Nicht zuletzt ist die Glaubwürdigkeit der Lizenz stark beeinträchtigt worden, als Reporter der Zeitschrift Focus[152] nach Berichterstattung in der Zeitschrift Kicker eine Nacht vor der Prüfung über Handy die SMS mit den richtigen Lösungen für den Multiple-Choice-Test (1b, 2b, 3c, 4b und so weiter) zugeschickt bekamen. Angeboten habe die wertvollen Antworten ein Berater ohne Lizenz, über einen Mittelsmann sei das Geld bezahlt worden. Die Informationen seien möglicherweise durch undichte Stellen bei einem Nationalverband durchgesickert. Die FIFA übermittelt nach Angaben der Zeitschrift Kicker bereits eine Woche vor den Prüfungen die Fragen und Antworten der Tests per Telefax an die Verbände.

Trotz der aufgezeigten Schwachstellen ist die Abschaffung der Lizenz die falsche Maßnahme, da der Ansatz, die Branche zu legalisieren und die Berater auf Seriosität hin zu überprüfen, richtig ist. Lediglich die Einhaltung dieser Regeln muss vom DFB stärker kontrolliert werden, ebenso wie die FIFA dafür eintreten sollte, dass die Prüfung tatsächlich für alle Bewerber unter gleichen und fairen Bedingungen abläuft.

---

148 SID Meldung, abrufbar unter: http://www.rp-online.de/sport/fussball/Fifa-plant-Abschaffung-der-Lizenzpflicht_aid_922562.html.

149 SID Meldung, abrufbar unter: http://www.rp-online.de/sport/fussball/Fifa-plant-Abschaffung-der-Lizenzpflicht_aid_922562.html.

150 SID Meldung, abrufbar unter: http://www.rp-online.de/sport/fussball/Fifa-plant-Abschaffung-der-Lizenzpflicht_aid_922562.html.

151 SID Meldung, abrufbar unter: http://www.rp-online.de/sport/fussball/Fifa-plant-Abschaffung-der-Lizenzpflicht_aid_922562.html.

152 dpa Meldung, abrufbar unter: http://www.focus.de/sport/fussball/fussball-kicker-betrug-bei-spielervermittler-pruefungen_aid_565532.html.

Andere Möglichkeiten, Mindeststandards für den Spielervermittler zu etablieren, sind nicht ersichtlich, da es wie erwähnt keine Ausbildung gibt. Die mit der Lizenz zusammenhängende Berufshaftpflichtversicherung sowie die Einhaltung gewisser Regeln, zu denen sich der Spielervermittler verpflichtet, sind essentiell und kommen allen Beteiligten der Branche zu Gute.

Einen weiteren interessanten Ansatz zur Verbesserung der aktuellen Situation bietet das Internetportal „mysocca.de".[153] In dieser geschlossenen Community mit etwa 1000 Mitgliedern ist es möglich, Beraterprofile zu erstellen und Berater zu bewerten. Ähnlich wie sich viele Käufer bei beispielsweise „ebay" auf Kundenrezessionen verlassen, könnte hier die Seriosität und Verlässlichkeit eines Beraters an Hand abgegebener Bewertungen von Spielern nachgeprüft werden. Problematisch ist allerdings, dass die Leistung des Beraters oftmals sehr persönlich ist und es deshalb schwierig ist, eine objektive Bewertung zu erzielen. Während es bei „ebay" Kriterien wie zuverlässiger und schneller Versand der Ware gibt, lässt sich die Leistung des Beraters oftmals nicht einordnen. Auch liegt die Selbsteinschätzung des Spielers oft weit weg von der Realität, so dass sich Spieler schlecht beraten fühlen können, die in Wirklichkeit den bestmöglichen Vertrag bekommen haben.

Damit stellt auch ein -sei es online oder offline zu etablierendes -Bewertungssystem keine Alternative zur Lizenz dar.

V. Ergebnis 1. Teil

Die Lizenz ist somit momentan die einzige Möglichkeit, einen Mindeststandard zu sichern. Sie verstößt nicht gegen nationales oder internationales Wettbewerbsrecht. Eine Abschaffung würde zum Fehlen eines letzten Qualifikationsmerkmales führen und daher nicht zur seriösen Gestaltung des Marktes beitragen.

Allerdings muss die Einhaltung der Lizenzpflicht vom DFB kontrolliert werden, um der Lizenz eine allgemein angesehene Glaubwürdigkeit zu verleihen.

2. Teil: Die Rechtsnatur der Spielervermittlung und ihre Auswirkungen auf die Vertragsgestaltung

Im Folgenden geht es um die rechtliche Einordnung der Spielervermittlertätigkeit. Im Anschluss geht es um die Konsequenzen, die sich daraus für die Arbeitsweise und die Vertragsgestaltung des Vermittlers ergeben.

153 Schütz, Zur Zulässigkeit von Zensuren für Spielerberater und –vermittler im Internet, SpuRt 2010, S. 16.

I. Rechtsnatur der Spielervermittlung

Um die Tätigkeit des Spielervermittlers rechtlich bewerten zu können, muss diese zunächst dem Vertragstyp nach eingeordnet werden. An Hand dieser Einordnung lassen sich sodann gesetzliche Bestimmungen zur Bewertung der Rechtmäßigkeit einzelner Handlungen und Vereinbarungen heranziehen.

Die Spielervermittlung ist Arbeitsvermittlung im Sinne von § 35 I SGB III und Maklertätigkeit im Sinne der §§ 652 ff. BGB.

Werden zudem weitere Beratungsleistungen vereinbart, liegt ein Geschäftsbesorgungsvertrag mit Dienstleistungscharakter vor. Dienstleistung kann hierbei eine Managertätigkeit oder eine Beratung in sportlichen Fragen sein. Da es den reinen Spielervermittler selten gibt, wird zwischen Spieler und Berater oftmals ein Vertrag mit all diesen Elementen vorliegen.

1. Makler- und Werkvertragsrecht

Der Spielervermittler ist nach ganz herrschender Meinung Makler im Sinne der §§ 652 ff. BGB,[154] da er seine Vergütung nur für den Fall erhält, dass ein Arbeitsvertrag zwischen dem Spieler und dem Verein abgeschlossen wird.

Der Maklervertrag ist ein gegenseitiger Vertrag, der aber nur einseitig verpflichtend ist.[155] Verpflichtet wird aus dem Vertrag nämlich nur der Auftraggeber. Dieser muss dem Makler bei Abschluss des Hauptvertrages für den Nachweis der Abschlussgelegenheit oder die Vertragsvermittlung eine Provision zahlen. Der Makler selbst hingegen wird nur berechtigt, nicht aber verpflichtet tatsächlich tätig zu werden.[156]

Weiterhin steht die Provision des Beraters in unmittelbarem Zusammenhang mit der Leistung des Sportlers.[157] Je besser dessen Leistung ist, desto höher ist

154 Palandt-Sprau, BGB, § 652, Rn. 58; Jenny, Der Sportvermittlungs- und der Sportlermanagementvertrag, in: Sportlervermittlung und Sportlermanagement, Scherrer (Hrsg.), S. 21 (27); Staudinger-Reuter, BGB, § 655, Rn. 1; Erman-Werner, BGB, § 655, Rn. 1; Soergel-Engel, BGB, § 655, Rn. 1; Stopper/Holzhäuser, Juristische Fallstricke im Recht der Spielervermittler, SpuRt 2011, S. 13; OLG Celle, SpuRt 2004, 67, Mü-Ko-Roth, BGB, § 655, Rn. 3a; BFH Urteil v. 28.8.2013-XI R 4/11; Feldgen/Schiffers/Slotty-Harms, Die Leistungsbeziehungen zwischen Club-Spielervermittler und Spieler im Profifußball, BB 2014, S. 1047; BGH NJW-RR 1990, 113.

155 Jauering-Mansel, BGB, Vor. § 652, Rn. 2; Sorgel-Engel, BGB, Vor. § 652, Rn. 3; Palandt-Sprau, BGB, Einf. § 652, Rn. 1.

156 Jauering-Mansel, BGB, Vor. § 652, Rn. 2; Palandt-Sprau, BGB, Einf. § 652, Rn. 1.

157 Pfister, Der Managervertrag des Sportlers, in: Sportlervermittlung und Sportlermanagement, Scherrer (Hrsg.), S. 123 (133).

der nächste Vertrag des Sportlers dotiert. Damit steigt die prozentuale Provision des Beraters. Somit sind die Parallelen zum Werkvertrags-oder Maklerrecht offensichtlich. Die Höhe der Provision ist nicht von der Leistung des Spielervermittlers abhängig, sondern vom Wert des gemakelten „Objektes", hier also dem Spieler.

Dies wird durch das Zustandekommen des Provisionsanspruches unterstrichen. Bei einem Dienst-oder Werkvertrag entsteht der Anspruch mit dem Vertragsschluss zwischen den Vertragsparteien - hier also Spieler und Vermittler. Im vorliegenden Fall aber entsteht der Anspruch erst im Moment des Vertragsschlusses zwischen dem Spieler und dem Verein. Dies ist charakteristisch für den Maklervertrag.[158] Auch muss der Spieler hier, anders als der Besteller eines Werkes, das Werk nicht abnehmen. Wie der Makler „zeigt" der Berater dem Spieler mehrere „Objekte", ohne dass der Spieler die Pflicht hat, eines davon abzunehmen. Die Ähnlichkeit zum gesetzlichen Bild des Maklers ist damit offensichtlich mit der ersten Konsequenz, dass den Spielervermittler keine Pflicht zum Tätigwerden trifft.

Damit ist die Spielervermittlertätigkeit eine Maklertätigkeit. Zu unterscheiden ist dabei zwischen dem Handelsmakler im Sinne von § 93 HGB, dem Handelsvertreter im Sinne von § 84 HGB und dem Zivilmakler im Sinne der §§ 652 ff. BGB.

a) Handelsvertreter §§ 84 ff. HGB

Handelsvertreter ist, wer als selbstständiger Gewerbetreibender ständig damit betraut ist, für einen anderen Unternehmer Geschäfte zu vermitteln. Der Handelsvermittler führt wie der Zivilmakler im Sinne der §§ 652 ff. BGB Parteien zum Vertragsschluss zusammen und vermittelt den Vertragsschluss gegen Maklerlohn.[159] Er ist Umsatzmittler, der für ein in der Regel kaufmännisches Unternehmen den Absatz auf dem Markt fördert.[160] So wird beispielsweise der Vertreter des Künstlers überwiegend als Handelsvertreter angesehen,[161] wobei in diesem Zusammenhang eine derart starre Betrachtung nicht überzeugt.

---

158 Pfister, Der Managervertrag des Sportlers, in: Sportlervermittlung und Sportlermanagement, Scherrer (Hrsg.), S. 123 (132).

159 Münchener Kommentar-von Hoyningen-Huene, HGB, Vor. § 84, Rn. 6.

160 Münchener Kommentar-von Hoyningen-Huene, HGB, Vor. § 84, Rn. 1.

161 Münchener Kommentar-von Hoyningen-Huene, HGB, § 84, Rn. 63; Pfister, Der Managervertrag des Sportlers, in: Sportlervermittlung und Sportlermanagement, Scherrer (Hrsg.) S. 123 (133); Baumbach-Hopt, HGB, § 84, Rn. 27; Oetker-Busche, HGB, § 84, Rn. 37; Staub-Emde, HGB, § 84, Rn. 53.

Richtigerweise wäre nach Leistung des Künstlermanagers zu differenzieren.[162] Vermittelt dieser dem Künstler standardisierte Dienstleistungen wie beispielsweise Konzertauftrittsverträge, so wird er als Absatzmittler tätig und ist damit als Handelsvertreter im Sinne der §§ 84 ff. HGB zu sehen. Im Übrigen kann auch die Leistung des Künstlermanagers als Dienst-oder Werkvertrag einzuordnen sein.[163]

In der Tat ist die selbstständige Stellung des Handelsvertreters mit der des Spielervermittlers vergleichbar, da dieser frei über Art und Umfang seiner Tätigkeit entscheiden kann. Allerdings wird der Spielervermittler nicht für einen anderen Unternehmer tätig. In der Regel wird der Spielervermittler nämlich von dem Sportler beauftragt. Anders als der Künstler ist der Sportler aber kein Unternehmer, sondern Arbeitnehmer.[164] Während der Künstlermanager dem Künstler Auftritte oder Deals verschafft, zu denen der Künstler als selbstständiger Dienstleister oder im Falle der Produktion eines Albums vielleicht eher als Werkunternehmer auftritt, vermittelt der Spielervermittler die Arbeitskraft des Spielers und schließt für ihn einen Arbeitsvertrag ab. Dem Sportler fehlt daher anders als dem Künstler die Selbstständigkeit, da er vom Arbeitgeber abhängig und an dessen Weisungen gebunden ist.

Der Spielervermittler wird damit nicht für einen Unternehmer, sondern für einen Arbeitnehmer tätig. Etwas anderes könnte dann gelten, wenn der Spielervermittler nicht in seiner Eigenschaft als Vermittler eines Arbeitsplatzes, sondern im Rahmen seiner Managertätigkeit nur Auftritte im Rahmen von Sponsorenvereinbarungen verschaffen würde. Hier könnte über eine Ähnlichkeit zum Künstlermanager nachgedacht werden. Allerdings bestehen auch hier die eben genannten Bedenken, so dass eine abweichende Einordnung des Spielers nur wegen einzelner Auftritte als Unternehmer ausscheidet.

b) Handelsmakler § 93 HGB

Handelsmakler ist, wer gewerbsmäßig für andere Personen, ohne von ihnen auf Grund eines Vertragsverhältnisses ständig damit betraut zu sein, die Vermittlung von Verträgen über Anschaffung oder Veräußerung von Waren oder

162 Homann, Der Künstlermanagementvertrag, S. 249.

163 Homann, Der Künstlermanagementvertrag, S. 249.

164 BAG AP Nr. 29 zu § 138 BGB; BAG NJW 1980, 470; Wertenbruch, Die Vereinbarkeit der Beratungs- und Vermittlungstätigkeit, NJW 1995, S. 223; Schloßer, Führen Vertragsverhandlungen durch Spielervermittler zur Unwirksamkeit der Vermittlungsverträge?, NZA 2001, S. 16 (17); Schneider, Streikrecht der deutschen Profifußballer, Spurt 1996, S. 118; Nomos Kommentar-Abler, SGB III, § 35, Rn. 44.

Wertpapieren, über Versicherungen, Güterbeförderung, Schiffsmiete oder sonstige Gegenstände des Handelsverkehrs übernimmt.[165]

Zu denken wäre an eine Einordnung als Handelsmakler. Anders als der Handelsvertreter muss der Handelsmakler nicht für einen Unternehmer tätig werden, so dass der Spieler als Auftraggeber grundsätzlich in Betracht käme. Der Spielervermittler ist aber aus anderen Gründen kein Handelsmakler.

Gegenstand des vermittelten Vertrages muss im Rahmen des § 93 HGB ein Gegenstand des Handelsverkehrs sein.[166] Damit fällt die Vermittlung eines Arbeitsverhältnisses nicht unter den Anwendungsbereich des § 93 HGB.[167] Somit ist der Spielervermittler kein Handels-, sondern Zivilmakler im Sinne der §§ 652 ff. BGB.

c) Nachweis- und Vermittlungsmakler

Der Zivilmakler kann als Nachweismakler oder als Vermittlungsmakler tätig werden. Von Bedeutung ist diese Unterscheidung im Hinblick auf die Frage, ob der Provisionsanspruch entstanden ist. Gemeinsame Voraussetzung für beide Arten der Maklertätigkeit ist das Zustandekommen des Hauptvertrages.

Der Nachweismakler muss dem Auftraggeber lediglich die Kenntnis von der Gelegenheit eines Vertragsschlusses verschaffen.[168] Dies setzt voraus, dass der Makler dem Auftraggeber den Vertragspartner und den Vertragsgegenstand so konkret benennt, dass er sofort Vertragsverhandlungen mit der ihm bis dahin unbekannten Person aufnehmen kann.[169] An Vertragsverhandlungen muss der Nachweismakler nicht teilnehmen.[170]

Der Vermittlungsmakler hingegen muss mit beiden Parteien verhandeln, um ihre Interessen in Einklang zu bringen.[171] Vermitteln bedeutet, dass der Makler Verbindung zum Vertragspartner aufnimmt und auf diesen einwirkt, um den Vertragsschluss herbeizuführen.[172]

Für den Spielervermittler stellt sich also die Frage, ob er als Nachweismakler dem Spieler nur den Verein benennen muss, oder ob er auch den Vertragsschluss

---

165 Vgl. § 93 HGB.

166 Münchener Kommentar-von Hoyningen-Huene, HGB, § 93, Rn. 36; Ebenroth/Boujong/Joost/Strohn-Reiner, HGB, § 93, Rn. 24; Koller/Roth/Morck-Roth, HGB, § 93, Rn. 7.

167 Münchener Kommentar-von Hoyningen-Huene, HGB, § 93, Rn. 40.

168 Soergel-Engel, BGB, § 652, Rn. 17; Jauering-Mansel, BGB, § 652, Rn. 8.

169 Jauering-Mansel, BGB, § 652, Rn. 8.

170 Soergel-Engel, BGB, § 652, Rn. 17.

171 Soergel-Engel, BGB, § 652, Rn. 17.

172 Jauering-Mansel, BGB, § 652, Rn. 9; Soergel-Engel, BGB, § 652, Rn. 17.

fördern muss, da er als Vermittlungsmakler ebenfalls das Einwirken auf den Vertragspartner schuldet.

aa) Literatur

Teile der Literatur sehen den Spielervermittler als Nachweismakler. So gehen *Bovelett*[173] und *Jungheim*[174] davon aus, der bloße Nachweis der Gelegenheit genüge zur Begründung des Provisionsanspruches. Begründet wird diese Klassifizierung mit der Annahme, der Spielervermittler würde sonst, also als Vermittlungsmakler, das Einwirken auf die Entschlusswilligkeit der Parteien schulden, um seinen Provisionsanspruch zu verdienen. Stellt er nun den Kontakt her und sind die Parteien sich ohne Mithilfe des Maklers einig, bestünde für ihn kein Anspruch auf Provision, da er hier ja gar nicht mehr auf eine Einigung hinwirken müsste. Daraus ergibt sich, dass der Spielervermittler kein Interesse an einer problemlosen Einigung der Parteien hat. Dies liefe aber dem Zweck der privaten Arbeitsvermittlung, nämlich der effektiven und schnellen Vermittlung von Arbeitnehmern zuwider. So sei auch die Definition des Begriffes „Vermittlung" in § 35 I S. 2 SGB III heranzuziehen. Hierfür reiche die bloße Tätigkeit des Zusammenführens aus. Damit sei für den Spielervermittler nur der Nachweis der Gelegenheit gefordert.

Differenzierend betrachtet *Helmholz*[175] die Tätigkeit des Spielervermittlers. Er kritisiert die vorstehenden Ansichten. Die teleologische Auslegung von Jungheim und Bovelett beachte zwar den Sinn und Zweck der Arbeitsvermittlung, beide Ansichten würden jedoch den Umstand nicht bedenken, dass Artikel 12 Nr.2 S. 3 des FIFA Reglements den Parteien freistellt, die Leistung des Spielervermittlers zu vereinbaren. Da gesetzlich nicht festgelegt sei, ob der Spielervermittler als Nachweis-oder Vermittlungsmakler tätig zu werden hat, könne dies im jeweiligen Vertrag festgehalten werden. Damit habe der Spieler optimale Gestaltungsmöglichkeiten. Er könne sich je nach Vereinbarung das Verhandlungsgeschick des Spielervermittlers zu Gute kommen lassen, oder aber die Verhandlungen selbst oder mit einem Dritten führen. Somit können Vermittlungsleistung und Verhandlung getrennt werden.

bb) Stellungnahme

Allein der Wortlaut des § 296 II SGB III ist zunächst nicht ausschlaggebend für die Einordnung der Tätigkeit als Nachweis-oder Vermittlungsmakler. Vielmehr

---

173 Bovelett, Rechtsprobleme der privaten Arbeitsvermittlung im Berufssport, S. 73.

174 Jungheim, Berufsregelungen des Weltfußballverbands für Spielervermittler, S. 136.

175 Helmholz, Die private Arbeitsvermittlung im Berufssport, S. 113 f.

könnte die Verwendung des Wortes Vermittlung auch nur dem Begriff des Arbeitsvermittlers angepasst worden sein.

Zu Recht kritisiert Helmholz die vorstehenden Ansichten. Richtig ist, dass der Sinn und Zweck der privaten Arbeitsvermittlung, nämlich die Effektivität der Arbeitsplatzsuche, herangezogen wird. Dieser wird jedoch nicht schon dadurch gewährleistet, dass der Spielervermittler bereits durch den Nachweis der Gelegenheit seinen Provisionsanspruch erhält. Gegenteilig könnte man argumentieren, dass die Effektivität der Arbeitsvermittlung nur durch eine Betreuung und Förderung des Arbeitssuchenden bis hin zum tatsächlichen Vertragsschluss gewährt wird.

Vielmehr ist daher einer Differenzierung zuzustimmen, da nur somit eine Effektivität hergestellt werden kann. Indem der Spieler sich für jeden Teilbereich der Tätigkeit einen Experten nehmen kann, wird die bestmögliche Vermittlung gewährleistet. Zutreffend ist daher auf die vertragliche Vereinbarung im Einzelfall abzustellen. Dies gilt auch bei der Einordnung aller anderen Maklerverträge. Eine abweichende, starre Einordnung der Spielervermittlertätigkeit in Nachweis-oder Vermittlungstätigkeit ist nicht geboten.

2. *Vorschriften des SGB III über die Arbeitsvermittlung*

Der Spielervermittler ist auch privater Arbeitsvermittler.

Arbeitsvermittlung im Sinne des § 35 I S. 2 SGB III liegt nach der Legaldefinition des § 35 I S. 2 SGB III vor, wenn eine Tätigkeit unternommen wird, die darauf gerichtet ist, Ausbildungssuchende mit Arbeitgebern zur Begründung eines Ausbildungsverhältnisses und Arbeitssuchende mit Arbeitgebern zur Begründung eines Beschäftigungsverhältnisses zusammenzuführen.

Der Spielervermittler ist der Definition nach eine Person, die Spieler und Verein zum Abschluss eines Arbeitsvertrages zusammenführt. Damit ist der Spielervermittler Arbeitsvermittler im Sinne des SGB III, wenn das Verhältnis zwischen Spieler und Verein ein Arbeitsverhältnis ist.

a) Der Spieler als Arbeitnehmer

Eine gesetzliche Definition des Begriffes des Arbeitnehmers existiert nicht. Abgrenzungskriterium zwischen einem freien Dienstvertrag und einem Arbeitsverhältnis ist dabei die Frage, ob der Dienstleister fremdbestimmte oder selbstständige Arbeit leistet.[176] Arbeitnehmer ist daher, wer auf Grund eines

176 Münchener Kommentar-Müller-Glöge, BGB, § 611, Rn. 170.

Vertrages für einen anderen eine Leistung erbringt und dabei in weisungsgebundener, fremdbestimmter Arbeit in persönlicher Abhängigkeit steht.[177]

Nach ganz herrschender Meinung liegt zwischen Spieler und Verein ein solches Arbeitsverhältnis vor.[178]

Dies ergibt sich insbesondere aus der in § 2 des DFB Mustervertrages für Spieler und Vereine festgesetzten Bestimmung, dass der Spieler sich den Weisungen des Trainers unterwirft, was Training, Spielposition oder den Einsatz selbst betrifft. Auch die Herabstufung in eine andere Mannschaft (Amateurmannschaft) unterliegt der Dispositionsbefugnis des Trainers. Damit übt er gerade keine selbstständige, sondern eine weisungsgebundene, fremdbestimmte Tätigkeit aus. Diese Arbeit übt er für den Verein aus.

Auch hat der Spieler keinerlei Einfluss auf die sportliche und wirtschaftliche Ausrichtung des Vereins im Bezug auf Spielertransfers, Abschluss von Sponsorenverträgen oder Vermarktung der Sitzplätze und Logen. Der Einfluss des Spielers ist somit beschränkt auf wenige Entscheidungen innerhalb des Spiels, wobei auch hier der Trainer die übergeordnete Gewalt hat-er den Spieler nämlich gar nicht erst aufstellt oder auswechselt. Der Spieler ist damit Arbeitnehmer.

An der Einordnung des Spielers als Arbeitnehmer gibt es jedoch Kritik. Immer mehr Spieler verdienen Gagen in Millionenhöhe. *Welter*[179] fasst die dahingehende Kritik zusammen. Danach befinden Spieler sich in Vergütungsbereichen, die einem normalen Arbeitgeber nicht zugänglich seien. Sie seinen damit eher mit einem Firmenvorstand oder Geschäftsführer als mit einem durchschnittlichen Arbeitnehmer zu vergleichen. Auch auf dem Platz habe der Spieler eine eigene Entscheidungsbefugnis.[180] Der durchschnittliche Arbeitnehmer sei in dieser Eigenschaft einem besonderen gesetzlichen Schutz unterstellt. So werde er durch Regelungen im Bereich der Lohnfortzahlung, Vergütungsanspruch, Lohnfortzahlung im Krankheitsfall, Kündigungsschutz und Ähnlichem privilegiert.

---

177 Münchener Kommentar-Müller-Glöge, BGB, § 611, Rn. 170.

178 BAG AP Nr. 29 zu § 138 BGB; BAG NJW 1980, 470; Wertenbruch, Die Vereinbarkeit der Beratungs- und Vermittlungstätigkeit, NJW 1995, S. 223; Schloßer, Führen Vertragsverhandlungen durch Spielervermittler zur Unwirksamkeit der Vermittlungsverträge?, NZA 2001, S. 16 (17); Schneider, Streikrecht der deutschen Profifußballer, Spurt 1996, S. 118; Nomos Kommentar-Abler, SGB III, § 35, Rn. 44.

179 Welter, Die Zulässigkeit der Bertaungs- und Vermittlungstätigkeit für Arbeitnehmer im Berufssport, insbesondere für Lizenzfußballspieler, S. 78.

180 Welter, Die Zulässigkeit der Bertaungs- und Vermittlungstätigkeit für Arbeitnehmer im Berufssport, insbesondere für Lizenzfußballspieler, S. 78.; Fischer, Die Spitzensportler des Mannschaftssports-Arbeitnehmer?, SpuRt 1997, S. 181. (182 f.).

Es drängt sich daher die Frage auf, ob ein Spieler, der mehrere Millionen Gehalt im Jahr bezieht, noch in den Schutz solcher Gesetze einbezogen werden soll, oder eigentlich als eine Art Selbstständiger zu sehen ist.

Vernachlässigt wird in solchen Diskussionen jedoch regelmäßig ein Punkt. Zwar verdienen Spieler in den oberen Spielklassen oftmals hohe Beträge, es gibt jedoch auch Spieler, die ein deutlich geringeres Einkommen beziehen, sowie Spieler, die arbeitslos oder krank werden. Berufsfußballspieler gibt es nämlich bis in die Regionalliga. Auch die Verletzungsgefahr im Fußball ist besonders hoch. Dies birgt das Risiko der Berufsunfähigkeit.

Welter erkennt, dass mit dem Wegfall der Arbeitnehmer -Eigenschaft Lohnfortzahlung, Urlaubsgeld, Krankengeld, Verletztenrente sowie Rente wegen Berufs- und Erwerbstätigkeit entfallen und der durchschnittliche Spieler eine andere Absicherung nicht finanzieren kann.

Spieler ihrem Gehalt nach als Arbeitnehmer oder Unternehmer einzustufen, ist nicht zweckmäßig.[181] Ab welcher Gehaltsklasse ist ein Spieler dann kein Arbeitnehmer mehr? Damit ist nicht auf die Vergütung des Spielers, sondern auf die Pflichtenstruktur innerhalb des fraglichen Verhältnisses abzustellen. Diese ist wie bereits dargestellt die typische Struktur eines Arbeitsverhältnisses, in dem der Spieler sich den Weisungen des Trainers und der Vereinsführung fügt. Damit ist der Spieler Arbeitnehmer.

Indem der Vermittler Arbeitnehmer und Arbeitgeber zum Abschluss eines Arbeitsvertrages zusammenbringt, wird er als Arbeitsvermittler im Sinne des § 35 I S. 2 SGB III tätig.

b) Umfang der Arbeitsvermittlung

Wird eine solche Vermittlungstätigkeit angeboten, also ein Verein für einen Spieler gesucht, so liegt eine Arbeitsvermittlung im Sinne des SGB III vor, sofern die Vergütung auch von der Begründung des Arbeitsverhältnisses abhängt.[182] Dies ist vorliegend der Fall. Der Spielervermittler wird nur bei Abschluss des Arbeitsvertrages vergütet.

Ein Erfolg wird für die private Arbeitsvermittlung nicht vorausgesetzt, so dass das einmalige Bemühen um den Vertragsschluss schon als Arbeitsvermittlung eingestuft wird.[183]

---

181 Fischer, Die Spitzensportler des Mannschaftssports-Arbeitnehmer?, SpuRt 1997, S. 181. (182 f.); Welter, Die Zulässigkeit der Bertaungs- und Vermittlungstätigkeit für Arbeitnehmer im Berufssport, insbesondere für Lizenzfußballspieler, S. 93 f.

182 Lampe/Müller, Sportmanagement und Arbeitsvermittlung, SpuRt 2003, S. 133 (134).

183 Niesel/Brand-Brand, SGB III, § 35, Rn. 6.

Die Arbeitsvermittlung beginnt dabei bereits weit im Vorfeld.[184] § 296 I S. 3 SGB III zählt zur Vermittlung auch alle Leistungen, die zur Vorbereitung und Durchführung der Vermittlung erforderlich sind. Dies sind insbesondere die Feststellung der Kenntnisse des Arbeitssuchenden sowie eine Berufsberatung. Damit fallen Tätigkeiten wie Telefonakquise, Werbemaßnahmen oder das Ausfertigen von Bewerbungsunterlagen schon unter den Begriff der Arbeitsvermittlung.[185]

Für den Spielervermittler sind diese vorbereitenden Leistungen insbesondere Gespräche mit der Geschäftsführung eines Vereins oder das Zusenden und Erstellen von Videobändern.[186] Indem der Spielervermittler dem Spieler also verspricht, sich nach einem Arbeitgeber umzuschauen und Kontakt zu Vereinen aufnimmt, wird er schon als Arbeitsvermittler tätig, so dass er die Vorschriften des SGB III über die private Arbeitsvermittlung zu beachten hat.

3. *Auf eine Geschäftsbesorgung gerichteter Dienstvertrag*

Bietet der Spielervermittler neben seiner Tätigkeit als Arbeitsvermittler weitere Dienstleistungen an, die auf das Management des Sportlers gerichtet sind, so ist darin auch ein auf eine Geschäftsbesorgung gerichteter Dienstvertrag im Sinne der §§ 611, 675 BGB zu sehen.[187] Ein Dienstvertrag ist ein gegenseitiger Vertrag, durch den sich ein Teil verpflichtet, Dienste zu erbringen, während der anderer Teil die vereinbarte Vergütung entrichtet.[188] In Abgrenzung zum Werkvertrag ist ein Erfolg nicht geschuldet.[189]

Inhalt einer Managertätigkeit ist die selbstständige Wahrnehmung fremder Vermögensinteressen, was dem Wesen eines Dienstvertrages mit Geschäftsbesorgungscharakter entspricht.[190]

Vereinbaren der Spieler und sein Vermittler nun Management -Tätigkeiten wie die Beratung in Fragen der Vermarktung, Karriereplanung und

184 Niesel/Brand-Brand, SGB III, § 35, Rn. 6.

185 Welter, Die Zulässigkeit der Bertaungs- und Vermittlungstätigkeit für Arbeitnehmer im Berufssport, insbesondere für Lizenzfußballspieler, S. 50.

186 Lampe/Müller, Sportmanagement und Arbeitsvermittlung, SpuRt 2003, S. 133 (134).

187 Nasse, Der Sportler und (s)ein Manager, SpuRt 1996, 113 (116); Karakaya/Buch, Sittenwidrigkeit von Sportmanagementverträgen, ZRP 2002, S. 193 (194); LG Kleve, SpuRt 2010, S. 209.

188 Palandt-Weidenkaff, BGB, Einf. 611, Rn.1.

189 Looschelders, Schuldrecht BT, Rn. 541.

190 Karakaya/Buch, Sittenwidrigkeit von Sportmanagementverträgen, ZRP 2002, S. 193 (194).

Sponsorensuche, so sind diese sämtlich als Dienstleistungen zu bewerten.[191] Der Manager schuldet hier lediglich seine Beratung oder das Kontaktieren von Sponsoren und Werbepartnern. Einen Erfolg schuldet er nicht.

Die regelmäßig angenommene Ähnlichkeit zum Maklerrecht für den Spielervermittler schließt nicht aus, dass auch die Vorschriften über Dienstverträge zur Anwendung kommen.[192] Werden Beratungsleistungen vereinbart, geht es nicht mehr vordergründig um den Abschluss des Arbeitsvertrages. Damit sind die Regelungen über die Geschäftsbesorgung und den Dienstvertrag, §§ 675, 611 ff. BGB auf den Spielervermittler anwendbar.[193]

4. Ergebnis zur vertragstypologischen Einordnung

Der Spielervermittler ist ein Makler, Arbeitsvermittler und Dienstleister, sofern er auch Managertätigkeiten übernimmt. Somit sind die Vorschriften der §§ 652 ff., 675 ff., 611 ff. BGB und die Vorschriften des SBG III über die private Arbeitsvermittlung auf ihn anwendbar.

II. Konsequenzen der vertragstypologischen Einordnung für die Arbeitsweise des Spielervermittlers und das Vertragsverhältnis zum Spieler

Aus der Einordnung des Spielervermittlers als Makler, Arbeitsvermittler und Dienstleister ergeben sich zahlreiche rechtliche Konsequenzen, die der Spielervermittler im Rahmen seiner Tätigkeit und der Vertragsgestaltung beachten muss.

1. Kündigung und Vertragslaufzeiten des Beratervertrages

Da die Vorschriften über den Dienstvertrage auf den Spielervermittler Anwendung finden, ist zunächst festzuhalten, dass dem Sportler damit gegenüber dem Berater ein Weisungsrecht im Sinne des § 665 BGB zusteht, was zur Folge hat, dass der Berater sich bezüglich des Gehaltes, der Spielklasse oder gar des Vereins selbst an die Vorstellungen des Spielers halten muss.

Nimmt der Spielervermittler neben seiner Vermittlungstätigkeit auch die Aufgaben eines Spielerberaters wahr, so sind diese Managertätigkeiten Dienstleistungen.

---

191 OLG Naumburg SpuRt 2009, 81 (82).

192 OLG Frankfurt SpuRt 2007, S. 246 (247); OLG Naumburg SpuRt 2009, S. 81 (82).

193 OLG Frankfurt SpuRt 2007, S. 246 (248); OLG Naumburg SpuRt 2009, S. 81 (82); Menke/Schulz, Fristlose Kündigung nach § 627 BGB im Sportrecht, NJW 2011, S. 1845 (1846).

Für einen Vertrag, der solche Dienstleistungen enthält, gelten besondere Einschränkungen hinsichtlich der Laufzeiten und Kündigungsmöglichkeiten.

Die wohl wichtigste Konsequenz der Einordnung des Vertrags als Dienstvertrag ist, dass § 627 I BGB Anwendung findet.[194]

In unbefristeten Dienstverhältnissen richtet sich das Kündigungsrecht nach § 620 II BGB. Ein befristetes Arbeitsverhältnis endet in der Regel mit Zeitablauf, § 620 I BGB. Bei Vorliegen eines Dienstvertrages gibt es zusätzlich die Möglichkeit den Vertrag nach § 626 I BGB oder § 627 I BGB zu kündigen.

Danach hat der Auftraggeber in einem Dienstverhältnis die Möglichkeit, den Vertrag auch ohne Vorliegen der Voraussetzungen des § 626 BGB kündigen, wenn der Dienstleistende Dienste höherer Art zu erbringen hat, die ein besonderes Vertrauen voraussetzen. Ein solches Dienstverhältnis ist nicht mehr fruchtbar, wenn das Vertrauen fehlt, da der Empfänger der Dienstleistung diese ohne Vertrauen in den Leistenden nicht mehr vorbehaltslos annehmen kann.[195]

Ein Dienstverhältnis im Sinne des § 611 BGB liegt zwischen dem Spieler und seinem Berater vor (s.o.).

Der Spielervermittler erbringt auch Dienste höherer Art, die ein besonderes Vertrauen voraussetzen.[196] Ausschlaggebend dafür ist die tatsächliche sachliche Beschaffenheit der Dienste.[197] Sie setzen ein überdurchschnittliches Maß an Fachkenntnissen,[198] Kunstfertigkeit oder wissenschaftlicher Bildung, eine hohe geistige Fantasie oder Flexibilität voraus.[199] Ebendiese Dienste erbringt der Spielervermittler, da er über besonders gute Kontakte in der Sportszene und über die nötigen Kenntnisse verfügt.[200]

§ 627 BGB soll dem Einzelnen die Freiheit der persönlichen Entschließung bewahren.[201] Das Verhältnis zwischen Spieler und Vermittler ist in aller Regel ein enges Vertrauensverhältnis, da der Spieler dem Vermittler eine Vielzahl von wichtigen Aufgaben überträgt und ihn im Prinzip mit der Sicherung seiner

---

194 LG Kleve SpuRt 2010, S. 209-210 für den Managementvertrag mit einen Boxer.
195 OLG Frankfurt SpuRt 2007, 246 (249).
196 OLG Frankfurt SpuRt 2007, 246 (249); OLG Naumburg, SpuRt 2009, S. 81 (82).
197 Menke/Schulz, Fristlose Kündigung nach § 627 BGB im Sportrecht, NJW 2011, 1845 (1846).
198 LG Kleve SpuRt 2010, S. 209 (210).
199 Menke/Schulz, Fristlose Kündigung nach § 627 BGB im Sportrecht, NJW 2011, 1845 (1846).
200 LG Kleve, SpuRt 2010, S. 209 (210) für den Manager eines Boxers; LG Mönchengladbach, SpuRt 2011, 38 (39) für den Manager eines Fußballspielers.
201 BGHZ 106, 341.

Existenz betraut, wobei er ihm zahlreiche persönliche und sensible Informationen mitteilt. Der Sportler muss sich auf Grund seiner kurzen Karriere in besonderem Maß darauf verlassen können, dass der Berater seine Entwicklung fördert.[202]

Für den Berater stellt sich daher das Problem, dass der Spieler den Beratervertrag jederzeit kündigen kann. Der Berater wird aber in der Regel nicht nur Berater sondern auch Vermittler des Spielers sein. Ein Wechsel des Spielers oder eine Verlängerung seines Arbeitsvertrages ist der lukrativste Teil der Tätigkeit. Der Berater wird daher versuchen, den Spieler möglichst langfristig an sich zu binden, um im Moment des Vertragsschlusses noch Berater des Spielers zu sein und sich damit auch als Spielervermittler anzubieten.

Besonders problematisch ist das für den Berater, der häufig zahlreiche Nebenleistungen im Bereich des Managements und der Beratung kostenlos übernimmt oder gar in den Spieler investiert. Viele Spieler haben keine Einkünfte aus Werbung oder Sponsoring. So kann es vorkommen, dass der Spielerberater über Jahre in den Spieler investiert, ohne im Moment des Spielerwechsels noch eine rechtliche Beziehung zu ihm zu haben.

Der Spielerberater hat daher ein Interesse, § 627 BGB im Rahmen der Vertragsgestaltung auszuschließen. Ob ein solcher Ausschluss möglich ist, richtet sich zunächst nach der Art des Vertrages. Im Weiteren sind die Person des Spielers sowie der restliche Vertragsinhalt maßgeblich.

a) Standardisierte Beraterverträge

Zu bedenken gilt es, dass viele Spielerberater regelmäßig mit ihren Sportlern Beratungs- und Managementverträge abschließen. Verwendet der Spielerberater den Vertrag mehrfach, so ist dieser für eine Vielzahl von Fällen vorformuliert. Unterschreibt der Sportler nun einen solchen standardisierten Vertrag, in dem § 627 BGB für die Vertragslaufzeit ausgeschlossen wird, so unterliegt diese Vereinbarung der Inhaltskontrolle der §§ 305 ff. BGB. Allgemeine Geschäftsbedingungen können jedoch das Rechts zur Kündigung nach § 627 BGB grundsätzlich nicht ausschließen.[203] Die Generalklausel § 307 I BGB verbietet Bestimmungen, die den Vertragspartner „entgegen den Geboten von Treu und Glauben unangemessen benachteiligen". Dies wird durch die beiden Vermutungen in § 307 II BGB konkretisiert.[204] Maßstab des § 307 II Nr. 1 ist dabei das

202 LG Kleve, SpuRt 2010, 209 (210).

203 Paland-Weidenkaff, BGB, § 627, Rn. 5.

204 Medicus/Petersen, BGB, § 74.

dispositive Gesetzesrecht, das eine Ordnungs- und Leitbildfunktion hat.[205] Nach der Zweifelsregelung des § 307 II Nr. 1 BGB ist also eine solche unangemessene Benachteiligung anzunehmen, wenn eine Bestimmung derart von der gesetzlichen Bestimmung abweicht, dass dies dem Vertragspartner nicht zumutbar ist. § 307 II Nr. 2 betrifft die Natur des Vertrages. Hier soll verhindert werden, dass der Vertragspartner sich von vertragswesentlichen Pflichten, den sogenannten Kardinalspflichten, befreit.[206] Eine unangemessene Benachteiligung soll daher vorliegen, wenn durch die Bestimmung in den AGB die Erreichung des Vertragszweckes gefährdet ist.[207]

Ein formularmäßiger Ausschluss des § 627 BGB ist wegen eines Verstoßes gegen § 307 II Nr. 1 grundsätzlich unwirksam. Grundgedanke des § 627 BGB ist es, dem Umstand Rechnung zu tragen, dass ein Vertrauensverhältnis Voraussetzung für die Erbringung besonders wichtiger Dienstleistungen ist. Ein solches Vertrauensverhältnis kann wegfallen. Ein Festhalten am Dienstverhältnis ist dann nicht mehr zumutbar.[208] Somit soll § 627 I BGB die Dispositionsbefugnis der Parteien schützen.[209] Hält der Verwender der AGB nun trotz des Wegfalls des Vertrauensverhältnisses am Vertrag fest, so ist dies eine wesentliche und unzumutbare Abweichung vom Gedanken des § 627 I BGB, da dadurch die Entschlussfreiheit des Einzelnen unzumutbar eingeschränkt wird.[210]

Der Fußballspieler unterhält ein besonderes Vertrauensverhältnis zum Berater und ist auf Grund der kurzen Karrieredauer in besonderem Maße auf ein effektives und von Vertrauen geprägtes Verhältnis angewiesen. In der vorliegenden Entscheidung wurde das Kündigungsrecht für eine Vertragslaufzeit von drei Jahren ausgeschlossen, wobei der Berater sich eine Verlängerungsoption für weitere drei Jahre einräumen ließ, in der § 627 BGB ebenfalls ausgeschlossen wurde. Ein derartig langer Ausschluss ist daher in jedem Fall unwirksam und verstößt gegen § 307 II Nr. 1 BGB.

b) Individualabreden

Fraglich ist, ob dies auch für individuell ausgehandelte Verträge gilt. Rechtlich ist der Ausschluss des § 627 BGB grundsätzlich möglich, da die Vorschrift

205 Medicus/Petersen, BGB, § 74.
206 Medicus/Petersen, BGB, Rn. 74.
207 Brox/Walker, BGB AT, Rn. 236a.
208 BGH NJW 1989, 1479 (1479 f.).
209 BGH NJW 1989, 1479 (1479 f.).
210 LG Kleve, SpuRt 2010, S. 209 (210).

abdingbar ist.[211] Ob auch der Spielerberater einen Ausschluss des Kündigungsrechts nach § 627 BGB mit dem Spieler vereinbaren kann, hängt auch von der Person des Spielers ab. Hier bestehen Unterschiede zwischen volljährigen und minderjährigen Spielern.[212]

(aa) Vertragsschluss mit Volljährigen

Anders als in Allgemeinen Geschäftsbedingungen ist der Ausschluss des Kündigungsrechtes des § 627 BGB mit einem Volljährigen im Rahmen einer individuellen Abrede grundsätzlich möglich. Etwas anderes gilt dann, wenn sich der Ausschluss als unzulässige Knebelung des Spielers darstellt.[213]

Eine solche Knebelung zeigt sich, wenn das Kündigungsrecht für lange Zeit ausgeschlossen wird.[214] So soll ein Ausschluss des § 627 BGB für zwei Jahre,[215] nicht aber für fünf Jahre[216] möglich sein.

Eine Einschränkung ergibt sich, bei einem überlangen Ausschluss des Kündigungsrecht aus den selben Gründen, die zu einer unangemessenen Benachteiligung des Spielers im Sinne des § 307 I BGB führen können. Diesen ist das wirtschaftliche Interesse des Beraters unterzuordnen.[217]

Zu bedenken ist jedoch, dass bei einem Ausschluss des § 627 BGB trotzdem die Möglichkeit bleibt, den Vertrag nach § 626 BGB zu kündigen. Danach ist eine fristlose Kündigung aus wichtigem Grund jederzeit möglich. Der Spieler ist also nicht ungeschützt. Eine erhebliche Einschränkung, die auch im Rahmen einer Individualabrede unzulässig ist, liegt daher erst vor, wenn eine lange Vertragszeit mit Vertragsstrafen und ein langfristiger Kündigungsausschluss vereinbart werden.[218] Somit ist der Ausschluss des Kündigungsrechtes letztendlich am Einzelfall zu beurteilen. Ein Ausschluss an sich ist grundsätzlich möglich. Es kann sich aber in einer Gesamtschau ergeben, dass der Spieler in seiner Bewegungsfreiheit unzumutbar eingeschränkt wird.

---

211 Paland-Weidenkaff, BGB, § 627, Rn 5.

212 So auch Pfister, Der Managervertrag eines Sportlers, S. 123 (137), in: Sportlervermittlung und Sportlermanagement, Scherrer (Hrsg.).

213 OLG Frankfurt Urteil vom 23.8.2006, SpuRt 2007, 246 (248).

214 Ein Ausschluss von 5 Jahren ist unzulässig, OLG Frankfurt SpuRt 2007, 246 (248), wohingegen ein Ausschluss von 2 Jahren wohl zulässig sein soll, OLG Naumburg SpuRt 2009, 81 (82).

215 OLG Naumburg SpuRt 2009, 81 (82).

216 OLG Frankfurt SpuRt 2007, 246 (248).

217 OLG Naumburg SpuRt 2009, 81 (82).

218 OLG Frankfurt SpuRt 2007, 246 (249).

(bb) Vertragsschluss mit Minderjährigen
Eine weitere Besonderheit bezüglich des Kündigungsrechts ergibt sich beim Vertragsschluss mit Minderjährigen. Diese werden in der Regel bei Abschluss des Vertrages vom gesetzlichen Vertreter vertreten. Wird nun ein Vertrag über den Zeitpunkt der Volljährigkeit hinaus geschlossen, der ein Vertrauensverhältnis voraussetzt, sollte dem Spieler zum Zeitpunkt seines 18. Geburtstages ein Kündigungsrecht eingeräumt werden,[219] da er nicht an ein persönliches Vertrauensverhältnis gebunden sein soll, dass seine Eltern für ihn begründen. Der Minderjährige ist nicht in der Lage zu übersehen, ob er später ein solches Vertrauensverhältnis zum Berater aufrechterhalten will und kann daher nicht auf das Recht verzichten, sich bei Fehlen dieses Vertrauensverhältnisses vom Vertrag zu lösen. Daher empfiehlt sich die Einräumung eines Kündigungsrechts bei Volljährigkeit.

2. Doppeltätigkeit des Maklers

Eine weitere Einschränkung der Vertragsfreiheit könnte sich aus der Anwendung des Maklerrechts ergeben. Wie bereits festgestellt, ist der Spielervermittler in erster Linie Makler, der Spieler und Verein zum Vertragsschluss zusammen führt. Damit sind die Bestimmungen zum Maklerrecht anwendbar.

Dies könnte problematisch sein, da § 654 BGB den Provisionsanspruch des Maklers für den Fall der treuwidrigen Doppeltätigkeit entfallen lässt. Betrachtet man die Arbeitsweise des Spielervermittlers, so stellt sich die Frage der Zulässigkeit der Doppeltätigkeit für beide Vertragsparteien.

Zunächst wird der Spieler den Berater beauftragen, ihm einen Verein, also einen Arbeitgeber, zu suchen, oder mit seinem momentanen Arbeitgeber über eine Vertragsverlängerung zu verhandeln. Er wird dabei genaue Vorstellungen haben was die Höhe des Gehalts, die Qualität des Vereins, Spielklasse, Saisonziele oder das Land angeht. Damit agiert der Spielerberater als Gehilfe des Spielers und nimmt diesem die Arbeitssuche ab. Er steht somit als weisungsgebundener Arbeitsvermittler eindeutig im Lager des Spielers und ist quasi sein „verlängerter Arm". Zu diesem Zeitpunkt ist der Spieler Auftraggeber des Spielervermittlers.

Ist nun aber ein Verein gefunden, der bereit ist, den Spieler zu verpflichten, ändert sich die Interessen-bzw. die Auftragslage des Beraters. Dieser erhält seine Provision nämlich in der Regel zumindest in Deutschland vom Verein,[220] was

219 So auch Pfister, Der Managervertrag eines Sportlers, S. 123 (137), in: Sportlervermittlung und Sportlermanagement, Scherrer (Hrsg.).

220 Fritzweiler/Pfister/Summerer-Summerer, Praxishandbuch Sportrecht,Teil 2, S 180, Rn. 189.

dazu führt, dass er mit dem Verein einen Beratervertrag abschließen muss. Dieser Beratervertrag ist die Grundlage seines Provisionsanspruchs.

Eine weitere Besonderheit ergibt sich daraus, dass nicht der Spieler, sondern der Verein mit dem Spielervermittler über die Höhe seiner Provision verhandelt. Dies birgt die Gefahr, dass der Spielervermittler sich nicht mehr rein am Interesse seines bisherigen Auftraggebers orientiert, sondern auch die Interessen des Vereins berücksichtigen wird, um einen Vertragsschluss herbeizuführen.

Der Wechsel des Auftraggebers kann sich somit beispielsweise negativ auf das Gehaltsniveau des Spielers auswirken.[221] Zwar wird das Problem teilweise dadurch reguliert, dass der Berater oft prozentual je nach Höhe des verhandelten Gehalts bezahlt wird und daher bei einem höheren Gehalt eine höhere Provision erhält. Dies ist jedoch nicht zwingend der Fall, da die Provision des Spielervermittlers auch unabhängig von der dem Spieler zustehenden Vergütung festgelegt werden kann.

Führt der Spielervermittler nun Gespräche in Abwesenheit des Spielers, ist es keinesfalls gesichert, dass er die Interessen seines ursprünglichen Auftraggebers denen seines neuen Auftraggebers überordnet. Dies ist insbesondere bedenklich, da das Honorar des Vermittlers zwar vom Verein überwiesen wird, letztendlich aber vom Spieler "gezahlt" wird. Wirtschaftlich betrachtet wird der Verein in der Verpflichtung eines Spielers eine einzige Kostenposition sehen. Je nach Niveau des Spielers und seinen fußballerischen Fähigkeiten und den Gewinnmöglichkeiten, die aus der Vermarktung entstehen können, wird der Verein einen Rahmen festlegen, in dem sich der Transfer für ihn lohnt. Hier wird es eine genaue Vorstellung und eine Obergrenze geben, die die Verantwortlichen nicht überschreiten werden.

Wie sich diese Summe nun auf Gehalt des Spielers, eine eventuelle Ablöse oder ein Handgeld und Spielervermittlerprovision verteilt, ist für den Verein letztendlich irrelevant. Wird nun also das Honorar des Spielervermittlers abstrakt, also losgelöst vom Gehalt des Spielers verhandelt, so stehen umso weniger Mittel für das Gehalt des Spielers zur Verfügung, je höher die Provision des Beraters ausfällt.

Ein erhebliches Problem sind auch die immer wieder auftretenden Vereinbarungen von Kick-Back-Zahlungen. Bei diesen verdeckten Rückvergütungen vereinbaren Spielervermittler und Verein zum Schein eine höhere Vermittlerprovision, als der Verein tatsächlich zahlen will. Während der Spielervermittler den ihm zustehenden Teil behalten kann, wird der übrige Betrag zwischen dem

---

221 Stopper/Holzhäuser, Juristische Fallstricke im Rechts des Spielervermittlers, SpuRt 2011, S. 13 (15).

Spielervermittler und demjenigen Vereinsfunktionär geteilt, der die Vereinbarung getroffen hat. Somit „verdienen" Vermittler und der Repräsentant des Vereins zusätzlich. Diese Vereinbarung geht aber zu Lasten des Spielers und des Vereins. Je nach Stellung und Funktion des Vereinsverantwortlichen kann die Annahme oder Gewährung einer solchen Rückvergütung strafbare Untreue im Sinne des § 266 StGB darstellen.

Für das Vorliegen einer Untreue wird es hier im wesentlichen von der genauen Aufgabe des Vereinsfunktionärs abhängen, ob ihn eine Vermögensbetreuungspflicht im Sinne des § 266 StGB trifft. Eine solche Vermögensbetreuungspflicht ist sowohl für den Treuebruchs-als auch für den Missbrauchstatbestand Voraussetzung.[222] Eine allgemeine Pflicht zur Wahrung der Interessen des Vereines reicht dafür nicht aus. Vielmehr muss sie sich nach dem intern vereinbarten Pflichtenprogramm als wesentliche Pflicht darstellen.[223] Schließt also ein Manager oder Geschäftsführer den Vertrag, könnte eine solche Vermögensbetreuungspflicht vorliegen. Verhandelt hingegen ein Sportchef oder gar ein Trainer, könnte eine solche Pflicht abzulehnen sein. Daher kommt es auf die Pflichtenstellung der Person im Einzelfall an. Liegt eine solche wesentliche Pflicht gegenüber dem Verein vor und schädigt der Funktionär das Vermögen des Vereines durch die Vereinbarung einer Rückvergütung, so kann dies eine Untreue im Sinne des § 266 StGB zu Lasten des Vereins darstellen.

Nimmt man all diese Punkte zusammen, entsteht der Verdacht, der Berater stehe nun plötzlich eher im Lager des Vereins. Zum gleichen Ergebnis kommt man, wenn man die Situation nach der im Rechtsverkehr maßgeblichen Verkehrsanschauung beurteilt, denn ein objektiver Dritter würde den Spielervermittler als Auftragnehmer des Vereins sehen. Dies liegt am Auftragsverhältnis zwischen Vermittler und Verein und der daraus resultierenden Vergütung durch den diesen.

Diese Situation stellt sich für den Rechtsanwalt als besonders problematisch dar und wird daher gesondert behandelt.

Für den lizenzierten Spielervermittler stellt sich die Frage, ob er durch diesen Wechsel des Auftraggebers dem Inhalt des Vertrags zuwider auch für den anderen Teil tätig war.

a) Anwendbarkeit des § 654 BGB

Wie bereits dargelegt, ist § 654 BGB anwendbar, da de Spielervermittlervertrag ein Maklervertrag ist.

---

222 BGHSt 24, 386 (387 f.).

223 Fischer, StGB, § 266, Rn. 21.

b) Allgemeine Reichweite des § 654 BGB

Nach § 654 BGB entfällt der Provisionsanspruch des Maklers, wenn er dem Inhalt des Vertrages zuwider für den anderen Teil tätig geworden ist. Damit ergibt sich im Umkehrschluss, dass hier nicht generell die Doppeltätigkeit verboten wird, sondern nur die treuwidrige Doppeltätigkeit.[224] Oftmals muss der Makler sogar auf beiden Seiten tätig werden, um die Vorstellungen der Parteien zu verwirklichen, die Erwartungen zusammenzubringen und einen Kompromiss finden, der den Vertragsschluss ermöglicht.[225]

Wann das Verhandeln mit beiden Parteien sich also als treuwidrig darstellt, ist anhand des Einzelfalles zu bestimmen.[226] Die Doppeltätigkeit ist dem Makler gestattet, wenn sie entweder vertraglich vereinbart ist, oder sich aus den besonderen Umständen ergibt.[227] Haben die Parteien hierzu nichts vereinbart, so ist die Doppeltätigkeit grundsätzlich erlaubt.[228] Beim Immobilienmakler wird die Doppeltätigkeit sogar als üblich angesehen.[229] Treuwidrig ist die Doppeltätigkeit nur, wenn der Makler die Interessen und das Vertrauen des Auftraggebers verletzt und eine vertragswidrige Interessenkollision entsteht.[230]

c) Reichweite des § 654 in der Spielervermittlung

Damit stellt sich die Frage der Anwendbarkeit dieser Grundsätze auf die Tätigkeit des Spielervermittlers.

Wie *Summerer*[231] ausführt, gelten die allgemeinen Grundsätze des Maklerrechts auch im Bereich der Spielervermittlung. Zu seinem Beruf gehöre es, auf beiden Seiten tätig zu werden, um die Vorstellungen der Parteien anzugleichen und den Vertragsschluss zu ermöglichen. Damit bliebe es auch für den Spielervermittler im Einzelfall zu klären, ob die Doppeltätigkeit erlaubt oder treuwidrig ist.

Auch *Bach/Sauer*[232] sehen die Doppeltätigkeit als Voraussetzung einer effektiven Vermittlertätigkeit und ziehen die allgemeinen zivilrechtlichen Grundsätze

---

224 Münchener Kommentar-Roth, BGB, § 654, Rn. 7.

225 Staudinger-Reuter, BGB, § 654 Rn. 1.; Palandt-Sprau, BGB, § 654, Rn.15.

226 Soergel-Engel, BGB, § 654, Rn. 4.

227 Soergel-Engel, BGB, § 654, Rn. 4.

228 BGH NJW-RR 2000, 430; Soergel-Engel, BGB, § 654, Rn. 5.

229 BGH NJW-RR 2003, 991.

230 Jauering-Mansel, BGB, § 654 Rn. 11; Soergel-Engel, BGB, § 654, Rn. 5.

231 Fritzweiler/Pfister/Summerer-Summerer, Praxishandbuch Sportrecht,Teil 2, S. 180, Rn. 189.

232 Bach/Sauer, Spielervermittlerhonorare des Vereins und Einkommenssteuer des Spielers, SpuRt 2010, S. 142 (145).

zur Maklertätigkeit heran. Sie heben hierbei den Umstand hervor, dass Spieler und Verein um die Doppeltätigkeit des Vermittlers wissen, wodurch eine Hinweispflicht entfalle. Um die Unparteilichkeit zu wahren, dürfe der Spielervermittler keine sich widersprechenden Verpflichtungen eingehen oder einseitig die Seite einer Partei ergreifen. So sei zum Beispiel das Hochtreiben des Preises durch Erfinden eines nicht existenten Angebots eines anderen Vereins dem Verein mit dem man sich in Verhandlungen befinde gegenüber unzulässig. Insgesamt müsse der Spielervermittler gegenüber beiden Parteien „mit offenen Karten spielen".

Nach der Rechtsprechung[233] sind ebenfalls die zivilrechtlichen Grundsätze zum Makler auf Berufsfußballspieler übertragbar. Somit ist die Doppeltätigkeit nur verboten, wenn sie sich als treuwidrig darstellt. Spieler kennen die Abläufe eines Spielertransfers und billigen damit auch die Doppeltätigkeit des Spielervermittlers. Er müsse daher damit rechnen, dass der Vermittler eine Maklervereinbarung mit dem Verein abschließt. Auch der Verein wisse um die Doppeltätigkeit des Spielervermittlers, da er diesen ja gerade in seiner Eigenschaft als Kontaktperson des Spielers anspricht.

Die Doppelstellung des Spielervermittlers im Sinne des Maklerrechts kann formal in jedem Falle verhindert werden. So schlagen *Stopper/Holzhäuser*[234] vor, den Vertrag zwischen dem Spieler und dem Vermittler auflösend zu bedingen, bis ein Vertrag mit dem Verein geschlossen wird. Somit ist der Berater zumindest den vertraglichen Verhältnissen nach immer nur für eine Seite tätig.

d) Stellungnahme

Das Verbot der treuwidrigen Doppeltätigkeit hat für den Spielervermittler eine erhebliche Auswirkung, nämlich den Verlust seines Provisionsanspruchs.

Eine Doppeltätigkeit wird nicht schon, wie von Stopper/Holzhäuser[235] vorgeschlagen, durch die Bedingung des Vertrages ausgeschlossen. Ob eine Doppeltätigkeit vorliegt, muss vom Inhalt der Tätigkeit abhängig gemacht werden, nicht von der formalen Beauftragung.

Eine Interessenkollision ist für den Spielervermittler durchaus gegeben. Zunächst muss er den Vertragsschluss herbeiführen, um überhaupt eine Provision zu verdienen. Zudem wird er nicht vom ursprünglichen Auftraggeber, sondern

233 FG Düsseldorf, Urteil vom 29. Oktober 2010, 1 K 4206/08 U.

234 Stopper/Holzhäuser, Juristische Fallstricke im Recht der Spielervermittler, SpuRt 2011, S. 13 (14).

235 Stopper/Holzhäuser, Juristische Fallstricke im Recht der Spielervermittler, SpuRt 2011, S. 13 (14).

von dessen Vertragspartner entlohnt. Dies allein rechtfertigt es jedoch noch nicht, eine treuwidrige Doppeltätigkeit anzunehmen. Vielmehr befindet sich ein Makler regelmäßig in der Situation, die Interessen der Parteien in Ausgleich bringen zu müssen.

Dass dabei Preisvorstellungen oder die Ausgestaltung einzelner Vereinbarungen gegenläufig sind, ist typische Situation einer Vertragsverhandlung. Insoweit unterscheidet sich die Situation nicht von der des gewöhnlichen Maklers.

Eine Entlohnung des Maklers durch die andere Partei zu vereinbaren, ist ebenfalls nicht unüblich. Eine solche Vereinbarung kann von den Parteien getroffen werden ohne eine Treuwidrigkeit darzustellen.

Die Arbeitsweise des Spielervermittlers begründet daher nicht schon für sich genommen eine Treuwidrigkeit, vielmehr ist auf den Einzelfall abzustellen. Hier ist die zulässige Grenze erreicht, wenn Interessen und Vertrauen des Auftraggebers aufgrund einer Interessenkollision verletzt werden. Den Spielervermittler treffen insoweit keine besonderen berufsrechtlichen Pflichten. Ob eine solche Verletzung erfolgt, ist daher vom Einzelfall abhängig zu machen. In jedem Fall ist von einer Treuwidrigkeit auszugehen, sobald die Beteiligten Schmiergelder zahlen oder Kick Backs vereinbaren. Wie bereits dargestellt, können sich solche Vereinbarungen im Bereich einer strafbaren Untreue § 266 StGB bewegen. Spätestens hier muss eine Treuwidrigkeit angenommen werden.

3. *Exklusivitätsvereinbarungen*

Spielervermittler vereinbaren in der Regel mit ihrem Spieler ein exklusives Vermittlungsverhältnis. Damit versucht der Spielervermittler, sich eine Beteiligung am nächsten Vertragsschluss des Spielers zu sichern. Da die dabei anfallende Provision einen Großteil, wenn nicht sogar den gesamten Lohn des Spielervermittlers ausmacht, ist die Vereinbarung einer solchen Bindung für den Spielervermittler von erheblicher Bedeutung.

Exklusivität bedeutet hierbei, dass der Spieler sich vertraglich dazu verpflichtet, jeden neuen Arbeitsvertrag oder jede Vertragsverlängerung nur unter Zuziehung seines Spielervermittlers abzuschließen. Für den Fall, dass der Spieler einen Vertrag unter Hinzuziehung eines anderen Beraters abschließt, werden empfindliche Vertragsstrafen vereinbart.

Da der Spieler jedoch Arbeitnehmer ist und der Spielervermittler somit privater Arbeitsvermittler, gelten für ihn die Vorschriften des SGB III. Danach sind nach § 297 Nr. 4 SGB III in Verbindung mit § 134 BGB alle Vereinbarungen nichtig, die sicherstellen sollen, dass sich ein Arbeitgeber oder ein Arbeitnehmer nur eines bestimmten Vermittlers bedienen darf.

Diese sogenannte Konkurrenzausschlussklausel soll dem Arbeitssuchenden garantieren, unter allen Angeboten frei wählen zu können.[236] Indem der Spielervermittler den Spieler vertraglich verpflichtet, sich bei der Arbeitsvermittlung nur seiner Dienstleistung bedienen zu dürfen, bezweckt er aber gerade eine solche Exklusivität. Findet der Vermittler des Spielers beispielsweise nur einen Verein, der bereit ist den Spieler zu verpflichten, hat aber ein anderer Vermittler noch einen weiteren Verein an der Hand, so darf der Spieler dieses Angebot nicht in Betracht ziehen ohne das Risiko einer Vertragsstrafe einzugehen. Dies schränkt seinen Handlungsspielraum erheblich ein. Auch hier muss wieder bedacht werden, dass die Karriere des Spielers kurz ist und eine falsche Entscheidung sie beenden bzw. den Verlauf erheblich beeinflussen kann.

a) Rechtsprechung

Dass eine solche Vereinbarung unwirksam ist, wurde auch von der Rechtsprechung bestätigt.[237] Im vorliegenden Fall war die Klägerin eine Agentur für Beratung und Management von Profifußballern. Im Vorwort vereinbaren die Parteien, dass sich der Spieler „ausschließlich" von der Klägerin beraten lassen soll. Tatsächlich kündigte der beklagte Spieler aber den Vertrag mit der Klägerin und schloss den neuen Arbeitsvertrag unter Hinzuziehung eines anderen Beraters ab. Die Klägerin verlangte daher Schadensersatz wegen der Verletzung der Exklusivitätsvereinbarung.

Das Gericht wies die Klage ab, da die Exklusivitätsvereinbarung gem. 297 Nr. 4 SBG III in Verbindung mit § 134 BGB nicht wirksam sei. Eine Pflicht zur Hinzuziehung der Klägerin habe damit gar nicht bestanden.

Während eine Exklusivvereinbarung mit freischaffenden Künstlern möglich sei,[238] sei eine solche mit einem weisungsgebundenen Arbeitnehmer unwirksam.

b) Kritik an der Entscheidung des OLG Hamm und Lösungsansatz für die entstehende Problematik

Das Urteil bereitet in der Praxis erhebliche Probleme.

aa) Problematik

Zunächst stellt das Verbot von Exklusivvereinbarungen ein Risiko für den Spielervermittler dar. Dieser riskiert es, über Jahre in einen Spieler zu investieren ohne jemals am Abschluss eines Arbeitsvertrages beteiligt zu sein.

---

236 OLG Hamm SpuRt 2010, 207 (208); BT-Drucks. 14/8546 S. 7.

237 OLG Hamm SpuRt 2010, 207 (208).

238 OLG Hamburg ZUM 2008, 144 (146); LG Berlin ZUM 2007, 754 (756).

Auch werden die Spieler so zunehmend unter Druck gesetzt. Ohne eine Exklusivvereinbarung ist es möglich, dass nun plötzlich Berater auftauchen und dem Spieler Angebote von Vereinen unterbreiten, ohne vom Spieler dazu beauftragt worden zu sein. Der Spieler steht damit zwischen der eventuellen Möglichkeit, seine Karriere voranzutreiben und der Loyalität zu seinem bisherigen, möglicherweise langjährigen Berater.

Zudem ist es auch für die Vereine lästig und unverlässlich, den selben Spieler von mehreren Beratern angeboten zu bekommen und somit keinen wirklichen Ansprechpartner zu haben. Dem Verein ist nicht auf den ersten Blick ersichtlich, welcher Vermittler vom Spieler beauftragt wurde und welcher ohne Vollmacht auftritt.

Kritik an dem Urteil äußern beispielsweise auch *Stopper/Holzhäuser.*[239] Sie gehen davon aus, dass die Exklusivvereinbarungen für die Praxis notwendig sind und die Vorschriften des SGB III hier nicht zur Anwendung kommen sollten. Begründet wird diese Annahme damit, dass der Gesetzgeber von einem Arbeitsmarkt ausgeht, auf dem die Nachfrage nach Arbeitnehmern geringer ist, als das Angebot der Arbeitssuchenden. Die Situation auf dem Transfermarkt sei ihrer Ansicht nach genau umgekehrt, da es wenige Spieler gebe, die die Qualität besitzen, professionell zu spielen. Auch sei es für den Verein wichtig zu wissen, ob der Spieler nicht zugleich von einem anderen Berater bei einem anderen Verein angeboten wird. Letztendlich sind sie der Meinung, nur durch Exklusivvereinbarungen könnte der Club sicher sein, Provisionsstreitigkeiten zu vermeiden und seriöse Vermittlungsgespräche führen zu können.

bb) Stellungnahme und Lösungsansatz

Im Ergebnis bereitet die Regelung tatsächlich erhebliche Probleme für den Spielervermittler, da eine Bindung des Spielers rechtlich eigentlich nicht mehr möglich ist.

Zu widersprechen ist Stopper/Holzhäuser allerdings, soweit sie die Konkurrenzausschlussklausel des § 297 Nr. 4 SGB III nicht auf den Spieler anwenden wollen. Zunächst ist die Einschätzung, der Fußballer-Arbeitsmarkt unterscheide sich vom normalen Arbeitsmarkt, in Teilen richtig, sofern man die besten Spieler der Liga betrachtet. Sicherlich sind diese Ausnahmespieler selten und daher auf dem Transfermarkt begehrt, allerdings gibt es gerade in den unteren Ligen auch eine Vielzahl von Spielern, die dringend einen Arbeitgeber

239 Stopper/Holzhäuser, Juristische Fallstricke im Rechts der Spielervermittler, SpuRt 2011, S. 11 (13).

suchen und sogar zeitweise vertragslos sind. Gerade heutzutage wird die Lizenzvergabe für die Ligen immer strenger, so dass zahlreiche Vereine gezwungen sind, Schulden abzubauen. Das führt dazu, dass Vereine verstärkt Spieler aus der eigenen Jugend hochziehen und die Kadergröße reduzieren. Die Beobachtung, ein Spieler könne sich den Arbeitgeber aussuchen, ist also nur für den Top-Spieler richtig.

Auch das Argument, der Verein brauche Klarheit darüber, dass der Spieler nicht zugleich bei einem anderen Verein angeboten wird, überzeugt nur teilweise. Zunächst spielt das Interesse des Vereins bei der Auslegung des § 297 SGB III keine rechtliche Rolle. Die Vorschrift soll den Arbeitssuchenden schützen und nicht den Arbeitgeber vor Ansprüchen der Arbeitsvermittler freihalten. Darüber hinaus ist es auch keine Seltenheit, dass der eigene Berater selbst kurz vor Abschluss des Arbeitsvertrages vorspiegelt, der Spieler werde auch von anderen Vereinen kontaktiert, um dadurch Druck auf den betreffenden Verein auszuüben. Klarheit hat der Verein daher auch bei Vorliegen einer Exklusivitätsvereinbarung nicht. Dem „normalen" Arbeitssuchenden ist es ebenfalls möglich mehrere Bewerbungsgespräche zu führen und Angebote einzuholen.

Die Angst des Vereins in Provisionsstreitigkeiten verwickelt zu werden, ist berechtigt. Dies kann zwar ein lästiger Umstand sein, zieht jedoch zumindest keinen finanziellen Schaden nach sich, da der Verein durch die Regelung des § 179 I BGB hinreichend davor geschützt ist, dass ein Vermittler ohne Vertretungsmacht auftritt.

Probleme zu Lasten des Spielers ergeben sich auch in folgender Hinsicht: Gibt es gar keine Exklusivbindung eines Spielers an einen Berater, so kann es sein, dass ein Spieler einem Verein von verschiedenen Beratern zu unterschiedlichen Konditionen angeboten wird. Hierunter könnte das Gehalt des Spielers leiden. Der Verein wird in der Regel darauf bestehen, das Geschäft mit dem Berater abzuschließen, der ihm die niedrigsten Konditionen unterbreitet. Das kann nicht Ziel der gesetzlichen Regelung sein, die ja gerade den Spieler schützen und seine Handlungsfreiheit erhalten will.

Hier kommt es darauf an, ob der Spieler selbst zwei Berater eingeschaltet hat, oder ein Spieler dem Verein von einem Vermittler angeboten wird, den der Spieler selbst nicht dazu bevollmächtigt hat. Im ersten Fall kann der Spieler einen solchen Preiswettbewerb dadurch vermeiden, dass er nur einen Vermittler mit dem Führen von Vertragsgesprächen mit dem jeweiligen Verein beauftragt. Somit kann kein zweiter Vermittler das Angebot unterbieten. Zu bedenken ist hierbei, dass der Spieler ja gerade zwei Vermittler beauftragen will, um möglichst viele Angebote einholen zu können. Zwei Angebote zu unterschiedlichen Konditionen vom selben Verein sind nicht in seinem

Sinne. Er muss deshalb auch selbst dafür Sorge tragen, dass die Vermittler ihn bei unterschiedlichen Vereinen anbieten. Dies kann durch die im Folgenden erläuterte Variante der exklusiven Vollmachten am ehesten gewährleistet werden.

Für den Fall der ungefragten Dienstleistung eines nicht beauftragten Vermittlers bleibt zu hoffen, dass der Verein den angebrachten Weg der Absage wählt, statt zu versuchen, den Spieler über diesen unseriösen Weg billiger zu verpflichten.

Alle Beteiligten sollten im Auge behalten, dass ein Verein sich letztendlich sogar gegen einen Spieler, der mehrfach angeboten wird, entscheiden kann, weil er in die Streitigkeiten der Berater nicht involviert werden will. Wie bereits erläutert, gibt es nur wenigen Ausnahmespieler, die ein Verein um jeden Preis verpflichten will. Abgesehen von diesen Spielern ist jedoch eine Vielzahl von Spielern austauschbar, so dass sich ein Verein bei zwei vergleichbaren Angeboten eher für das „unkompliziertere" Paket entscheiden wird.

Lässt man die Exklusivvereinbarungen allerdings uneingeschränkt zu, hat der Spieler zudem unter Umständen schlechtere Karrierechancen. Gerade für eine Vermittlung ins sportlich und finanziell attraktive Ausland fehlt einem deutschen Spielerberater häufig das Netzwerk. Dies ist aber essenzielle Voraussetzung für einen Transfer.

Damit gilt es, die verschiedenen Lösungsansätze unter dem Gesichtspunkt der gerechten Interessenwahrung aller Beteiligten zu beleuchten. Erforderlich ist damit eine Gestaltung, die es dem Berater ermöglicht, langfristig zu planen und für seine Tätigkeit auch eine Vergütung zu erhalten, es trotzdem aber zulässt, dass der Spieler alle Angebote wahrnehmen kann.

Eine Möglichkeit wäre es daher, dass sich der Spieler „exklusiv" an einen Vermittler bindet, der ihm in erster Linie als Kontaktperson und nicht als Arbeitsvermittler dient. Somit gibt es für den Verein und auch für andere Spielervermittler immer einen klaren Ansprechpartner. Spieler und exklusiver Ansprechpartner könnten dann vertraglich vereinbaren, dass der Spielervermittler mit einem anderen Spielervermittler, der ein nachweisbares Angebot bringt, zusammenarbeiten muss. Beauftragt der Spieler nun selbst einen weiteren Spielervermittler, oder zieht der Spielervermittler einen zweiten Vermittler hinzu, kann eine Zusammenarbeit entstehen. So kann ein deutscher Spielervermittler sich beispielsweise die Kontakte eines ausländischen Vermittlers zunutze machen. Der ausländische Vermittler erhält im Gegenzug dazu überhaupt erst die Möglichkeit, einen deutschen Spieler in Verhandlungen mit einem ausländischen Verein zu bringen. Verweigert der Vermittler eines Spielers eine solche Zusammenarbeit, kann der Spieler sich nach § 627 BGB oder § 626 BGB vom Vertrag lösen.

Vorteil dieser Lösung wäre es, dass der Berater des Spielers, der die Karriere des Sportlers zumindest mit betreut hat, am Vertragsschluss auch finanziell partizipieren würde. Die Karriereplanung und das sonstige Management blieben damit immer in der Hand der vom Spieler gewählten Vertrauensperson. Lediglich hinsichtlich der Vermittlungsleistung ergäben sich für den Spieler zusätzliche Möglichkeiten. Der Spieler könnte so alle sich ergebenden Arbeitsangebote in Betracht ziehen ohne in die Situation zu kommen, seinen Berater aufgeben zu müssen. Der Wortlaut des § 297 Nr. 4 SGB III steht dem nicht entgegen. Der Spieler beschränkt sich vorliegend nicht auf einen Vermittler, sondern auf eine Kontaktperson, die die Vermittlungsleistungen aller beauftragten Arbeitsvermittler koordiniert. Der Schutzzweck des § 297 Nr. 4 SBG III wäre gewahrt. Ein Unterbieten der Vermittler gegenüber dem Verein wäre im Rahmen einer Zusammenarbeit ebenfalls nicht gegeben.

Eine solche Konstellation ist auch dem Gesetzgeber bekannt. So sieht die Regelung des § 660 BGB gerade den Fall vorher, in dem mehrere Vermittler an einem Vertragsschluss mitwirken und sich daher die Provision teilen.

Partizipiert der Spielervermittler allerdings automatisch an jedem Arbeitsvertrag des Spielers, so besteht die Gefahr, dass er nicht selbst aktiv wird, sondern sich darauf beschränkt, die Angebote anderer Berater zu prüfen. Dies würde den Spieler bei seiner Arbeitsplatzsuche wenig unterstützen. In diesem Fall könnte der Spieler seinen Vertrag jedoch aus wichtigem Grund, § 626 BGB, oder wegen fehlender Vertrauensstellung, § 627 BGB, kündigen und einen neuen Berater wählen.

Auch möglich erscheint es, dem Berater eine exklusive Vollmacht zu erteilen, die nur für die Verhandlungen mit einem bestimmten oder mehreren Vereinen gilt. Hauptbedenken gegen die Exklusivität im Sinne des § 297 Nr. 4 SBG III ist, die Wahlmöglichkeit des Spielers nicht einschränken zu wollen. Bedenkt man nun, dass Vereine bestimmte Berater bevorzugen oder benachteiligen, da jedes Geschäft, in dem Personen tätig werden, auch über Sympathie funktioniert, oder dass ein Spielervermittler sich in der Vergangenheit bei einem Verein durch Unzuverlässigkeit oder unseriöses Auftreten disqualifiziert hat, so kann es durchaus sein, dass ein Berater bessere oder schlechtere Chancen hat, den Spieler bei einem Verein zu platzieren. Weiß ein Spieler nun, dass ein Berater ihn nicht zum Wunschverein bringen wird, kann er für diesen einen Verein einem anderen Berater eine Vollmacht erteilen.

Die Wahl, sich zwischen verschiedenen Angeboten zu entscheiden, bliebe dem Spieler erhalten. Trotzdem könnte so gleichzeitig verhindert werden, dass der selbe Spieler bei einem Verein von unterschiedlichen Beratern angeboten wird. Hielte man sich an exklusive Verhandlungsvollmachten, so wäre immer klar, wer der Ansprechpartner des Vereins ist. Allerdings ist hier zu bedenken, dass Vollmachten jederzeit frei widerruflich sind, so dass der Spieler im Extremfall auch die Vollmacht für den Vermittler widerrufen könnte.

Daher wäre daran zu denken, eine unwiderrufliche Vollmacht zu erteilen. Eine unwiderrufliche Vollmacht kann erteilt werden, wenn der Bevollmächtigte ein begründetes Interesse an der Unwiderruflichkeit der Vollmacht hat, so wie beispielsweise, wenn er am Gewinn des Geschäfts beteiligt ist.[240]

Vorliegend hat der Spielervermittler ein eigenes Interesse an dem Geschäft. Neben dem offensichtlichen wirtschaftlichen geht es für ihn auch darum, dass er bei Vereinen an Seriosität einbüßt, wenn er einen Spieler anbietet, der letztendlich auch von einem anderen Berater vor dem Verein vertreten wird. Da ein Spielervermittler nicht zuletzt von seinen Kontakten lebt, ist dies für ihn ein schwerwiegendes Problem.

Fraglich ist, ob dies auch vor dem Hintergrund zulässig ist, dass der Ausschluss des § 627 BGB für eine längere Zeit unwirksam ist (s.o.), um dem Spieler nicht das Recht abzuschneiden, sich von einem Berater, dem er nicht mehr vertraut, zu lösen. Es wäre damit denkbar, dass auch eine unwiderrufliche Vollmacht den Handlungsspielraum des Spielers unzulässig beschränkt.

Anders aber als der Ausschluss des § 627 BGB stellt sich die Erteilung einer unwiderruflichen Vollmacht als deutlich weniger einschränkend dar. Sie ist auf die Verhandlung mit einem bestimmten Verein beschränkt und daher nicht derart umfassend. Auch ist der Ausschluss des § 627 BGB nur für einen längeren Zeitraum bedenklich. Vorliegend ist die Vollmacht auf die kurze Zeit zwischen Abgabe eines Angebots und Unterschrift des Vertrags beschränkt und ist stets eine Individualabrede. Zusätzlich könnte die Vollmacht auf einen gewissen Zeitraum beschränkt werden.

Auch der Schutzzweck des § 297 Nr. 4 SGB III ist beachtet. Erteilt der Spieler eine unwiderrufliche Vollmacht, die den Spielervermittler zum Verhandeln mit einem Verein berechtigt, so kann der Spieler trotzdem noch jeden anderen Berater mit den Verhandlungen mit einem anderen Verein beauftragen. Somit kann er Angebote aller Arbeitgeber einholen lassen, vergleichen und unter ihnen auswählen. Der Markt erfordert es jedoch, dass eine gewisse Klarheit darüber geschaffen wird, wer zu Verhandlungen worüber berechtigt ist, da ansonsten der selbe Spieler von unzähligen Beratern bei einem Verein angeboten wird, was sich wie dargestellt, zu Lasten des Spielers auswirken kann.

240 Münchener Kommentar-Schramm, BGB, § 168, Rn. 31 ff.

4. *Höhe der Provisionen*

Wenn man die oben genannte Höhe der an Spielervermittler gezahlten Honorare heranzieht, so wird klar, dass ein Spielervermittler in der Regel eine extrem hohe Provision für einen Transfer-bzw. Arbeitsvertragsschluss erhält. Fraglich ist, ob die Höhe der Vergütung frei vereinbart werden kann, oder ob sie sich innerhalb eines gewissen Rahmens halten muss.

a) Der Spieler als Auftraggeber

Wie bereits angemerkt, gelten für den Spielervermittler die Vorschriften des SGB III, insbesondere § 296 III SGB III, der wiederum auf § 421 g Abs. 2 Nr. 3 SGB III verweist. Danach muss er die Höhe der Vergütung vorher festlegen. Weiterhin darf der zu zahlende Betrag seit dem 1.1.2005 nicht höher als 2.000 Euro sein. Allerdings hat das Bundesministerium für Arbeit und Soziales von der ihr in § 301 SGB III eingeräumten Möglichkeit Gebrauch gemacht. Danach kann durch Rechtsverordnung bestimmt werden, dass für eine bestimmte Berufsgruppe Vergütungen vereinbart werden dürfen, die sich nach dem Entgelt der dem Arbeitnehmer zustehenden Vergütung bemessen. Auf Grund dieser Ermächtigung hat das Bundesministerium für Arbeit und Sozialordnung die Vermittler-Vergütungsordnung mit dem Ausfertigungsdatum vom 27.06.2002 erlassen.

Die Vermittler-Vergütungsordnung regelt die Vergütung bei der Vermittlung von:[241]

- Künstler, Artist
- Fotomodell, Werbetyp, Mannequin und Dressman
- Doppelgänger, Stuntman, Discjockey,
- Berufssportlern

Somit unterliegt die Tätigkeit des Spielervermittlers der VO.

Weiterhin ergibt sich aus § 2 der VO die Höhe der Vergütung, was auch vom LG Heidelberg bestätigt wurde.[242] Danach darf die Provision maximal 14% <u>eines</u> Jahresgehalts des Spielers betragen.[243]

b) Verein als Auftraggeber

Die Vermittler-Vergütungsordnung ist allerdings im deutschen Raum von geringer Bedeutung, da sie nur für den Vertrag zwischen Spieler und Berater und

241 Vgl. Vermittler-Vergütungsverordnung § 1.

242 LG Heidelberg 11.8.2010, Az 5 O 307/09.

243 LG Heidelberg 11.8.2010, AZ 5 O 307/09.

nicht zwischen Verein und Berater gilt. Danach können Spielervermittler und Verein die Provision frei bestimmen. Dabei liegt die Provision zwischen 10% und 50 % des vermittelten Honorars des Jahresgehalts des Fußballspielers, wobei die Summe ebenfalls, wie das Gehalt des Spielers, jährlich gezahlt werden kann.[244]

Eine Obergrenze könnte sich aber aus § 655 BGB ergeben. Danach kann ein unverhältnismäßig hoher Maklerlohn auf einen angemessenen Betrag herabgesetzt werden. Ob ein Maklerlohn tatsächlich überhöht ist, wird sich in der Spielervermittlung schwer feststellen lassen. Wann ein Lohn überhöht ist, ergibt sich nämlich aus einer Gegenüberstellung von vereinbartem und üblichem Lohn.[245]

Üblich ist danach, was zur Zeit des Vertragsschlusses nach allgemeiner Auffassung unter den beteiligten Kreisen am Ort der Vermittlungsleistung als Vergütung gewährt wird.[246] Die Feststellung dieser Höhe bereitet aber erhebliche Probleme, so dass das OLG Celle die Behauptung, üblich sei eine Vergütung von 12 % des Jahresbruttogehalts bzw. 15 % des Jahresgrundgehalts, als nicht erwiesen ansieht.[247] Das OLG Dresden sah eine Provision in Höhe von 5% des Einkommens als angemessen an.[248]

Eine tatsächlich übliche Provision gibt es in der Spielervermittlung nicht, da die einzelnen Fälle schwerlich miteinander verglichen werden können. Die Höhe der Vergütung bemisst sich bei der Maklertätigkeit nicht nach der Leistung des Maklers, sondern nach dem Wert des vermittelten Vertrages. Im Bereich der Spielervermittlung liegt dem Vertrag jedoch kein objektiver Wert zugrunde.[249] Vielmehr wird der Wert hier von subjektiven Erwägungen des Vereins bestimmt, die erheblich variieren können. So bestimmt der Verein, der dringend noch einen Spieler verpflichten muss, einen Wert anders, als ein gut aufgestellter Verein. Auch wird der Verein die Entscheidung davon abhängig machen, wie seine eigene wirtschaftliche Situation ist, wie gut der Spieler sich in die Mannschaft einfügen wird, welche individuellen Kriterien der Spieler mitbringt oder wie er sich entwickeln wird.[250]

Eine gesetzliche Obergrenze wird sich daher weder aus dem SGB III noch aus dem BGB herleiten lassen.

---

244 Kröniger, Provisionsansprüche von Spielervermittlern gegenüber Fußballvereinen, SpuRt 2004, S. 233, (234).
245 BGH NJW 1994, 1475 (1476); BGH NJW 2000, 2669.
246 BGH BB 1969, S. 1413.
247 OLG Celle SpuRt 2004, 67.
248 OLG Dresden SpuRt 2004, 257.
249 Helmholz, Die private Arbeitsvermittlung im Berufssport, S. 145.
250 Helmholz, Die private Arbeitsvermittlung im Berufssport, S. 145.

c) Kritik an der Vergütungsregelung

Problematisch ist, dass es für das Verhältnis zwischen Berater und Spieler die Vergütungsordnung gibt, wohingegen es keine Regelung für die Provision des Beraters gibt, wenn dieser vom Verein gezahlt wird. Dies ist in Deutschland wohl immer der Fall. Begründen ließe sich diese unterschiedliche Regelung nur damit, dass man den wirtschaftlich schwächeren Spieler dem wirtschaftlich stärkerem Verein gegenüber privilegieren will. Dies erscheint unter folgendem Aspekt zweifelhaft:

Für den Verein stellt die Verpflichtung eines Spielers, wie bereits dargestellt, wirtschaftlich gesehen eine einzige Kostenposition dar. Ein Spieler wird dem Verein in der Regel maximal eine gewisse Summe wert sein. Wie sich diese auf Spieler/Berater/Ablöse usw. verteilt, ist dem Verein daher weitestgehend gleichgültig, da sich die Verpflichtung eines Spielers immer aus verschiedenen Punkten zusammensetzt. Daher geht die Provision des Beraters in jedem Fall vom Gehalt des Spielers ab, so dass der Spieler bei wirtschaftlicher Betrachtung das Gehalt des Spielervermittlers bezahlt. Dies wird auch dadurch gestützt, dass der Spieler als ursprünglicher Auftraggeber eigentlich zur Zahlung des Vermittlers verpflichtet war. Wird diese nun vom Verein übernommen, könnte dies als eine Zahlung des Spielers auf abgekürztem Zahlungsweg verstanden werden.[251]

Zu überlegen wäre daher eine Obergrenze für Provisionszahlungen an den Spielervermittler, vergleichbar mit der Obergrenze, die zwischen Spieler und Vermittler in der Vergütungsordnung festgelegt ist, also 14% eines Jahresgehalts.

Vorteil dieser Regelung wäre insbesondere, dass der Bereich der Spielervermittlung ein Stück weit legaler wird, da Kick-Back-Zahlungen sich nicht mehr lohnen, sobald es eine Obergrenze für die Vergütung gibt. Im professionellen Fußball halten sich die Spekulationen um die Vereinbarung solcher Kick-Back-Zahlungen zwischen Beratern und Managern, Spielern oder Trainern seit Jahren.[252]Auch hier kann bei Vorliegen einer Vermögensbetreuungspflicht eine strafbare Untreue zu Lasten des Vereins vorliegen.

Wie bereits dargestellt, sind viele Spieler austauschbar. Ein Berater, der dem Verantwortlichen des Vereins einen finanziellen Anreiz bietet, hat daher unter Umständen ein zusätzliches Argument für die Verpflichtung seines Spielers. Da die Entscheidung über einen Transfer nicht vollständig objektiv begründet

---

251 Bach/Sauer, Spielervermittlerhonorare des Vereins und Einkommenssteuer des Spielers, SpuRt 2010, S. 142 (144).

252 http://www.stern.de/sport/fussball/bundesliga/felix-magath-zu-sternde-alle-transfers-wurden-korrekt-abgewickelt-1664733.html; http://www.freiepresse.de/SPORT/Gericht-prueft-Provisionszahlungen-bei-Real-artikel1588389.php.

werden kann, ist ein solcher Hintergrund auch nicht für jedermann ersichtlich, so dass diese Vereinbarungen nicht zwangsläufig aufgedeckt werden.

Auch der BGH hatte sich im Rahmen von Anlagegeschäften mit der Problematik der Kick-Back-Zahlungen zu befassen,[253] die dort als verdeckte Rückvergütungen bezeichnet werden. Der amtliche Leitsatz des Urteils lautet: „Wenn eine Bank einen Kunden über Kapitalanlagen berät und Fondsanteile empfiehlt, bei denen sie verdeckte Rückvergütungen aus den Ausgabeaufschlägen und jährlichen Verwaltungsgebühren erhält, muss sie den Kunden über diese Rückvergütungen aufklären, damit der Kunde beurteilen kann, ob die Anlageempfehlung allein im Kundeninteresse nach den Kriterien anleger- und objektgerechter Beratung erfolgt ist, oder im Interesse der Bank, möglichst hohe Rückvergütungen zu erhalten".

Dieses Urteil gilt als Grundlagenentscheidung des BGH und verpflichtet den die verdeckte Rückvergütung empfangenden Anlageberater zur Offenlegung der Kick-Back-Zahlung. Zweck dieser Bestimmung ist der Schutz des Anlegers, also der Verbraucherschutz. Nur wenn der Anlegende den Hintergrund der Empfehlung kennt, kann er einschätzen, ob der Anlageberater ihm tatsächlich die beste, oder die mit der für ihn günstigsten Rückvergütung ausgestattete Anlagemöglichkeit empfiehlt. Auch hier ist die Leistung des Anlageberaters wie die des Spielervermittlers für den Spieler kostenlos.

Die Konstellationen im Kapitalanlagerecht und in der Spielervermittlung sind zwar nicht identisch, lassen aber durchaus Parallelen erkennen, die eine vergleichbare Interessenlage des Anlegers und des Spielers begründen.

Der Anleger sucht sich einen Finanzdienstleister in Form einer Bank, eines freien Anlageberaters oder eines Anlagevermittlers und informiert sich über Anlagemöglichkeiten.

Der Spieler sucht einen Spielervermittler auf, der ihm einen Arbeitsvertrag verschaffen soll.

In beiden Fällen wird also ein Dritter mit der Vermittlung eines für den Auftraggeber wichtigen Geschäftes beauftragt.

Im Rahmen der Information verschweigt der Finanzdienstleister dem Anleger seine eigene Motivationslage, nämlich dass er selbst an der erfolgten Anlage verdient und dass die zu entrichtende Provision aus dem zur Verfügung stehenden Anlagebetrag entnommen wird.[254]

---

253 BGH vom 19.12.2006 Az.: XI ZR 56/05= BGH WM 2007, 487 ff= BGHZ 170, 226.

254 Schwab, Provisionen, Rückvergütungen und der legitime Erwartungshorizont des Anlagekunden, BKR 2011, S. 450.

Dass der Spielervermittler für die Vermittlung des Arbeitsverhältnisses eine Provision erhält, ist dem Spieler grundsätzlich klar. Allerdings ist ihm die Ausgestaltung dieser Provision bei Kick Back Zahlungen unter zwei Aspekten nicht klar:

Zunächst ist dem Spieler nicht bewusst, dass er wie bereits dargestellt, wirtschaftlich gesehen diese Provision zahlt, da diese von dem gesamten Transfervolumen abgezogen wird. Weiterhin kennt der Spieler die wahre Höhe der Provision im Falle einer Rückvergütung nicht.

Insoweit sind sich weder Anleger noch Spieler vollständig darüber bewusst, was mit ihrem Vermögen geschieht. Damit sind Anlagekunde und Spieler in gleicher Weise dem Interessenkonflikt des jeweiligen Vermittlers ausgesetzt. Verdient der Vermittler eine Provision, so wird er unter Umständen nicht die für den Kunden günstigste Variante, sondern die für ihn lukrativste empfehlen.[255] Erfährt der Kunde nun nicht, oder nicht in vollem Umfang von der Provision, so kann er die Motivationslage des Vermittlers nicht nachvollziehen und verkennt möglicherweise, dass die Beratung vom Eigeninteresse des Vermittlers beeinflusst wird.

Ein Unterschied zwischen den Konstellationen ergibt sich aus dem Weg des Geldes. Der Anleger übergibt beispielsweise der Bank einen Betrag, den er angelegt wissen will. Die Bank zeichnet dafür ein Finanzprodukt bei einem Emittenten. Für diesen Vertragsschluss erhält der Finanzdienstleister eine Provision vom Produktanbieter. Diese Provision wird vom Produktanbieter aus den Gebühren entnommen, die der Zeichnende an den Produktanbieter entrichtet. Die Zahlung kommt also unmittelbar aus dem Vermögen des Anlegers. Der Mehrbetrag, den der Emittent veranschlagt, um die Provision des Vermittlers zu zahlen, bleibt dann im Vermögen des Finanzdienstleisters.

Im Fall der Spielervermittlung kommt die Zahlung unmittelbar aus dem Vermögen des Vereins. Der Vermittler und der Vereinsfunktionär vereinbaren eine höhere Zahlung an den Vermittler. Der Mehrbetrag der hier an den Vermittler gezahlt wird, wird unter Vereinsfunktionär und Vermittler aufgeteilt. Unmittelbar leistet der Spieler also gar keine, schon gar keine höhere Zahlung. Allerdings sind die Fälle vergleichbar, da der Spieler, wie dargestellt, der wirtschaftlich Benachteiligte einer solchen Absprache ist.

255 BGHZ 170, S. 226; Für den Anlagekunden vgl. Schwab, Provisionen, Rückvergütungen und der legitime Erwartungshorizont des Anlagekunden, BKR 2011, S. 450, (451), für den Spieler vgl. S. 78 f.

Somit ergibt sich trotz des unterschiedlichen Zahlungsweges eine Vergleichbarkeit der Fälle.

Bezogen auf den Fußball wäre danach der Spielervermittler verpflichtet, eine Kick-Back-Zahlung dem Spieler gegenüber offen zu legen. Damit wäre gewährleistet, dass der Spieler tatsächlich erkennt, ob es sich für ihn um ein geeignetes Angebot handelt, oder der Berater eigenen Interessen nachgeht.

Rechtsfolge einer nicht offengelegten Kick-Back-Vereinbarung wäre nach ständiger Rechtsprechung Schadensersatzansprüche des Spielers gegen Manager und/oder Berater, sofern ihn eine Aufklärungspflicht gegenüber dem Spieler trifft. Damit hätte der Spieler in einem solchen Fall einen Schadensersatzanspruch gegen den tätig gewordenen Vermittler. Weiterhin käme dann je nach Pflichtenstellung des Vereinsfunktionärs eine Untreue gegenüber dem Verein in Betracht. Während also den Spielervermittler eine Offenlegungspflicht gegenüber dem Spieler trifft, hat der Vereinsfunktionär solche Vereinbarungen grundsätzlich zu unterlassen, da ihm ansonsten eine Strafe wegen Untreue droht.

Da die VO nur Vereinbarungen zwischen Spieler und Spielervermittler, also Arbeitssuchendem und Arbeitsvermittler erfasst, ist der Spieler vor einer überhöhten Provisionsvereinbarung zwischen Spielervermittler und Verein nicht geschützt. Vor dem Hintergrund der eben erläuterten Gefahr von Kick Back Vereinbarungen und der Tatsache, dass der Spieler wirtschaftlich ohnehin für die Vergütung des Vermittlers aufkommen muss, ist diese Differenzierung bedenklich.

Daher wäre über eine analoge Anwendung der Vorschrift im Verhältnis Spielervermittler gegenüber dem Verein nachzudenken.

Voraussetzung für eine analoge Anwendung einer Vorschrift ist das Vorliegen einer planwidrigen Regelungslücke. Eine solche ist jedoch in diesem Fall nicht gegeben. Der Gesetzgeber hat die Schutzbedürftigkeit des Arbeitnehmers offensichtlich erkannt und daher die VVO erlassen. Diese soll gerade nur im Verhältnis zwischen Arbeitnehmer und Vermittler gelten. Der Fall, dass der Arbeitgeber die Vergütung für den Vermittler zahlt, ist kein spezifischer Vorgang, der nur in der Spielervermittlung vorkommen kann. Es ist daher nicht davon auszugehen, dass der Gesetzgeber diese grundsätzliche Möglichkeit generell übersehen und nur deshalb nicht geregelt hat.

Eine analoge Anwendung der Vorschrift scheidet daher mangels planwidriger Regelungslücke aus.

Denkbar wäre jedoch eine Abänderung des bisherigen § 1 VVO dahingehend, dass eine Anwendbarkeit der VVO auch in den Fällen gegeben ist, in denen der Arbeitgeber lediglich diejenige Vergütung für den Arbeitnehmer übernimmt, die dieser dem Vermittler geschuldet hätte. Somit erfolgt nur eine Ausdehnung des Anwendungsbereiches auf eine weitere Person, die im konkreten Vertrag keine eigene neue Schuld begründen, sondern nur die Schuld des Arbeitnehmers übernehmen will. Eine Besserstellung des Vermittlers durch diese Umschichtung ist nicht nachvollziehbar. § 1 VVO könnte daher lauten:

§ 1 Berufe und Personengruppen

(1) Für die Vermittlung in eine Tätigkeit als

1. Künstler, Artist,
2. Fotomodell, Werbetyp, Mannequin und Dressman,
3. Doppelgänger, Stuntman, Discjockey,
4. Berufssportler,

dürfen mit dem Arbeitnehmer Vergütungen vereinbart werden, die sich nach dem ihm zustehenden Arbeitsentgelt bemessen werden.

(2) Diese Verordnung findet darüber hinaus dann Anwendung, wenn der Arbeitgeber diejenige Vergütung für den Arbeitnehmer übernimmt, die dieser dem Vermittler auf Grund seiner Beauftragung schuldet.

III. Ergebnis 2. Teil und Auswirkungen auf den Vermittlungsvertrag zwischen Spieler und Vermittler

Um den Spieler oder einen Verein vertreten zu können, wird der Spielervermittler einen schriftlichen Vermittlungsvertrag schließen.[256] Eine Exklusivitätsvereinbarung verbietet sich jedoch wegen § 297 Nr. 4 SGB III. Damit ist der eigentliche Sinn des Vertrages entfallen. Der Vertrag kann nicht mehr dazu dienen, den Spieler an einen bestimmten Vermittler zu binden. Auch für die Entstehung des Provisionsanspruches ist der Vertrag entbehrlich, da diese ohnehin vom Verein gezahlt wird.

Lediglich allgemeine Pflichten und der Umfang der Beratungsleistung können im Vertrag vereinbart werden. Natürlich kann der Spieler den Spielervermittler auch zu seinem nicht-exklusivem Vermittler erklären, dies ist jedoch für diesen eine rechtlich wenig bedeutsame Erklärung. Dass er in der Praxis doch noch abgeschlossen wird, hat im Wesentlichen den Sinn dem nicht rechtskundigen Spieler vorzumachen, er hätte eine exklusive Bindung zum Berater und könne sich deshalb gar nicht erst an einen anderen Berater wenden.

Wird ein Vertrag geschlossen, der auch eine Vermittlungsleistung umfasst, so sind die Vorschriften des SGB III zu beachten.

256 Artikel 19 Nr. 1 FIFA Reglement.

Für diese Verträge zwischen Spielervermittler und Auftraggeber gelten zunächst die allgemeinen Regelungen des BGB, sowohl was das Zustandekommen des Vertrages, also Angebot und Annahme, als auch was seine Nichtigkeit betrifft.

Für Form und Inhalt des Vertrages gelten die Vorschriften des SGB. Zwingend vorausgesetzt ist die Schriftform, da der Vertrag ansonsten unwirksam ist, § 297 Nr. 1 SGB III. Der Inhalt des Vertrages muss dem Arbeitssuchenden in Textform vom Vermittler zur Verfügung gestellt werden, § 296 I S. 4 SGB III. Weiterhin muss der Vertrag eine Vergütung festlegen, die die Grenzen der VVO beachten muss, § 296 II SGB III. Leistungen die erbracht werden, um den Spieler zu vermitteln, dürfen nicht extra vergütet werden, § 296 I S. 3 SGB III.

3. Teil: Die Zulässigkeit der Spielervermittlung durch den lizenzierten Spielervermittler und den Rechtsanwalt

Nach dem Reglement der FIFA ist die Spielervermittlung dem lizenzierten Berater und dem Rechtsanwalt erlaubt. Rechtliche Einschränkungen ergeben sich lediglich aus den oben dargestellten Besonderheiten innerhalb des jeweiligen Rechtsgebietes. Da jedoch die FIFA selbst deklaratorisch klarstellt, dass die nationalen Gesetze einzuhalten sind, stellt sich die Frage der Vereinbarkeit der Spielervermittler- und Spielerberatertätigkeit mit dem deutschen Recht. Für den Spielervermittler drängt sich hierbei insbesondere eine Kollision mit dem Rechtsdienstleistungsgesetz auf, während für den Rechtsanwalt berufsrechtliche Probleme entstehen können.

I. Die Zulässigkeit der Spielervermittlung durch den Rechtsanwalt

Zunächst gilt es zu klären, ob der in Deutschland zugelassene Rechtsanwalt die Tätigkeit des Spielervermittlers ausüben darf. Dem könnten berufsrechtliche Vorschriften entgegenstehen.

In Betracht kommen die Tätigkeitsverbote der §§ 45 I Nr. 4, 43a IV BRAO sowie der Versagungsgrund des § 7 Nr. 8 BRAO.

Während bereits ausführlich auf das Verbot der Doppeltätigkeit für den lizenzierten Spielervermittler aus § 654 BGB eingegangen wurde, stellt sich die Lage für den Rechtsanwalt noch problematischer dar. Dieser ist nämlich per Gesetz dazu aufgefordert, nur das Interesse <u>einer</u> Partei zu vertreten. So kann ein Verstoß unter Umständen den Straftatbestand des Parteiverrates im Sinne des § 356 StGB erfüllen. Für den Rechtsanwalt ist daher die einseitige Vertretung des Mandanteninteresses von noch höherer Bedeutung als für den lizenzierten Spielervermittler. Während dieser nur seinen Provisionsanspruch verlieren kann, kann ein solcher Verstoß für den Rechtsanwalt neben den eventuellen strafrechtlichen Konsequenzen auch den Verlust seiner Rechtsanwaltszulassung bedeuten. Daher ist auf die Einschränkungen einzugehen, die sich für den Rechtsanwalt aus dem Berufsrecht ergeben.

Das Verbot, widerstreitende Interessen zu vertreten, ergibt sich für den Rechtsanwalt aus § 43 a IV BRAO. Daneben stellt sich die Frage einer Vorbefassung im Rahmen eines Zweitberufes, § 45 I Nr. 4 BRAO, die Frage nach Vereinbarung von Erfolgshonoraren im Sinne des § 49 b II S. 1 BRAO sowie die Problematik der Versagung oder Entziehung der Zulassung nach § 7 Nr. 8 BRAO wegen einer Unvereinbarkeit des Spielervermittlerberufes mit dem des Rechtsanwaltes.

1. *Tätigkeitsverbot des § 45 I Nr. 4 BRAO*

Der Rechtsanwalt darf nicht tätig werden, wenn er in derselben Angelegenheit außerhalb seiner Anwaltstätigkeit oder einer sonstigen Tätigkeit im Sinne des § 59a I S. 1 beruflich tätig war.[257] Es handelt sich vorliegend um ein Tätigkeitsverbot, also eine mildere Maßnahme als ein Versagungsgrund für die Zulassung.

Verhindert werden soll genaugenommen nicht eine aufeinanderfolgende, sondern eine parallele Befassung einer Sache durch den Rechtsanwalt.[258] Ist die erste Tätigkeit beendet, soll ein Verstoß nämlich nicht gegeben sein.[259]

Die Bestimmung soll eine berufliche Zweittätigkeit des Rechtsanwaltes einschränken. Die Regelung zielt auf eine „Reinhaltung des Rechtsanwaltsbildes" und eine Abgrenzung des Rechtsanwaltsberufes vom nicht juristischen Zweitberuf ab.[260]

Sie steht dabei im Exklusivitätsverhältnis zu § 43 a IV BRAO. Während § 43 a IV BRAO der Vermeidung von Interessenkollisionen des Rechtsanwaltes dient, der auf beiden Seiten in seiner Eigenschaft als Rechtsanwalt auftritt, so versucht § 45 I Nr. 4 BRAO diejenige Interessenkollision zu verhindern, die aus einer Zweittätigkeit des Rechtsanwaltes herrührt und dadurch als mit den Aufgaben eines Rechtsanwaltes unvereinbar gilt.[261] § 43 a IV BRAO schützt den Rechtssuchenden vor einer Interessenkollision des zweimal anwaltlich auftretenden Rechtsanwaltes, § 45 I Nr. 4 BRAO soll eine Interessenkollision aus

257 Vgl. § 45 I Nr.4 1. Hs. BRAO.
258 Henssler/Prütting-Kilian, BRAO, § 45, Rn. 29.
259 Vgl. § 45 I Nr. 4 2. Hs. BRAO.
260 Kleine-Cosack, BRAO, § 45, Rn. 2.
261 Henssler/Prütting-Kilian, BRAO, § 45, Rn. 1.

einer nicht anwaltlichen mit einer anwaltlichen Tätigkeit des Rechtsanwaltes verhindern.[262]

Indem § 45 I Nr. 4 BRAO also von einer anwaltlichen sowie einer nicht anwaltlichen Befassung spricht, wird deutlich, dass der Rechtsanwalt zweimal tätig geworden sein muss. Die erste Tätigkeit ist dabei eine nicht anwaltliche, berufliche Tätigkeit. Im Anschluss an diese Tätigkeit muss der Rechtsanwalt dann in derselben Angelegenheit anwaltlich tätig werden.

a) Dieselbe Angelegenheit

Die erste Voraussetzung der Norm ist somit, dass es sich um dieselbe Angelegenheit handelt.

Dieselbe Angelegenheit ist dabei jede rechtliche Angelegenheit, die zwischen mehreren Beteiligten mit zumindest möglicherweise entgegenstehenden Interessen nach Rechtsgrundsätzen behandelt und erledigt werden soll, wobei auf die Teilidentität des Sachverhaltes abzustellen ist.[263] Ausschlaggebend ist also das Vorliegen eines einheitlichen Lebenssachverhalts.[264]

Dieselbe Angelegenheit ist vorliegend zweifelsfrei gegeben. Die Vermittlung eines Spielers an einen Verein ist mit der Verhandlung und Gestaltung des Arbeitsvertrages der beiden Parteien, die schlussendlich zu ebendiesem Zweck zusammengeführt wurden, derart eng verbunden, dass sie sich als einheitlicher Lebenssachverhalt und damit als dieselbe Angelegenheit darstellt.

b) (Zweit-) Berufliche Vorbefassung

Der Rechtsanwalt, der zunächst den Spieler vermittelt, d.h., den Kontakt zwischen Spieler und Verein hergestellt hat und nunmehr den Arbeitsvertrag verhandelt, muss in einem ersten Schritt nicht anwaltlich, also zweitberuflich tätig geworden sein, um das Verbot des § 45 I Nr. 4 BRAO für eine anschließende rechtsanwaltliche Tätigkeit auszulösen.[265]

Fraglich ist damit, ob die Vermittlung eines Spielers eine berufliche, nicht anwaltliche Vorbefassung darstellt.

aa) Beruf

Eine solche berufliche Befassung setzt voraus, dass es sich bei der ersten Tätigkeit um einen Beruf handelt. Ein Beruf ist dabei jede Tätigkeit, die in ideeller sowie

262 Henssler/Prütting-Kilian, BRAO, § 45, Rn. 1.

263 Kleine-Cosack, BRAO, § 45 Rn. 5.

264 Kleine-Cosack, BRAO, § 45, Rn. 5.

265 Kleine-Cosack, BRAO, § 45, Rn. 25.

materieller Hinsicht der Schaffung und Erhaltung der Lebensgrundlage dient oder hierzu beiträgt.[266] Ausschlaggebend ist nicht die tatsächliche Dauer der Tätigkeit, sondern die Frage, ob sie auf Dauer angelegt ist.[267] Ebenso verhält es sich mit der Schaffung der Lebensgrundlage -auch hier kommt es nicht auf die tatsächlichen Umstände, sondern auf die Eignung der Tätigkeit an.[268] Eine nur vereinzelt ausgeübte Tätigkeit des Rechtsanwaltes reicht daher nicht aus, um eine berufliche Vorbefassung anzunehmen.[269] Damit kommt es entscheidend darauf an, in welchem Umfang der Rechtsanwalt Spieler vermittelt. Tut er dies in erheblichem Umfang, so ist eine berufliche Vorbefassung wohl gegeben. Die Spielervermittlung ist in der Regel keine Tätigkeit, die der Rechtsanwalt nur im Einzelfall übernimmt. Allein der Aufbau eines Netzwerkes aus Spielern und Vereinen ist eine aufwändige Tätigkeit, die viel Zeit in Anspruch nehmen kann. Zudem ist zu bedenken, dass der Wert eines durchschnittlichen Spielertransfers den Wert eines normalen Anwaltsmandates bei weitem überschreiten dürfte, so dass der Spielervermittler in der Regel nicht gehalten ist, seine Vermittlungsaktivitäten auf den Einzelfall zu beschränken. Vielmehr eignet sich gerade die Vermittlung von Spielern wirtschaftlich betrachtet zur Schaffung einer Lebensgrundlage. Somit ist der Umfang der Tätigkeit wie bereits dargestellt zeitlich und finanziell derart erheblich, dass wohl in einer Vielzahl der Fälle von einer beruflichen Vorbefassung des Rechtsanwaltes auszugehen ist. Dies ist allerdings am konkreten Einzelfall festzustellen.

bb) Nicht anwaltliche Vorbefassung

Weiterhin stellt sich die Frage, ob die Spielervermittlung tatsächlich klar von der Vertragsverhandlung abzugrenzende nicht rechtliche Tätigkeit ist.

§ 45 I Nr. 4 BRAO setzt die zweifache Befassung des Rechtsanwaltes mit der Sache voraus. Verlangt wird somit, dass sich die anwaltliche Tätigkeit von der zweitberuflichen Tätigkeit klar abgrenzen lässt.[270] Ob eine solche Abgrenzung möglich ist, ist fraglich.

Die Maklertätigkeit, also die Vermittlung, kann nämlich auch Bestandteil des Rechtsanwaltsmandates sein, sofern die Pflicht rechtlichen Beistand zu leisten dabei nicht völlig in den Hintergrund tritt.[271]

---

266 BVerfGE 54, 301 (313); BVerfGE 7, 377 (397); Kleine-Cosack, BRAO, § 45, Rn. 26; Henssler/Prütting-Kilian, BRAO, § 45, Rn. 30.

267 BVerfGE 14, 19 (22); Henssler/Prütting-Kilian, BRAO, § 45, Rn. 31.

268 Henssler/Prütting-Kilian, BRAO, § 45, Rn. 31.

269 Gaier/Wolf/Göcken-Bormann, Anwaltliches Berufsrecht, § 45, Rn. 36.

270 Feuerich/Weyland-Böhnlein, BRAO, § 45 Rn. 28.

271 BGH NJW 1996, 2499 (2500).

Das bloße Herstellen des Kontaktes zwischen Spieler und Verein ist sicherlich nicht rechtlich relevant. Soll der Spielervermittler den Spieler tatsächlich nur vermitteln und als Kontaktperson dienen, so liegt wohl eine nicht-anwaltliche, teilbare Dienstleistung vor. Dieser Fall ist jedoch in der Praxis kaum anzutreffen.

So können sich rechtliche Fragen schon im Vorfeld der eigentlichen Vertragsverhandlungen, also im Stadium der Vermittlung ergeben. Der vermittelnde Anwalt kann im Rahmen dieser Vermittlungsphase schon mit der Situation konfrontiert werden, einen mündlichen Vorvertrag abschließen, Zusagen zu machen, einzelne Rechtsfragen zu klären, um herauszufinden, welche Vertragspartner überhaupt in Betracht kommen. Daneben kann es sein, dass der Spielervermittler schon in diesem Vermittlungsstadium vertragliche Vorfragen klären muss, wie zum Beispiel, ob ein Vertrag des Spielers beim bisherigen Arbeitgeber wirksam ist oder ob ein sofortiger Wechsel erfolgen kann. Auch kann sich zur Frage der Möglichkeit eines Wechsels die Frage der Optionsvereinbarung, Laufzeit und Kündigung des Vertrages schon vor der eigentlichen Vertragsverhandlung stellen. Bereits die Beantwortung solcher Fragen im Rahmen der Vermittlung stellt sich dann als rechtlich relevante Tätigkeit dar. Daher kann bei Erbringung einer solchen Dienstleistung nicht mehr davon gesprochen werden, dass die Anwaltstätigkeit komplett in den Hintergrund tritt und die Vorbefassung mit der Angelegenheit nicht rechtlich ist. Eine Trennung in anwaltliche und nicht anwaltliche Tätigkeit ist vor diesem Hintergrund für den Beruf des Spielervermittlers nahezu unmöglich.

Somit kann eine Abgrenzung zwischen anwaltlicher Vorbefassung und damit der Anwendbarkeit des § 43a IV BRAO und der nicht-anwaltlichen Vorbefassung im Rahmen des § 45 I Nr. 4 BRAO erhebliche Probleme bedeuten, da nahezu alle wirtschaftlichen Fragen, die im Zusammenhang mit der Vertragsgestaltung aufgeworfen werden, auch einen rechtlichen Aspekt haben. Da von einer Trennbarkeit von zweitberuflicher Vermittlung und rechtlicher Beratung somit nur schwer gesprochen werden kann, ist eine Abgrenzung nicht möglich. Die Voraussetzungen von § 45 I Nr. 4 BRAO liegen nicht vor.

c) Ergebnis zu § 45 I Nr. 4 BRAO

Ist die Spielervermittlertätigkeit als Zweittätigkeit des Rechtsanwaltes kein Beruf, da er sie lediglich in geringem Umfang ausübt, so liegen die Voraussetzungen des § 45 I Nr. 4 BRAO schon deshalb nicht vor. Auf die Frage der Trennbarkeit der anwaltlichen von der zweitberuflichen Tätigkeit kommt es dann nicht mehr an. Ebenso ist irrelevant, ob der Rechtsanwalt in der Verhandlung und Vertragsgestaltung tatsächlich anwaltlich tätig geworden ist.

Wird der Rechtsanwalt hingegen im Rahmen der Zweittätigkeit in derart erheblichem Umfang tätig, dass sie sich als Beruf einordnen lässt, so stellt sich eher die Frage, ob er sich durch diese umfangreiche Tätigkeit nicht eher der Bereich des § 7 Nr. 8 BRAO bewegt, da sich dann eine Unvereinbarkeit mit dem Beruf des Rechtsanwaltes an sich ergeben könnte. Die Entziehung der Zulassung ist nämlich nur dann erforderlich, wenn ihr nicht durch ein milderes Mittel wie beispielsweise ein Tätigkeitsverbot begegnet werden kann.[272] Ob eine Trennbarkeit im Einzelfall möglich ist und § 45 I Nr. 4 BRAO somit ausreicht, um die Gefahren aus der Zweittätigkeit zu bannen, ist eine Frage der Verhältnismäßigkeit des Versagungsgrundes des § 7 Nr. 8 BRAO und daher im Rahmen dieser Vorschrift zu klären. Allerdings wird eine Trennung in der Regel nicht möglich sein.

2. Gesetzliches Verbot des § 43 a IV BRAO

§ 43 a IV BRAO verbietet dem Rechtsanwalt die Vertretung widerstreitender Interessen.

Auf Grund der Satzungsermächtigung des § 59 b II Nr. 1 Buchstabe e BRAO gestaltet § 3 BerufsO dieses Verbot weiter aus.[273] Die zentrale Bedeutung dieser Norm zeigt sich darin, dass der Verstoß gegen § 43 a IV BRAO auch einen Straftatbestand darstellt. Seit 1871 wird der Parteiverrat nach § 356 StGB bestraft.[274] Die Einführung des Straftatbestandes verdeutlicht, dass das Verbot, widerstreitende Interessen zu vertreten, grundlegend für das Berufsbild des Rechtsanwalts ist. Wird ein Verstoß gegen eine berufsrechtliche Regelung nicht nur zivilrechtlich verfolgt, sondern kann auch strafrechtlich geahndet werden, so lässt dies darauf schließen, dass die Einhaltung dieser Berufsethik essentielle Voraussetzung für den Berufsstand als solchen ist. Schutzzweck der berufs- und strafrechtlichen Regelung ist die Wahrung des Vertrauensverhältnisses zwischen Mandant und Rechtsanwalt.[275] Dieses Vertrauensverhältnis ist unabdingbare Voraussetzung für die erfolgreiche Arbeit des Rechtsanwalts und für das Ansehen des Berufsstandes. Der Mandant muss sich jederzeit seinem Rechtsanwalt anvertrauen können, damit dieser ihn umfassend und erfolgreich beraten kann. Somit ist das Verbot, widerstreitende Interessen zu vertreten, wesentliche Ausgestaltung des Anspruchs des Rechtssuchenden an den Rechtsanwalt.

---

272 Gaier/Wolf/Göcken-Bormann, Anwaltliches Berufsrecht, § 45, Rn. 34.
273 Römermann/Hartung, Anwaltliches Berufsrecht, § 15, Rn. 39.
274 Hartung, BORA/FAO, § 43 a, Rn. 58.
275 Kleine-Cosack, BRAO, § 43 a, Rn. 89.

Weiterhin soll die Vorschrift im Interesse der rechtsstaatlichen Rechtspflege auch die Gradlinigkeit und Unabhängigkeit des Rechtsanwaltes schützen.[276] Damit dient die Vorschrift nicht nur dem Interesse des Auftraggebers, sondern auch dem Schutz des Vertrauens der Allgemeinheit in die Zuverlässigkeit und Integrität der Rechtsanwaltschaft.[277]

Ebenso soll vermieden werden, dass der Rechtsanwalt durch die Vertretung beider Seiten in einen Interessenkonflikt gerät. Ein solcher liegt vor, wenn er einer Partei Rat und Beistand leistet, nachdem er einer anderen Partei in derselben Sache im entgegengesetzten Sinne bereits Rat und Beistand gewährt hat.[278] Ein dahingehendes Vorgehen gefährdet letztendlich das Interesse beider Seiten.

Problematisch ist dies, weil jeder in Deutschland zugelassene Rechtsanwalt auch als Spielervermittler agieren darf und somit auch die Arbeitsweise eines Spielervermittlers annimmt. Indem der Spielervermittler zunächst vom Spieler mit der Suche eines Vereins und der Aushandlung eines Arbeitsvertrages beauftragt wird, anschließend aber einen Beratungsvertrag mit dem Verein schließt und sich von diesem eine Provision versprechen lässt, könnte er in die Gefahr geraten, widerstreitende Interessen zu vertreten.

Nimmt man an, dass der Rechtsanwalt die Interessen seines ursprünglichen Mandanten, nämlich des Spielers, vertritt, ist es mehr als verwunderlich, dass er dafür von der gegnerischen Partei entlohnt wird und über die Höhe seiner Vergütung nicht dem Spieler, sondern mit dem Verein verhandelt.

Selbst wenn der Rechtsanwalt sich nur an die Interessen des Spielers halten will, so besteht doch zumindest abstrakt die Gefahr, dass er sich durch den Umstand, dass er von der anderen Partei vergütet wird in einem Interessenkonflikt sieht.

Durch die ursprüngliche Interessenvertretung des Spielers einerseits und den entgeltlichen Beratungsvertrag mit dem Verein andererseits fällt es einem objektiven Dritten schwer, den Rechtsanwalt einer Partei zuzuordnen. Während er seinem klassischen Berufsbild nach die Interessen einer Partei deutlich vertritt, wird sich eine Gradlinigkeit und Objektivität hier nur schwer erkennen lassen.

Zudem hat der Rechtsanwalt ein erhebliches Eigeninteresse, da seine Vergütung nur bei Vertragsschluss fällig wird. Damit ist der Rechtsanwalt gezwungen, die Interessen der Parteien in Einklang zu bringen, wenn er seine Provision erhalten will.

---

276 BT-Drucks. 12/4993, S. 27; Kleine-Cosack, BRAO, § 43a, Rn. 89.

277 BVerfG NJW 2001, 3180 (3181); Kleine-Cosack, BRAO, § 43a, Rn. 89.

278 BGH NJW 2008, 2723 (2725); BVerfG NJW 2001, 3180.

Vor dem Hintergrund des Schutzzweckes der Norm, das Vertrauen in die Gradlinigkeit des Rechtsanwaltes zu wahren, wirkt diese Praxis auf den durchschnittlichen Betrachter doch sehr befremdlich. Fraglich ist nun, ob das dargestellte Verhalten nur als äußerst bedenklich einzustufen ist oder tatsächlich ein Tätigkeitsverbot nach § 43 a IV BRAO begründet. Damit gilt es zunächst zu klären, ob der Rechtsanwalt durch diese Arbeitsweise die Interessen des Spielers und des Vereines vertritt und ob sich diese als widerstreitend darstellen.

a) Dieselbe Rechtssache

Erste Voraussetzung für das Vorliegen des § 43 a IV ist, dass der Rechtsanwalt in derselben Rechtssache tätig wird, was sich aus § 356 StGB herleitet.[279]

Rechtssache ist dabei „jede rechtliche Angelegenheit, die zwischen mehreren Beteiligten, seien es natürliche oder juristische Personen, mit möglicherweise entgegenstehenden rechtlichen Interessen nach Rechtsgrundsätzen erledigt werden soll".[280] Es handelt sich um „dieselbe" Rechtssache wenn „der sachlich-rechtliche Inhalt der anvertrauten Interessen, also das anvertraute materielle Rechtsverhältnis bei natürlicher Betrachtungsweise auf ein inhaltlich zusammengehöriges, einheitliches Lebensverhältnis zurückzuführen ist".[281] Zentraler Punkt ist somit das einheitliche Lebensverhältnis.[282] Der Abschluss eines Arbeitsvertrages ist, wie schon im Rahmen des § 45 I Nr. 4 BRAO dargestellt, eindeutig ein einheitliches Lebensverhältnis, da es in einem engen räumlichen und zeitlichen Zusammenhang steht. Der Arbeitsvertrag, der als Dauerschuldverhältnis[283] Rechte und Pflichten der Parteien begründet, ist zunächst rechtlich. Er stellt sich auch als mit der Vermittlungsleistung einheitlicher Lebenssachverhalt dar. Bedenkt man, dass die vorausgegangene Vermittlungsleistung ebenfalls dazu dient, den Arbeitsvertrag zu schließen, so stellt auch sie einen mit den Vertragsverhandlungen einheitlichen Lebenssachverhalt dar. Damit tritt der Rechtsanwalt vorliegend in der selben Rechtssache auf.

279 Hartung, BORA/FAO, § 3 BORA, Rn. 50; Koch/Kilian, Anwaltliches Berufsrecht, Rn. 631.

280 BGH NJW 2008, 2723 (2723) m.w.N.

281 Feuerich/Weyland-Böhnlein, BRAO, § 43a Rn. 61.

282 Kleine-Cosack, BRAO, § 43a, Rn. 93.

283 Ein Dauerschuldverhältnis reicht zur Annahme der selben Rechtssache aus, Hartung, BORA/FAO, § 3 BORA, Rn. 62.

b) Widerstreitende Interessen

Widerstreitende Interessen sind dadurch gekennzeichnet, dass sie sich in ihrer Unvereinbarkeit, Widersprüchlichkeit und Gegensätzlichkeit gegenüberstehen.[284] Damit ist ein Interessenwiderstreit dann gegeben, wenn die Verwirklichung des einen Interesses unmittelbar zur zulasten des anderen erfolgt.[285]

Selbst eine Einwilligung des Spielers oder des Vereins in die Doppeltätigkeit lässt die Pflichtwidrigkeit grundsätzlich nicht entfallen.[286] Dies liegt daran, dass die Norm nicht nur den Auftraggeber, sondern auch das Vertrauen der Öffentlichkeit in den Rechtsanwaltsstand schützt und somit nicht disponibel ist.[287] Etwas anderes gilt nur dann, wenn gerade durch die Einwilligung die Pflichtwidrigkeit entfällt.[288]

Ob die Interessen vorliegend aber tatsächlich widerstreitend sind, gilt es zu klären, denn grundsätzlich haben beide Parteien das gleiche rechtliche Interesse, nämlich den Abschluss eines Arbeitsvertrages. Unterschiedlich ist jedoch die Ausgestaltung, das heißt genauer die Höhe des Gehalts, die Vereinbarungen im Zusammenhang mit Options- und Ablöseregelungen, der Umfang der Abtretung von Rechten usw. Möglich wäre es daher, dieses Interessen als bloße wirtschaftliche zu klassifizieren. Diese könnte man als durch die Verschwiegenheitspflicht des Anwalts ausreichend geschützt ansehen. Daher stellt sich zunächst die Frage, ob auch rein wirtschaftlich gegenläufige Interessen vom Schutzzweck des § 43 a IV BRAO umfasst sind und ob die vorliegenden Interessen des Spielers und des Vereins tatsächlich nur wirtschaftlich, oder auch rechtlich sind.

So vertritt *Kilian*[289] die Ansicht, das rein wirtschaftliche Interesse des Mandanten sei nicht von § 43 a IV BRAO geschützt, solange rechtlich das Gleiche gewollt wird.

Allerdings wird dieser Ansatz der besonderen Verknüpfung von Recht und Wirtschaft in der anwaltlichen Tätigkeit nicht gerecht.[290] Dies gilt insbesondere für den Bereich der Vertragsgestaltung und –verhandlung. Eine Trennung zwischen rechtlichen und wirtschaftlichen Interessen ist hier nicht möglich, da es dem Mandanten ja gerade um die rechtliche Umsetzung seiner wirtschaftlichen

---

284 Koch/Kilian-Koch, Anwaltliches Berufsrecht, Rn. 635.

285 Kleine-Cosack, BRAO, § 43a, Rn. 111.

286 BGHSt 18, 192; Römermann/Hartung, Anwaltliches Berufsrecht, § 15 Rn. 44; Kleine-Cosack, BRAO, § 43a, Rn. 113.

287 Kleine-Cosack, BRAO, § 43 a, Rn. 89, 113.

288 BGHSt 15, 332; Römermann/Hartung, Anwaltliches Berufsrecht, § 15, Rn. 44.

289 Koch/Kilian, Anwaltliches Berufsrecht, Rn. 636.

290 Henssler/Prütting-Henssler, BRAO, § 43a, Rn. 170.

Interessen geht.[291] Es wird dem Rechtsanwalt, dessen Aufgabe es ja hier gerade ist, den Vertrag auszuhandeln, nicht möglich sein, die rechtliche von der wirtschaftlichen Beratung zu trennen.

Letztendlich werden Verträge fast immer geschlossen, um wirtschaftliche Verhältnisse zu regeln, so dass der Rechtsanwalt regelmäßig auf beiden Seiten tätig werden dürfte, solange nur der Abschluss eines Vertrages von beiden Parteien gewollt ist. Außerdem sind die wirtschaftlichen Aspekte hier auch immer an rechtliche Fragen geknüpft. So steht das bloße Gehalt regelmäßig in Zusammenhang mit Laufzeiten, Ablösesummen, Ausstiegsklauseln und Optionsvereinbarungen. Der eigentliche wirtschaftliche Wert ist hier nicht vom rechtlichen Wert der Leistung trennbar. Die Ausgestaltung von komplizierten Options- und Verlängerungsvereinbarungen wirkt sich zwingend auf das Gehaltsniveau und Ablösefragen aus. Damit unterliegen auch nur wirtschaftlich gegenläufigen Interessen dem Schutzzweck des § 43a IV BRAO.[292]

Der Rechtsanwalt verfügt auch hier zwangsläufig über Wissen aus dem vorherigen Mandat, das er nicht vollständig ignorieren kann. Somit kann die Beratung durch einen mit beiden Vorgängen befassten Rechtsanwalt niemals den Interessen beider Mandanten gleichzeitig gerecht werden. Der Rechtsanwalt ist praktisch ständig in Gefahr, das Wissen zu Ungunsten eines seiner Mandanten auszunutzen.

Überhaupt ist es fraglich, ob hier nur wirtschaftlich gegenläufige Interessen oder tatsächlich auch rein rechtliche Interessen der Parteien vorliegen. Betrachtet man den Arbeitsvertrag genauer, so wird deutlich, dieser eben nicht nur eine Gehaltsregelung beinhaltet. Vielmehr enthält der Mustervertrag des DFB zahlreiche Regelungen, die die Persönlichkeitsrechte des Spielers, seine private Lebensführung oder seine Entscheidungsfreiheit in gesundheitlichen Fragen betreffen. Dass der Rechtsanwalt, sofern er auf beiden Seiten anwaltlich tätig wird, hier zwangsläufig widerstreitenden Interessen ausgesetzt ist, die nicht rein wirtschaftlich sind, ist offenbar. Zwar ist das rechtliche Interesse Abschluss des Arbeitsvertrages für beide Parteien identisch. Allerdings können sich aus den einzelnen Klauseln sehr wohl auch divergierende rechtliche Interessen entwickeln.

c) Befassung mit der Rechtssache, Interessenwahrnehmung

Der Rechtsanwalt vertritt erst dann widerstreitende Interessen, wenn er diese auch wahrnimmt, also tatsächlich tätig wird. Dies kann die Beratung oder

291 Henssler/Prütting-Henssler, BRAO, § 43a, Rn. 170.

292 Henssler, Das Verbot der Vertretung widerstreitender Interessen, NJW 2001, S. 1521, (1523).

Vertretung der Parteien sein.[293] Der Rechtsanwalt müsste also vorliegend sowohl das Interesse des Vereins als auch das Interesse des Spielers vertreten.

Anders als im Rahmen der §§ 45, 46 BRAO reicht für § 43 a IV BRAO nicht jede Vorbefassung mit der Sache. Vielmehr muss der Rechtsanwalt für beide Parteien anwaltlich tätig werden und ihre Interessen vertreten.[294] Eine solche Beratung muss nicht gleichzeitig stattfinden, sie kann auch sukzessive erfolgen.[295]

Vertretung ist jede berufliche – forensische wie auch eine außergerichtliche – Vertretung und Beratung, durch die das Interesse des Auftraggebers durch Rat und Beistand gefördert werden soll. Beratung ist nach § 34 I Satz 1 RVG jede Erteilung eines mündlichen oder schriftlichen Rates. Dabei ist ein Rat als „für die Beurteilung einer Rechtsangelegenheit bedeutsame Empfehlung des Rechtsanwalts zu verstehen, wie sich der Mandant in einer bestimmten Lage verhalten soll".[296] Somit fällt auch die Beratertätigkeit bei Vertragsabschluss unter die zitierten Vorschriften, sofern sie rechtliche Aspekte beinhaltet, also dem Spieler oder dem Verein rechtlicher Rat erteilt wird.

aa) Abgrenzung zur erlaubten Tätigkeit des Mediators

Ausnahmsweise könnte dem Rechtsanwalt die Vertretung beider Seiten stets erlaubt sein, wenn er als Mediator auftritt.[297] Ob eine Mediation im konkreten Fall zulässig ist, beurteilt sich nach dem Mediationsgesetz.

Das Einverständnis des Mandanten beeinträchtigt die Pflichtwidrigkeit des Handelns, wie bereits dargestellt, grundsätzlich nicht,[298] zumindest soweit es um den Einzelanwalt geht, der nicht in der Lage sein wird, bei einer mehrfachen Beauftragung die Interessen der beiden Parteien für sich deutlich zu trennen und damit zum Teil gegenläufige Ratschläge zu erteilen.[299]

Der Rechtsanwalt kann jedoch unter bestimmten Voraussetzungen beide Parteien in einer Rechtssache vertreten. So hat sich das Berufsbild des Mediators etabliert. Klassische Aufgabe eines solchen Mediators ist es gerade, Interessen zweier Parteien in Einklang zu bringen. Während dem Rechtsanwalt die Vertretung widerstreitender Interessen grundsätzlich untersagt ist, kann er bei gemeinschaftlicher Beauftragung sehr wohl gegenläufige Interessen der Parteien

293 Gaier/Wolf/Göcken-Zuck, Anwaltliches Berufsrecht, § 43a/3 BORA, Rn. 8.
294 Henssler/Prütting-Henssler, BRAO, § 3 BORA, Rn. 3.
295 Kleine-Cosack, BRAO, § 43a, Rn. 97.
296 BGHZ 7, 371 (378).
297 Henssler/Prütting-Henssler, BRAO, § 43 a, Rn. 203.
298 Henssler/Prütting-Henssler, BRAO, § 43a, Rn. 202.
299 Henssler/Prütting-Henssler, BRAO, § 43a, Rn. 202.

zu einem Ausgleich bringen.[300] Eine solche gemeinsame Beauftragung des Anwalts kann die Pflichtwidrigkeit entfallen lassen.[301] Daher vertritt der Mediator, der widerstrebende Interessen zu einem Kompromiss führen soll, keine gegenläufigen Interessen.[302]

Dies liegt daran, dass ein generelles Interesse an einer Beilegung von Streitigkeiten zu einem frühen Zeitpunkt besteht und sich der Rechtsanwalt nicht nur mit der einseitigen Durchsetzung von Interessen befassen, sondern auch schlichten und beraten können soll.

Der Mediator versucht die Parteien durch eine offene Aussprache zu einer gerechten Einigung zu führen. Da der Rechtsanwalt von beiden Parteien als Mediator beauftragt wird, ist er nicht den einzelnen Interessen der Parteien verpflichtet, sondern dem übergeordneten Gesamtinteresse, das beiden Parteien gemeinsam ist. Somit gibt es im Fall der Mediation nicht die Gefahr für den Rechtsanwalt in einen Interessenkonflikt zu geraten, da er sich nie dem Interesse einer Partei verpflichtet fühlen muss, sondern nur dem Interesse, das beide Parteien teilen. Mit der Vertretung gegenläufiger Interessen ist der Anwalt nicht befasst, so dass durch die Tätigkeit des Rechtsanwalts als Mediator das Vertrauen der Allgemeinheit in die Zuverlässigkeit und Integrität der Anwaltschaft nicht beeinträchtigt wird und der Schutzzweck des § 43 a IV BRAO somit nicht tangiert wird.

Obgleich der Mediator somit nicht gegen § 43 a IV BRAO verstößt, unterliegt er trotzdem den Vorschriften des anwaltlichen Berufsrechts, so zum Beispiel § 45 BRAO. Somit kann der Rechtsanwalt nicht als Mediator tätig werden, wenn er in der selben Rechtssache bereits die Interessen einer Partei vertreten hat. Für den Fall liegt bereits eine Bindung des Rechtsanwaltes an die Interessen einer Partei vor, so dass er die objektive Stellung des Mediators nicht mehr aufbringen kann. Damit kann der Spielervermittler, der zunächst den Spieler beraten hat, ohnehin nicht mehr Mediator zwischen Spieler und Verein sein.

Vorliegend könnte damit argumentiert werden, der Rechtsanwalt werde hier von Anfang an nur beauftragt, um die Interessen von Spieler und Verein in Einklang zu bringen. Eine solche Beauftragung wird jedoch zumindest dem Willen des Spielers widersprechen. Dieser sieht den Vermittler als Vertreter seiner Interessen und nicht als ausgleichendes Element zwischen ihm und dem Verein. Auch liegt keine Streitigkeit, sondern eine Vertragsverhandlung vor, ein Mediator wäre hier äußerst unüblich. Der als Rechtsanwalt auftretende Spielervermittler ist somit kein Mediator.

300 Henssler/Prütting-Henssler, BRAO, § 43a, Rn. 203.
301 Henssler/Prütting-Henssler, BRAO, § 43a, Rn. 203.
302 Henssler/Prütting-Henssler, BRAO, § 43a, Rn. 203.

Es stellt sich also die Frage, ob der Spielervermittler als Rechtsanwalt die herausgearbeiteten Interessen der Parteien auch tatsächlich in seiner Eigenschaft als Rechtsanwalt vertritt.

bb) Interessenvertretung des Spielers

Indem der Spieler den Rechtsanwalt mit dem Auffinden eines Arbeitgebers und mit dem Aushandeln eines Arbeitsvertrages beauftragt und ihm sämtliche dafür erforderliche Informationen wie Gehaltsvorstellungen oder Spielklasse des Vereins mitteilt, bezieht er den Rechtsanwalt derart in die eigenen Interessen ein, dass von einer tatsächlichen Interessenvertretung ausgegangen werden muss. Der Spielervermittler sucht den Arbeitgeber im Interesse des Spielers. Seine Aufgabe ist es dabei, auch den bestmöglichen Vertragspartner zu finden und in der Regel auch den Arbeitsvertrag mit ebendiesem auszuhandeln.

Fraglich ist, ob auch eine anwaltliche Vertretung der Interessen im Sinne des § 43 a IV BRAO erfolgt.

Eine anwaltliche Befassung mit der Sache könnte zunächst unter dem Aspekt abgelehnt werden, dass der Rechtsanwalt hier als Karriereberater und nicht als Rechtsanwalt auftritt und damit kein rechtlicher Hintergrund der Interessenvertretung besteht. Man könnte anführen, dass der Rechtsanwalt hier überhaupt nicht auf Grund seiner rechtlichen Kenntnisse und der daraus resultierenden fachlichen Kompetenz, sondern lediglich aufgrund seiner Kontakte innerhalb der Branche oder seiner Erfahrung als Spielervermittler beauftragt wird. Solche Abgrenzungsprobleme zwischen anwaltlicher und nicht anwaltlicher Tätigkeit können sich dann ergeben, wenn der Rechtsanwalt berufsfremde Aufgaben wahrnimmt,[303] so wie vorliegend die Tätigkeit als Spielervermittler. Hier stellt sich die Frage, ob überhaupt eine rechtliche Vertretung oder Beratung des Mandanten erfolgt.

Vorliegend ist allerdings davon auszugehen, dass der Rechtsanwalt zumindest auch auf Grund seiner Rechtskenntnisse mit der Angelegenheit betraut wird, so dass er zumindest auch beruflich tätig wird. Indem der Spielervermittler eine Vorauswahl zwischen möglichen Angeboten trifft, oder überhaupt erst zu dem Ergebnis kommt, der Spieler dürfe jetzt wechseln, wird er bereits rechtlich beratend tätig, da der Ausschluss eines Angebotes bereits der Ratschlag ist, dieses nicht anzunehmen. Der Rechtsanwalt erbringt somit eine spezifische juristische Leistung. Der Spielervermittler wird vom Spieler auch beauftragt, einen Arbeitsvertrag zu verhandeln und zu gestalten. Im Rahmen dieser Gestaltung hat er zahlreiche Rechtsfragen für den Spieler zu klären und ihm Gestaltungsvorschläge für einzelne Klauseln zu unterbreiten. Dies zeigt, dass der Mandant sehr wohl eine

303 Hartung, BORA/FAO, § 3 BORA, Rn. 71.

rechtliche Beratung wünscht. Das Übertragen von Vertragsentwurf und Verhandeln des Vertrages ist klassische Anwaltstätigkeit und somit nicht als derart berufsfremd anzusehen, dass die Tätigkeit als nicht-anwaltlich gesehen werden kann.[304]

Insbesondere kann dies beim als Spielervermittler auftretenden Rechtsanwalt angenommen werden, der ja gerade auf Grund seiner Anwaltszulassung den Beruf des Spielervermittlers ohne FIFA Lizenz betreiben kann.

Der Rechtsanwalt wird in dieser Phase der Spielervermittlung nach der Verkehrsanschauung ganz eindeutig als Interessenvertreter und Auftragnehmer des Spielers anzusehen sein. Dies entspricht auch der subjektiven Wahrnehmung des Spielers, der den Rechtsanwalt ja gerade mit der Wahrnehmung seiner Interessen betraut, zumal er ihm oftmals bereits in dieser Phase umfassende Auskunft über seine Vermögensverhältnisse oder seine private Lebenssituation geben wird.

Er vertritt damit nicht nur tatsächlich, sondern auch im Sinne des § 43 a IV BRAO rechtlich die Interessen des Spielers, indem er ihn berät und seine rechtlichen und natürlich auch wirtschaftlichen Interessen in der Phase der Spielervermittlung und Vorgesprächen bereits gegenüber Dritten vertritt. Auch während der eigentlichen Vertragsverhandlung ist der Rechtsanwalt zumindest nach Ansicht des Spielers noch sein Anwalt, da er den für ihn bestmöglichen Vertrag verhandeln und für ihn Rechte und Pflichten gegenüber dem Verein begründen soll.

Indem der Rechtsanwalt also die Klärung rechtlicher Fragen für den Spieler übernimmt und diesen im Rahmen der Vertragsgestaltung über Vor- und Nachteile des Vertrages berät, vertritt er seine Interessen im Sinne des § 43 a IV BRAO in seiner Eigenschaft als Rechtsanwalt.

cc) Interessenvertretung des Vereins

Ein Interessenkonflikt kann nur dann entstehen, wenn der Rechtsanwalt auch die Interessen der gegnerischen Partei, hier also die des Vereins, vertritt.

Der Anschein der Interessenkollision wird durch den Beratungsvertrag mit dem Verein und die Vergütung durch ebendiesen erweckt. Eine solche Beauftragung und Vergütung könnte den Rechtsanwalt zum Interessenvertreter des Vereins machen.

Dagegen spräche zunächst die enge Bindung zwischen Spieler und Berater. Spieler und Verein werden den Spielervermittler als Interessenvertreter des Spielers wahrnehmen. Auch wird der Spielervermittler in der Praxis in Gehaltsverhandlungen immer auf der Seite des Spielers zu finden sein und versuchen, die für ihn günstigsten wirtschaftlichen Konditionen zu verhandeln.

---

304 Zur Einordnung der Spielervermittlung als rechtliche Tätigkeit vgl. auch S. 119, 156.

Dies liegt nicht zuletzt daran, dass der Berater in der Regel eine prozentuale Vergütung erhält, die sich nach dem Gehalt des Spielers bemisst. Je höher damit das Gehalt des Spielers verhandelt wird, desto höher fällt auch die Provision des Spielervermittlers aus. Damit wäre sein wirtschaftliches Interesse mit dem des Spielers identisch und er würde rein ökonomisch betrachtet weiterhin die Interessen seines ursprünglichen Mandanten vertreten.

Um zu klären, ob der Rechtsanwalt durch den Beratervertrag und die Vergütung durch den Verein zum rechtlichen Interessenvertreter des Vereins wird, gilt es daher die Vereinbarung zwischen Verein und Rechtsanwalt auszulegen.

(1) Vermittlungsvertrag zwischen Berater und Verein

Als Grundlage dient hierbei der Beratervertrag eines Bundesligisten mit dem Berater eines Bundesligaspielers. Die wichtigsten Bestimmungen lauten dabei wie folgt:

(1a) Vorwort

Zunächst versichert der Berater im Vorwort, im Besitz einer Lizenz zu sein. Die ist eine rein deklaratorische Erklärung, denn der Verein ist durch § 179 BGB ohnehin vor einer Vertretung ohne Vertretungsmacht durch den Spielervermittler abgesichert. Darüber hinaus ist eine exklusive Vermittlung wegen § 297 Nr. 4 SGB III gar nicht zulässig. Hiermit sichert sich der Verein gegenüber der FIFA ab. Wie bereits erläutert, drohen bei Hinzuziehung eines nichtlizenzierten Beraters erhebliche Geldstrafen, aber auch sportliche Strafen wie im schlimmsten Fall der Zwangsabstieg in eine untere Spielklasse. Dass dies in der Praxis oft nicht kontrolliert wird, wurde ebenfalls schon angemerkt. Jedenfalls entspricht der Verein damit den Anforderungen der FIFA.

Weiterhin versichert der Vermittler, ausschließlicher Berater des Spielers zu sein. Damit schützt sich der Verein vor Ansprüchen eventueller anderer Berater. Gäbe es nun eine Provisionsstreitigkeit zwischen unterschiedlichen Beratern, so könnte der Verein jedem anderen Berater die Zusicherung des tätig gewordenen Spielervermittlers entgegenhalten und würde somit von Ansprüchen frei oder hätte zumindest einen Schadensersatzanspruch in entsprechender Höhe gegen den falsch zusagenden Spielervermittler.

In Ziffer 3 des Vorwortes findet sich die Bestimmung: „Der Verein hat den Spielerberater mit dem Abschluss und der Vermittlung eines Arbeitsvertrages zwischen dem Verein und dem Spieler sowie mit der laufenden sonstigen Beratung im Rahmen seines Arbeitsverhältnisses mit dem Verein beauftragt".

Diese Bestimmung ist die wohl wichtigste, da sie die Pflichten des Beraters gegenüber dem Auftraggeber normiert. Erstaunlicherweise werden hier

Dienstleistungen gegenüber dem Verein gar nicht geschuldet. Vielmehr entsteht der Eindruck, der Spielervermittler werde dem Spieler zur Seite gestellt. So soll er einen Arbeitsvertrag vermitteln. Hier wird der Spielervermittler vom Auftraggeber keiner Partei zugeordnet, ergänzend kann auch § 1 herangezogen werden, der von einer „Unterstützung" beim Abschluss des Vertrages spricht. Von einer Dienstleistung zu Gunsten des Vereines kann hierbei nicht gesprochen werden. Deutlicher wird die Ausrichtung des Vermittlers durch die Verpflichtung des Beraters, den Spieler im Weiteren zu beraten. Auch dies ist keine Dienstleistung zu Gunsten des Vereins. Vielmehr soll der Spielervermittler dem Spieler gegenüber eine Beratungsleistung erbringen. Man könnte vorliegend sogar den Gedanken bekommen, es handele sich um einen Vertrag zu Gunsten des Spielers, mithin einem Dritten. Eine Leistung des Beraters gegenüber dem Verein wird jedenfalls nicht verlangt, die Beratungsleistung soll gegenüber dem Spieler erfolgen.

(1b) § 1 Beratungshonorar

Der Berater wird ausschließlich vom Verein entschädigt. Dies schließt Ansprüche gegen den Spieler oder Dritte aus. Es handelt sich bei dieser Entschädigung um eine als „Erfolgshonorar" bezeichnete Vergütung, die nur bei erfolgreichem Vertragsabschluss anfällt. Das Honorar erhält der Vermittler „für die Unterstützung bei der Vermittlung und für die Beratung bzgl. des rechtsverbindlichen Abschlusses eines Lizenzspielervertrages zwischen dem Verein und dem Spieler und für die laufende sonstige Beratung des Spielers während der Vertragslaufzeit".

Auch diese Bestimmung zeigt, dass der Spielervermittler dem Spieler gegenüber Pflichten zu erfüllen hat und dafür vom Verein vergütet wird.

Die Höhe des Honorars bestimmt sich prozentual nach der Höhe des Gehalts des Spielers pro Vertragsjahr. Ebenso wie das Gehalt des Spielers wird hier jährlich gezahlt. Berechnungsgrundlage des Honorars ist somit die für den Spieler ausgehandelte Vergütung. Diese kann je nach Vertragslaufzeit gestaffelt sein. Dementsprechend ist auch das Honorar des Spielerberaters unter Umständen in den einzelnen Jahren unterschiedlich. Zu bedenken ist hier, dass nach dem FIFA Reglement für Spielervermittler nur garantierte Leistungen in die Berechnung einbezogen werden dürfen, nicht hingegen Nebenleistungen wie Wohnung und Dienstwagen oder Prämien.

(1c) § 2 Allgemeines

Der Berater hat zu prüfen, dass sich der Spieler zum Zeitpunkt des Vertragsschlusses in keinem anderen Rechts-bzw. Vertragsverhältnis zu einem anderen Verein oder einer Kapitalgesellschaft befindet.

Dies wäre eine Leistung, die der Berater zumindest auch gegenüber dem Verein zu erbringen hat. Eine solche Prüfung kommt jedoch auch dem Spieler zugute, der sich ebenfalls schadensersatzpflichtig machen könnte. Allerdings ist diese Leistung für die Parteien von untergeordneter Bedeutung, was sich schon daran zeigt, dass diese Leistung nicht in § 1 als Grund für die Zahlung genannt wird. Vielmehr will der Verein sich mit dieser Bestimmung gegen Schadensersatzansprüche anderer Vereine absichern. Schwer wird eine solche Frage nur dann zu klären sein, wenn nicht klar ist, ob der Arbeitsvertrag eines Spielers mit einem anderen Verein (noch) wirksam ist, so beispielsweise bei Streitigkeiten über die Wirksamkeit von Options- und Ausstiegsklauseln. In diesem Fall werden vom Spielervermittler erhebliche Rechtskenntnisse verlangt. Eine solche Prüfung wäre dann auch Dienstleistung gegenüber dem Verein.

(2) Ergebnis der Vertragsauslegung

Anhand des Vertrages und der Praxis wird klar, dass der Rechtsanwalt zu keiner Zeit den Verein in seiner Eigenschaft als Rechtsanwalt vertreten soll. Abgesehen von einer im Einzelfall komplexen Prüfung der Frage des Vorliegens eines anderen Arbeitsverhältnisses des Spielers soll der Vermittler hier laut der Vereinbarung als Beistand und Berater des Spielers fungieren.

Selbst wenn die Prüfung eines Bestehens eines anderen Arbeitsverhältnisses erforderlich wird, so bietet diese Prüfung nicht die Grundlage einer Interessenkollision. Eine solche liegt gerade nicht vor. Der Rechtsanwalt wird zu keiner Zeit gezwungen, den Sachverhalt in seiner Eigenschaft als Rechtsanwalt aus dem Blickwinkel der gegnerischen Partei zu würdigen. Die Frage des Vorliegens eines anderen Arbeitsverhältnisses ist nicht von rechtlich widerstreitenden Interessen der Parteien geprägt. Vielmehr liegt ein solches objektiv vor oder eben nicht. Es ist somit abstrakte Vorfrage und nicht Parteiinteresse. Die Prüfung des Vorliegens eines anderen Vertragsverhältnisses dient beiden Parteien. Widerstreitende Interessen haben sie in diesem Punkt nicht. Geht es um die Klärung von Drittverhältnissen, so wollen beide Parteien regelmäßig, dass der Rechtsanwalt mit seiner Prüfung zu einem identischen Ergebnis kommt. Sind sich Spieler und neuer Verein über einen Wechsel einig, und es gilt nun nur noch das rechtliche Verhältnis zum alten Verein zu klären, so wollen beide Parteien vom Rechtsanwalt die Antwort, dass ein Wechsel auch rechtlich möglich ist. Damit liegen widerstreitende Interessen hier gerade nicht vor. Eine Interessenvertretung ist nicht im abstrakten Klären einer Vorfrage zu sehen.

Die „Beauftragung" des Rechtsanwaltes durch den Beratungsvertrag stellt sich daher nicht als eigener Anwaltsvertrag zwischen dem Rechtsanwalt und dem

Verein dar. Tatsächlich dient er nur der Entstehung des Zahlungsanspruches gegenüber dem Verein und der Freihaltung von weiteren Ansprüchen dritter Berater. Pflichten im Sinne eines Anwaltsdienstvertrages sollen aber zwischen Verein und Rechtsanwalt nicht entstehen. Damit bestätigt sich die Annahme, dass hier der Verein nur diejenige Vergütung übernimmt, die der Spieler als Auftraggeber geschuldet hätte.[305]

Da der Spielervermittler dem Verein gegenüber keine Dienstleistung erbringt, handelt es sich bei der Zahlung eigentlich um eine Zahlung des Spielers an den Vermittler unter abgekürztem Zahlungsweg. Statt das gesamte Geld an den Spieler zu überweisen und diesem aufzuerlegen, den für den Berater ausgehandelten Teil an diesen zu überweisen, zahlt der Verein den Betrag direkt an den Rechtsanwalt.

Dies ergibt sich zunächst aus einer wirtschaftlichen Betrachtungsweise. Wie bereits dargestellt, ist die Leistung des Vereines an den Spieler und seinen Berater inklusive aller Nebenkosten wie Ablöse oder Handgeld eine einheitliche wirtschaftliche Position. Der Verein wird in der Regel ein Limit für den gesamten Spielertransfer veranschlagen. Innerhalb dieses Rahmens müssen sämtliche Kosten des Transfers bleiben. Somit wirkt sich das Gehalt des Spielervermittlers auf das des Spielers aus. Je höher das Gehalt des Vermittlers ausfällt, desto weniger bleibt für das des Spielers. Somit liegt wirtschaftlich gesehen eine Vergütung durch den Spieler vor.[306]

Zum selben Ergebnis gelangt man unter Zugrundelegung der Frage, wer sich als tatsächlicher Auftraggeber des Spielervermittlers darstellt. Der Vertrag zwischen Spielervermittler und Verein ist Grundlage des Provisionsanspruches. Der Spieler ist jedoch zu einem wesentlichen Teil der Empfänger der Dienstleistung. Er ist, wie bereits dargestellt, auch ursprünglicher Auftraggeber des Vermittlers. Im Bereich der Arbeitsvermittlung ist grundsätzlich eine Vergütung zwischen Auftraggeber und Vermittler zu vereinbaren, § 297 SGB III, was dafür spricht, dass der Auftraggeber die Vergütung schuldet. Bei dem Beratungsvertrag zwischen Spielervermittler und Verein könnte es sich daher um eine nur faktische Beauftragung handeln, die lediglich den Zweck hat, den Provisionsanspruch des Rechtsanwalts zu begründen, ihn aber keine Dienstleistung gegenüber dem Verein schulden lässt. Der Verein würde damit diejenige Verpflichtung übernehmen,

---

305 So im Ansatz auch Bach/Sauer, Spielervermittlerhonorare des Vereins und Einkommenssteuer des Spielers, SpuRt 2010, S. 142 (144).

306 vgl. Seite 85.

die eigentlich den Spieler träfe.[307] Der Vermittler wird auf eine Zahlung des Spielers nur verzichten, weil der Verein ihn vergütet.

Daher besteht eine gewisse Ähnlichkeit zur Zahlung auf fremde Schuld im Sinne des § 267 BGB. Nimmt man an, dass der Spieler eigentlich seinen Auftragnehmer hätte entlohnen müssen und wird der Spieler nun durch den Vertrag zwischen Vermittler und Verein von dieser Verpflichtung frei, so wäre dies eine Zahlung auf die Schuld des Spielers.

So gesehen liegt eine Bewertung des Vertrages als (zumindest auch) Vertrag zugunsten Dritter im Sinne des § 328 BGB nahe, da hier vertragliche Leistungspflichten nicht nur zwischen Verein und Berater, sondern auch zwischen Berater und Spieler vereinbart werden. Dies ist Wesensmerkmal eines Vertrages zugunsten Dritter.[308] Indem der Verein den Vermittler zur weiteren Beratung des Spielers verpflichtet, soll dieser sogar ein eigenes Forderungsrecht aus dem Vertrag erhalten. Es ist wohl nicht gewollt, dass der Verein den Berater in jeder Frage während der Vertragslaufzeit anweist, den Spieler zu beraten. Der Verein übernimmt lediglich die Vergütung der Dienstleistung. Er befreit also durch die Zahlung nur den Spieler als ursprünglichen Auftraggeber von der Pflicht der Vergütung gegenüber dem Spielervermittler.[309] Die Provisionszahlung stellt jedoch keinesfalls eine Vergütung für eine Rechtsdienstleistung an den Verein dar.

Dass der Spielervermittler mit dem Verein über die Höhe der Provisionen verhandelt, macht ihn nicht zum Vertreter der Vereinsinteressen im rechtlichen Sinne. Vielmehr vertritt der Spielervermittler vorliegend sein eigenes Interesse. Dabei kann es sein, dass er zufällig oder reflexartig auch das Vereinsinteresse mit fördert. Eine Interessenvertretung des Vereins in rechtlicher Hinsicht ist jedenfalls nicht gegeben.

Dies entspricht der Auffassung der Parteien. Der Verein wird den Rechtsanwalt während des gesamten Vorganges eher als „Verhandlungsgegner“ denn als eigenen Rechtsanwalt ansehen. Anders als in einem Mandatsverhältnis wird der Rechtsanwalt hier gerade nicht mit sensiblen Informationen bedacht werden.

Der Rechtsanwalt ist also in rechtlicher Hinsicht keiner Interessenkollision im Sinne des § 43 a IV BRAO ausgesetzt. Er vertritt keine widerstreitende Interessen.

---

307 So im Ansatz auch Bach/Sauer, Spielervermittlerhonorare des Vereins und Einkommenssteuer des Spielers, SpuRt 2010, S. 142 (144).

308 Looschelders, Schudrecht AT, Rn. 1044; Brox/Walker, Schuldrecht AT, § 32, Rn. 1.

309 So im Ansatz auch Bach/Sauer, Spielervermittlerhonorare des Vereins und Einkommenssteuer des Spielers, SpuRt 2010, S. 142 (144).

Vielmehr stellt sich die einzig bestehende Interessenkollision als eine zwischen den Interessen des Spielers einerseits und dem Eigeninteresse des Rechtsanwalts andererseits dar. Dieser befindet sich nämlich in einer „Ganz-oder-gar nicht"-Situation. Er wird nur im Falle des Abschlusses entlohnt. Können sich nun Verein und Spieler über eine vertragliche Vereinbarung nicht einigen, ist der Spielervermittler quasi gezwungen, auch die Interessen des Vereines zu fördern, da seine Vergütung nicht fällig wird, wenn die Parteien sich nicht einigen. Hier besteht die erhebliche Gefahr, dass der Spielervermittler einer Interessenkollision ausgesetzt wird. Ein neutraler Rechtsanwalt muss dem Spieler notfalls den Rat erteilen, einen für ihn ungünstigen Vertrag nicht zu unterzeichnen. Dies ist für den Rechtsanwalt aber mit wirtschaftlichen Konsequenzen verbunden. Insbesondere wenn man die Nichtigkeit der Exklusivitätsvereinbarungen heranzieht, wird der Konflikt deutlich. Der Spielervermittler hat eventuell nur ein Angebot für den Spieler. Ein anderer Spielervermittler hat jedoch ein anderes. Erreicht der Spielervermittler nun den Vertragsschluss nicht, so erhält er keinerlei Vergütung. Der Spieler wird sich an den anderen Vermittler halten.

Der Rechtsanwalt ist somit ständig in Versuchung, die Interessen des Vereines in tatsächlicher Hinsicht zu fördern, indem er selbst Regelungen zustimmt, die er für nicht spielerfreundlich hält. Allerdings handelt es sich hierbei nicht um eine rechtliche Vertretung der Interessen des Vereines. Der Verein verfügt im Gegensatz zum Spieler über eigene Juristen, die sich mit der Vertragsverhandlung und -gestaltung befassen. Der Verein wird eine Prüfung rechtlicher Fragen, die ihn selbst betreffen, durch den Spielervermittler des Spielers nicht wünschen. Auch auf einen rechtlichen Rat in eigener Sache wird der Verein keinen Wert legen.

Der Rechtsanwalt soll davon abgehalten werden, den selben Sachverhalt zweimal rechtlich unter jeweils umgekehrten Vorzeichen würdigen zu müssen.[310] Da eine solche rechtliche Würdigung für den Verein nicht erfolgt, sondern lediglich bei einzelnen Klauseln im Interesse des Vereines entschieden wird, handelt es sich nicht um einen Fall der anwaltlichen Doppelbefassung.

Eine Interessenkollision ergibt sich somit für den Rechtsanwalt nicht aus einem Mandatsverhältnis zum Spieler bei gleichzeitigem Vorliegen eines Mandatsverhältnisses zum Verein. Dies besteht trotz des Beratungsvertrages nicht.

Schutzzweck der Norm ist zwar das Interesse des Mandanten, geschützt werden soll es jedoch nicht vor dem Eigeninteresse des Rechtsanwalts.

Der Schutz des Mandanten vor einem solchen Eigeninteresse des Rechtsanwalts ist vielmehr unter dem Aspekt der Zulässigkeit von Erfolgshonoraren im

---

310 Kleine-Cosack, BRAO, § 43a, Rn. 90.

Sinne des § 49 b II BRAO zu betrachten. Der Konflikt entsteht nämlich im vorliegenden Fall durch die besondere provisionsbezogene Vergütung.

Damit liegt das Tätigkeitsverbot des § 43a IV BRAO bei einem als Spielervermittler auftretenden Rechtsanwalt nicht vor.

d) Ergebnis zu § 43 a IV BRAO

Zwar bestehen vorliegend widerstreitende rechtliche und wirtschaftliche Interessen, diese werden unter Umständen auch von dem Rechtsanwalt gefördert, sie werden jedoch nicht von ihm in seiner Eigenschaft als Rechtsanwalt vertreten. Eine rechtliche Beratung des Vereins erfolgt nicht. Zugeständnisse, die zu Lasten des Mandanten und zu Gunsten des Vereines gemacht werden, werden nicht auf Grund der rechtlichen Befassung mit der Sache auf beiden Seiten, sondern allenfalls wegen eines Eigeninteresses des vermittelnden Rechtsanwalts gemacht.

Eine anwaltliche Interessen- und Pflichtenkollision ergibt sich damit nicht daraus, dass der Rechtsanwalt auf beiden Seiten seine rechtlichen Pflichten wahren will und unterschiedlich beratend tätig wird. Vielmehr handelt es sich um eine Interessenkollision zwischen Spieler und Rechtsanwalt, bedingt durch die besondere Situation der Provision. Das Tätigkeitsverbot des § 43 a IV ist somit nicht einschlägig.

3. *Erfolgshonorare und Streitwertbeteiligung im Sinne des § 49 b II BRAO*

Indem der Rechtsanwalt nur bei Abschluss des Arbeitsvertrages zwischen Spieler und Verein entlohnt wird, könnte ein unzulässiges Erfolgshonorar vereinbart worden sein.

Nach § 49b II BRAO sind dem Rechtsanwalt Vergütungsvereinbarungen untersagt, durch die eine Vergütung oder ihre Höhe vom Ausgang der Sache oder vom Erfolg der anwaltlichen Tätigkeit abhängig gemacht wird oder nach denen der Rechtsanwalt einen Teil des erstrittenen Betrages als Honorar erhält. Ein solches Erfolgshonorar ist nur dann ausnahmsweise zulässig, wenn es im RVG ausdrücklich erlaubt wird.

Folge eines Verstoßes gegen dieses gesetzliche Verbot ist die Nichtigkeit nach § 134 BGB.[311]

Erfolgshonorare waren bis zur Entscheidung des Bundesverfassungsgerichts vom 12.12.2006[312] gänzlich verboten. Eine solche Beschränkung wurde

311 OLG Brandenburg BRAK Mitt. 2007, 272 (273).

312 BVerfG AnwBl. 2007, 297.

in der angesprochenen Entscheidung aber mit Artikel 12 GG für unvereinbar erklärt, da sie keinerlei Öffnungsmöglichkeiten enthielt.[313] Die heutige Fassung des § 49 b BRAO enthält in II S. 2 eine solche Öffnung. Nunmehr sollen Erfolgshonorare nach § 4 a RVG dann ausnahmsweise vereinbart werden können, wenn die besonderen Umstände des Einzelfalls eine solche Vergütung erforderlich machen, da der Auftraggeber ansonsten daran gehindert wäre, seine Interessen zu verfolgen.[314] Dies soll dann der Fall sein, wenn der Rechtssuchende auf Grund seiner finanziellen Verhältnisse den Rechtsstreit anders nicht finanzieren könnte oder er bei verständiger Betrachtungsweise ein derart hohes Risiko hätte, dass ihn dieses von der Verfolgung seiner Interessen abhalten würde.[315]

Eine Beteiligung am erstrittenen Wert ist ohne Ausnahme verboten. Ein derart absolutes und uneingeschränktes Verbot wird als verfassungskonform angesehen.[316] Durch die Beteiligung des Rechtsanwalts am erstrittenen Honorar entstehe zwischen dem Rechtsanwalt und dem Mandanten eine Gesellschaft bürgerlichen Rechts.[317] Eine Wahrung der Interessen des Mandanten sei damit nicht mehr isoliert möglich. Vielmehr stehe die Tätigkeit stets im gemeinsamen Interesse.[318] Das Eingehen einer solchen Gesellschaft mit den gesellschaftsrechtlichen Treuepflichten sei mit dem Berufsbild des Rechtsanwalts unvereinbar, da sich die dadurch entstehenden gesellschaftsrechtlichen Treuepflichten wesentlich von denen des Rechtsanwaltes unterscheiden würden.[319]

Das Verbot der Vereinbarung eines Erfolgshonorars stellt also für den Rechtsanwalt einen Eingriff in seine Berufsfreiheit aus Artikel 12 GG dar. Allerdings ist das Verbot in der heutigen Ausgestaltung verfassungskonform, da wichtige Gemeinwohlbelange gegenüberstehen.

Gemeinwohlbelang und damit auch Schutzzweck der Regelung ist die anwaltliche Unabhängigkeit.[320] Damit soll verhindert werden, dass der Rechtsanwalt die Rechtssache zu seiner eigenen „wirtschaftlichen Angelegenheit" macht.[321]

313 BVerfG AnwBl. 2007, 297.

314 Teubel/Schons-Schons, Erfolgshonorar für Anwälte, § 4, Rn. 2.

315 BT-Drucksache 16/8384, S, 13.

316 Henssler/Prütting-Kilian, BRAO, § 49 b, Rn. 69 mwN.

317 Henssler/Prütting-Kilian, BRAO, § 49 b, Rn. 69.

318 Henssler/Prütting-Kilian, BRAO, § 49 b, Rn. 69.

319 Henssler/Prütting-Kilian, BRAO, § 49 b, Rn. 69.

320 Hartung, BORA/FAO, § 49b BRAO, Rn. 36; Henssler/Prütting-Kilian, BRAO, § 49b, Rn. 66.

321 Henssler/Prütting-Kilian, BRAO, § 49b, Rn 66.

Weiterhin soll das Mandanteninteresse geschützt werden und die prozessuale Waffengleichheit gewahrt werden.[322]

Indem der spielervermittelnde Rechtsanwalt seine Vergütung nur für den Fall eines Vertragsschlusses erhält, wird sein Honorar mit dem Ausgang der Sache verknüpft. Eine erfolgsunabhängige Vergütung für seine rechtsberatende Tätigkeit erhält er von keiner Partei zu irgendeinem Zeitpunkt. Scheitert der Vertragsschluss erhält der Rechtsanwalt keinerlei Honorar. Da er dann auch noch prozentual nach dem ausgehandelten Gehalt vergütet wird, liegt auch eine Beteiligung am erstrittenen Wert vor.

Fraglich ist, ob diese Regelung auf die Spielervermittlung anwendbar ist, wenn der Rechtsanwalt als Vermittler tätig wird.

a) Tätigkeit als Rechtsanwalt § 49 b II BRAO

Voraussetzung für die Anwendbarkeit der Regelung ist zunächst, dass es sich bei der angebotenen Tätigkeit um eine rechtsanwaltliche Tätigkeit handelt.

Zum Verein unterhält der Rechtsanwalt, wie bereits dargestellt, zu keiner Zeit ein Mandatsverhältnis. In Betracht kommt daher nur eine anwaltliche Tätigkeit für den Spieler.

Zweitberufliche, also nicht anwaltliche Tätigkeiten werden hier nicht erfasst.[323] Wird der Rechtsanwalt nicht in seiner Eigenschaft als Rechtsanwalt, sondern zweitberuflich, z.B. als Makler tätig, kann er ein Erfolgshonorar vereinbaren. Es geht lediglich um eine Unvereinbarkeit einer solchen Vereinbarung mit dem Berufsbild des Rechtsanwalts. Wird der Rechtsanwalt also zweitberuflich als Spielervermittler tätig und verlangt für die bloße Vermittlungstätigkeit eine Provision, so ist dies im Rahmen von § 49 b BRAO durchaus möglich. Lediglich die anwaltliche Tätigkeit darf nicht mit einem Erfolgshonorar oder einer Streitwertbeteiligung vergütet werden. Damit stellt sich die Frage, wofür der Rechtsanwalt vorliegend vergütet wird. Stellt sich die Zahlung als Entlohnung für die reine Vermittlungsleistung, also das bloße Kontaktherstellen, dar, so ist dies unbedenklich.

Ob eine anwaltliche oder eine sonstige Tätigkeit vorliegt, ist eine Frage des Einzelfalls. Es ist davon abhängig zu machen, wie die Tätigkeit im konkreten Fall ausgestaltet ist, also ob sie anwaltliche Pflichten enthält, oder sich auf

---

322 Hartung, BORA/FAO, § 49 b BRAO, Rn. 36; Henssler/Prütting-Kilian, BRAO, § 49b, Rn. 67.

323 Hartung, BORA/FAO, § 49b BRAO, Rn. 38; Henssler/Prütting-Kilian, BRAO, § 49b, Rn. 75.

zweitberufliche Tätigkeiten beschränkt.[324] Danach liegt eine rechtliche Tätigkeit schon dann vor, wenn auch anwaltsfremde Tätigkeiten beinhaltet sind, die in Zusammenhang mit der Beistandspflicht des Rechtsanwaltes stehen und rechtliche Fragen aufwerfen, solange die Rechtsberatung dabei nicht völlig in den Hintergrund tritt und als unwesentlich gilt.[325] Somit soll es sich unter den genannten Voraussetzungen selbst dann um eine anwaltliche Tätigkeit handeln, wenn im Vordergrund seiner Bemühungen eine typische Maklertätigkeit steht, im Zuge der Tätigkeit aber auch anwaltliche Dienstleistungen erbracht werden.[326]

Die reine Vermittlung des Spielers, also das bloße Herstellen eines Kontaktes ist nicht rechtlich, also zweitberuflich und nicht vom Anwendungsbereich des § 49 b II BRAO erfasst. Wie aber bereits ausgeführt, nimmt der Spielervermittler im Rahmen von Vorgesprächen und der eigentlichen Vertragsverhandlung auch rechtliche Aufgaben für den Spieler wahr. In der Regel wird die Vergütung sich also auf die komplette Tätigkeit des Rechtsanwalts beziehen, somit auch auf die anwaltliche Tätigkeit, also die Vertragsverhandlung und –gestaltung. Dass diese gegenüber der Vermittlungsleistung völlig in den Hintergrund tritt, kann nicht angenommen werden. Die Vermittlung, also das Herstellen des Kontaktes, kann vielfach und unverbindlich erfolgen. Das eigentliche Ziel aller Bemühungen im Vorfeld ist jedoch der Abschluss des Vertrages. Somit kann bei der Vertragsverhandlung und –gestaltung nicht von einer unbeachtlichen, in den Hintergrund tretenden Tätigkeit gesprochen werden. Ebenso ist das Klären rechtlicher Vorfragen anwaltlich. Damit liegt eine anwaltliche Tätigkeit vor, die hier vergütet wird.

Da die Vergütung nur bei Vertragsschluss fällig wird, ist sie durch den Vertragsschluss aufschiebend bedingt im Sinne des § 158 BGB und stellt somit ein Erfolgshonorar dar.

Indem der Spielervermittler einen prozentualen Anteil vom Gehalt des Spielers erhält, wird die Vergütung auf einer zweiten Stufe dann auch noch als Teil des erstrittenen Betrages ausgestaltet uns ist somit Streitanteilsvereinbarung.

b) Unzulässige Vereinbarung

Denkbar ist, dass mit Vereinbarung nur die Vergütungsvereinbarung zwischen Rechtsanwalt und Mandant gemeint ist.[327] Vorliegend erfolgt die Vereinbarung aber zwischen Rechtsanwalt und Verein. Eine solche Vereinbarung außerhalb des Mandatsverhältnisses wird danach grundsätzlich nicht erfasst, da nur der

---

324 Henssler/Prütting-Kilian, BRAO, § 49b, Rn. 75.
325 BGH NJW 1992, 681 (682); BGH NJW 2004, 1169 (1171).
326 OLG Brandenburg BRAK-Mitt. 2007, 272 (273).
327 so Henssler/Prütting-Kilian, BRAO, § 49b, Rn. 76.

Mandant in seinem Verhältnis zum Rechtsanwalt geschützt werden soll. Der Verein ist nicht Mandant des Rechtsanwaltes. Somit könnte die Vorschrift keine direkte Anwendung finden.

aa) Einbeziehung des Spielers auf Grund seiner besonderen Nähe zur Dienstleistung des Rechtsanwalts

Eine Besonderheit ergibt sich hier aber aus dem bereits erläuterten Dreiecksverhältnis zwischen Spieler, Vermittler und Verein. Indem der Verein den Spielervermittler zahlt, handelt es sich um eine Zahlung des Spielers an den Berater, die lediglich unter abgekürztem Zahlungsweg direkt an den Spielervermittler geleistet wird[328]. Dies ergibt sich zunächst aus der wirtschaftlichen Beziehung zwischen den Beteiligten. Weiterhin wurde der Spieler als Auftraggeber nur durch die Zahlung des Vereins von seiner Leistung gegenüber dem Spielervermittler frei. Es zeigt sich also eine Nähe zum Vertrag zugunsten Dritter im Sinne des § 328 BGB und einer Zahlung auf fremde Schuld im Sinne des § 267 BGB.

Daran zeigt sich, dass der Spieler nach wie vor derart eng mit der Leistung des Rechtsanwalts in Verbindung steht, dass er in den Schutzzweck des § 49 b II BRAO einbezogen werden muss. Wäre diese Vereinbarung zwischen Spieler und Rechtsanwalt getroffen worden, wäre sie ohne Zweifel unwirksam. Nichts anderes kann nun gelten, wenn der Spieler nach wie vor der Empfänger der Rechtsanwaltsdienstleistung ist und der Rechtsanwalt nur wegen einer formalen Beauftragung durch eine dritte Partei entlohnt wird. Die Beauftragung hat nämlich wie dargestellt nicht die Begründung von Rechten und Pflichten zwischen Spieler und Verein, sondern im Wesentlichen die Entstehung des Provisionsanspruchs zum Zweck. Kommt der Spieler daher mit der Rechtsanwaltstätigkeit in seinem Mandatsverhältnis in gleicher Art und Weise in Berührung und ergeben sich aus der Vereinbarung die gleichen Interessenkollisionen für den Rechtsanwalt, so kann es nicht darauf ankommen, zwischen wem die Vereinbarung geschlossen wird. Die Auswirkungen zwischen Mandant und Rechtsanwalt sind trotz Vergütung im Verhältnis Rechtsanwalt -Verein identisch. Ebendiese Wirkung soll jedoch verhindert werden. Daher muss sich vorliegend auch die Vereinbarung zwischen Rechtsanwalt und Verein an § 49 b II BRAO messen lassen.

bb) Einbeziehung des Spielers im Hinblick auf den Schutzzweck der Norm

Insbesondere unter Heranziehung des Schutzzweckes und der Interessenlage der Parteien muss man im Ergebnis zu einer Anwendung der Norm auf den vorliegenden Fall kommen. Geschützt werden sollen die Interessen des Mandanten, also

328 Vgl. Seite 112 f.

des Spielers. Einzig seine Interessen soll der Rechtsanwalt vertreten, ihm gegenüber soll er objektiv beratend tätig werden. Indem das Interesse des Spielers nun aber zwangsläufig mit dem Interesse des Rechtsanwaltes verknüpft wird, ist nicht mehr garantiert, dass der Rechtsanwalt das Interesse des Spielers von seinem eigenen trennen kann. Die Vereinbarung macht das Entstehen des Provisionsanspruches von dem Abschluss des Vertrages abhängig. Will der Spielervermittler seinen Provisionsanspruch herbeiführen, so muss er den Vertragsschluss herbeiführen. Insbesondere die hohen Summen, um die es geht sind dazu geeignet den Rechtsanwalt zu beeinflussen. Es besteht die Gefahr, dass der Rechtsanwalt hier nicht derart frei und objektiv beraten kann, wie er es ohne Eigeninteresse tun würde.

Zum gleichen Ergebnis muss man kommen, wenn man den weiteren Schutzzweck der Norm zu Grunde legt -die Unabhängigkeit des Rechtsanwalts. Vorliegend wird sowohl die innere Unabhängigkeit als auch die Unabhängigkeit von Dritten nicht mehr als gewährleistet angesehen. Die innere Unabhängigkeit mit der Folge der konsequenten Verfolgung des Mandanteninteresses ist in der Situation des Erfolgshonorars nicht mehr gegeben. Der Rechtsanwalt ist nicht von seinem eigenen Interesse frei. Der Rechtsanwalt ist auch in rechtlich zentralen Fragen nicht mehr frei davon, dem Spieler vom Vertrag abzuraten oder auf eine vertragliche Bestimmung zu bestehen, sobald diese den Vertragsschluss an sich gefährdet. Die Interessen des Spielers sind daher bei Vorliegen eines derartigen Eigeninteresses nicht mehr ausreichend geschützt, so dass nach Sinn und Zweck auch die Honorarvereinbarung mit Dritten verboten sein muss. Auch die Unabhängigkeit von Dritten besteht nicht mehr. Wie bereits dargelegt, muss der Rechtsanwalt die Leistung zur Zufriedenheit beider Parteien erbringen, damit es in einem ersten Schritt überhaupt zu einem Vertragsschluss kommt und der Verein dem Rechtsanwalt in einem zweiten Schritt einen möglichst hohen Prozentsatz an dem Gehalt des Spielers zubilligt. Ebendiese Situation will § 49 b II BRAO verhindern, so dass „Vereinbarung“ hier nicht nur die Vereinbarung zwischen Mandant und Rechtsanwalt sein kann, sondern jede Vereinbarung sein muss, die dem Schutzzweck der Norm zuwiderläuft.

Weiterhin zeigt sich die Ausgestaltung des Honorars als Streitwertbeteiligung problematisch. Indem der Rechtsanwalt versuchen wird, das Gehalt des Spielers möglichst hoch anzusetzen, um damit einen hohen Betrag für sich selbst zu erstreiten, geht eine dahingehende Vertragsgestaltung und rechtliche Beratung eventuell zu Lasten des Spielers.

Dazu muss zunächst erläutert werden, dass die Verträge der Spieler unterschiedlich ausgestaltet werden. So gibt es stark leistungsbezogene und eher leistungsunabhängige Verträge. Der leistungsabhängige Vertrag zeichnet sich dadurch aus, dass der Spieler ein niedriges Grundgehalt, dafür aber höhere Einsatz - und

Punktprämien erhält. Je mehr Einsätze der Spieler bestreitet, desto höher ist sein tatsächliches Gehalt. Für den Verein stellt ein leistungsbezogener Vertrag ein geringeres wirtschaftliches Risiko dar, da die Verpflichtung des Spielers niedrige laufende Kosten mit sich bringt. Entwickelt sich der Spieler nun nicht den Erwartungen entsprechend und spielt nicht, so hat der Verein nur das niedrige Grundgehalt zu zahlen. Die Vertragsgestaltung in diesem Punkt kann sich auf Laufzeiten, Optionen und Ausstiegsklauseln auswirken. Da der Berater an den Einsatz - und Punktprämien in der Regel nicht partizipiert, kann es sein, dass er den Verein eher in Richtung eines hohen Grundgehaltes und geringerer Punktprämien drängen wird, also einen weniger leistungsabhängigen Vertrag wählen wird. Dies wird aber zumindest für den leistungsstarken Spieler nicht immer der günstigere Vertrag sein.

Damit verstößt der vermittelnde Rechtsanwalt vorliegend immer dann gegen § 49 b II BRAO, wenn er sich für die rechtsberatende Tätigkeit erfolgsabhängig entlohnen lässt, da er eine solche auf Grund seines Eigeninteresses nicht mehr objektiv und unabhängig erbringen kann. Eine Ausnahme davon liegt nach § 4a RVG nicht vor. Die Parteien sind nicht nur bei der Vereinbarung einer erfolgsabhängigen Vergütung in der Lage, ihre rechtlichen Interessen zu wahren. Vorliegend ist aber nicht ersichtlich, dass die Parteien ein besonders hohes Risiko eingehen, welches sie ohne die Möglichkeit der Vereinbarung eines Erfolgshonorars scheuen würden.

c) Ergebnis zu § 49 b II BRAO

Mithin stellt die Provisionsvereinbarung zwischen Rechtsanwalt und Verein ein unzulässiges Erfolgshonorar dar.

4. *Versagung der Zulassung nach § 7 Nr. 8 BRAO*

§ 7 BRAO regelt, wann die Zulassung zur Rechtsanwaltschaft versagt werden muss. Eine Versagung der Zulassung schränkt den Bewerber in der Wahl seines Berufes ein und ist damit ein Grundrechtseingriff in das Recht aus Artikel 12 GG. Um die Zulassung zu verweigern und somit die grundrechtlich garantierte freie Berufswahl einschränken zu können, müssen gewichtige Belange der Allgemeinheit entgegenstehen, da es sich bei der Zulassung um eine subjektive Zulassungsbeschränkung handelt.

Dem Rechtsanwalt werden besondere Pflichten gegenüber der Allgemeinheit auferlegt, die durch die Zulassungsvoraussetzungen des § 7 BRAO gewährleistet werden sollen.[329] Insbesondere beziehen sich die Versagungsgründe, die

329 Gaier/Wolf/Göcken-Schmidt-Räntsch, Anwaltliches Berufsrecht, § 7 BRAO, Rn. 1.

im Übrigen als zwingende Versagungsgründe ausgestaltet wurden, auf Kriterien, die die in § 1 BRAO ausgestaltete Unabhängigkeit des Rechtsanwaltes gefährden.[330]

Nach § 7 Nr. 8 BRAO ist dem Bewerber die Zulassung zu versagen, wenn er eine Tätigkeit ausübt, die mit dem Beruf des Rechtsanwalts, insbesondere seiner Stellung als unabhängiges Organ der Rechtspflege, nicht vereinbar ist oder das Vertrauen in seine Unabhängigkeit gefährden kann.[331]

Eine Unvereinbarkeit des Zweitberufs mit dem Berufsbild des Rechtsanwalts oder seiner Würde kannte schon die RAO von 1878, § 5 Nr. 4 RAO.[332] Ursprünglich wurden dabei Zweitberufe in ganz erheblichem Umfang als unvereinbar angesehen. Die Vorstellung des Gesetzgebers war sogar, dass sich Zweitberufe in aller Regel nicht mit dem Beruf des Rechtsanwalts vereinbaren lassen.[333] Somit waren sämtliche Zweitberufe zu versagen, die dem Rechtsanwalt keine gehobene Stellung verschafften, sowie kaufmännische und gewerbliche Berufe.[334]

Zu einer Aufweichung dieser Grundsätze kam es erst durch die Zweitberufsentscheidung des Bundesverfassungsgerichts.[335] Die Zulassung zur Anwaltschaft wegen eines Zweitberufes darf heute nur noch in Ausnahmefällen versagt werden.[336] Der Schutz des Artikel 12 GG erstrecke sich danach auch auf die Wahl eines Zweitberufes und die Freiheit die Berufe nebeneinander auszuüben.[337] Zu einer Versagung eines solchen bedürfe es eines wichtigen Gemeingutes. Die Versagung der Zulassung kann daher nur eine Abwägung im Einzelfall sein, die das Erfordernis der Verhältnismäßigkeit beachtet.[338] Eine Versagung ist danach nur möglich, wenn die Gefahr aus dem Zweitberuf nicht durch mildere Tätigkeitsverbote zu bannen ist.[339]

---

330 Gaier/Wolf/Göcken-Schmidt-Räntsch, Anwaltliches Berufsrecht, § 7 BRAO, Rn. 2.

331 BGH BRAK Mitt. 2012, 125, (127).

332 Henssler/Prütting-Henssler, BRAO, § 7 BRAO, Rn. 76.

333 Gaier/Wolf/Göcken-Schmidt-Räntsch, Anwaltliches Berufsrecht, § 7 BRAO, Rn. 64.

334 Gaier/Wolf/Göcken-Schmidt-Räntsch, Anwaltliches Berufsrecht, § 7 BRAO, Rn. 64.

335 BVerfGE 87, 287.

336 Reineke, Lust oder Leid-Der Zweitberuf des Rechtsanwalts, NJW 2008, 2881.

337 BGH BRAK Mitt. 2000, 42 (44).

338 BVerfG BRAK Mitt. 2000, 301.

339 BVerfG BRAK Mitt. 2000, 301.

a) Vereinbarkeit der Spielervermittlung unter Beachtung des Schutzzweckes

Die Inkompatibilitätsklausel des § 7 Nr. 8 BRAO dient der Sicherung der Anwaltstätigkeit als freien und unabhängigen Beruf und schützt die Vertrauensgrundlage der Rechtsanwaltschaft.[340] Diese Belange stellen das wichtige Gemeinschaftsinteresse dar. Zweitberufe können die Bevölkerung an der Objektivität und Unabhängigkeit des Rechtsanwalts zweifeln lassen und damit seine Integrität in Frage stellen[341] und somit das Vertrauens in die Rechtsanwaltschaft erschüttern.

Indem der Gesetzgeber nunmehr die unabhängige Stellung des Rechtsanwaltes in den Tatbestand des neu gefassten § 7 Nr. 8 BRAO eingefügt hat und dafür auf das Kriterium des Ansehens verzichtet hat, hat er deutlich gemacht, dass das Ansehen des Standes wohl nicht von derart essenzieller Bedeutung für die Allgemeinheit ist, wie die Unabhängigkeit des Rechtsanwaltes. Mithin ist die Vereinbarkeit des Zweitberufes mit der Rechtsanwaltstätigkeit an der Gefährdung dieser Unabhängigkeit zu messen.

Unabhängigkeit des Rechtsanwalts setzt sich aus unterschiedlichen Aspekten zusammen. Bezweckt ist zunächst die Stellung des Rechtsanwalts aus § 1 BRAO als unabhängiges Organ der Rechtspflege. Dies meint in erster Linie die Unabhängigkeit vom Staat.[342] Daneben ist sowohl die finanzielle[343] als auch die innere[344] Unabhängigkeit des Rechtsanwalts gemeint. Der Rechtsanwalt soll seine Entscheidungen frei von jeglichen Beeinflussungen treffen, sei es die durch Dritte oder eine Beeinträchtigung der Entscheidungsfreiheit durch das Vorliegen eines eigenen Interesses. Dadurch soll eine objektive Rechtsberatung gewährleistet werden.

Ist der Rechtsanwalt nicht unabhängig, so kann es sein, dass er sich aus finanziellen Gründen oder durch eine Beeinflussung von dritter Seite dazu verleiten lässt, zwei Parteien zu vertreten. Eine Verletzung der Pflicht kann damit sogar den Straftatbestand des Parteiverrates § 356 I StGB darstellen. Daher birgt ein Pflichtverstoß die Gefahr, die Rechtsanwaltszulassung zu verlieren, was für den Rechtsanwalt einem Berufsverbot gleichkommt und daher äußerst schwerwiegend ist. Weiterhin soll somit das für die Rechtspflege wichtige

340 Henssler/Prütting-Henssler, BRAO, § 7, Rn. 78.
341 Henssler/Prütting-Henssler, BRAO, § 7, Rn. 78.
342 Gaier/Wolf/Göcken-Zuck, Anwaltliches Berufsrecht, § 43a, Rn. 17.
343 Gaier/Wolf/Göcken-Zuck, Anwaltliches Berufsrecht, § 43a, Rn. 19.
344 Gaier/Wolf/Göcken-Zuck, Anwaltliches Berufsrecht, § 43a, Rn. 21.

Gebot der Gradlinigkeit der anwaltlichen Berufsausübung[345] gewährleistet werden.

Pflichtwidriges Auftreten des Rechtsanwaltes erschüttert das Vertrauen der Bevölkerung in den gesamten Berufsstand[346] und muss somit unterbunden werden, um die Funktionsfähigkeit der Rechtspflege zu wahren.

Führt man sich diesen Schutzzweck vor Augen, so entstehen Zweifel an einer Vereinbarkeit des Berufs des Spielervermittlers mit dem Beruf des Rechtsanwalts.

Wie bereits im Rahmen der Zulässigkeit von Erfolgshonoraren dargestellt, besteht eine innere Unabhängigkeit des spielervermittelnden Rechtsanwaltes auf Grund seines Eigeninteresses nicht mehr. Auch eine Unabhängigkeit vom Verein kann nicht angenommen werden, da dieser zunächst dem Vertrag an sich zustimmen muss und im Weiteren das Gehalt des Spielervermittlers festsetzt.

Weiterhin wird die Tatsache, dass der eigenen Mandant nicht mehr objektiv beraten wird, da das Interesse des Rechtsanwaltes mit dem des Mandanten verbunden ist, in der Öffentlichkeit schwerlich als besonders integer aufgefasst werden können. Erkennt man somit das Vertrauen der Öffentlichkeit in die Rechtsanwaltschaft als weiteren Schutzzweck an, so kann auch dies durch den spielervermittelnden Rechtsanwalt gefährdet werden, da die provisionsgebundene Tätigkeit das Risiko birgt, dass sich der Rechtsanwalt nicht mehr rein an rechtlichen und wirtschaftlichen Belangen seines Mandanten orientiert und somit das Vertrauen in seine Unabhängigkeit gefährdet.[347] Nach den negativen Erfahrungen, die im Bereich von Kapitalanlagen gemacht wurden, ist deutlich geworden, dass provisionsbezogene Geschäfte regelmäßig zu Interessenkonflikten führen. Während § 31 d WpHG eine Regelung für den Bereich des Wertpapierhandels trifft, gilt es im vorliegenden Fall, das Problem durch die spezifischen berufsrechtlichen Normen zu lösen. Dem durchschnittlichen Betrachter wird schwerlich zu erklären sein, dass der Mandant des Rechtsanwaltes sich nicht auf eine bestmögliche Beratung verlassen kann, der Vermittler vom eigentlichen „Gegner“ entlohnt wird und sich auch mit diesem über seine Vergütung einigt. Außer Betracht bleibt hier die regelmäßig negative Berichterstattung über Spielervermittler, die für sich genommen schon nicht vertrauenserweckend ist.

Allein aus dem Schutzzweck der Norm könnte daher eine Unvereinbarkeit bejaht werden.

---

345 Hartung/Römermann-Hartung, BORA/FAO, § 43a Rn. 59; BT-Drucks. 12/4993, S. 27.

346 Schönke/Schröder-Cramer, StGB, § 356 Rn. 2.

347 Henssler/Prütting-Henssler, BRAO, § 7, Rn. 104a.

b) Rechtsprechung

Nach § 7 Nr. 8 ist die Zulassung zum Anwalt zu versagen, wenn der Rechtsanwalt eine mit dem Beruf unvereinbare Tätigkeit ausübt. Unvereinbar ist die Tätigkeit, wenn sie in besonderem Maße die Gefahr birgt, dass der Rechtsanwalt die aus der anwaltlichen Tätigkeit stammenden Informationen zweckwidrig für eine unternehmerische Tätigkeit nutzt.[348] Vermieden werden sollen also Interessenkollisionen die durch die erwerbswirtschaftliche Prägung des Zweitberufes entstehen können.[349] Dabei kommt es in der Rechtsprechung darauf an, ob der Zweitberuf eine Interessenkollision nahe legt.[350] Es reicht also nicht aus, dass das Wissen aus einer Tätigkeit für den Rechtsanwalt von Vorteil für die andere Tätigkeit ist,[351] vielmehr muss die zweitberufliche Tätigkeit des Rechtsanwaltes bei objektiv vernünftiger Betrachtungsweise die Wahrscheinlichkeit von Interessen- und Pflichtenkollisionen nahe legen.[352]

Eine Solche Tätigkeit ist nach ständiger Rechtsprechung die des provisionsorientierten Maklers.[353] Dies gilt für die Tätigkeit als Versicherungsmakler,[354] Vermittler von Finanzdienstleistungen[355] und Grundstücksmakler.[356]

Verhindert werden soll, dass der Rechtsanwalt den Mandanten berät, im Rahmen dieser Beratung Kenntnis von der Vermögenslage oder Investitionsmöglichkeiten des Mandanten erhält und darin die Möglichkeit eines Provisionsgeschäftes entdeckt.[357] Erhält er seine Provision nur, wenn die Rechtsberatung in eine gewisse Richtung geht, so birgt die Zweittätigkeit das erhebliche Risiko, dass der Rechtsanwalt sich nicht einem unabhängigen Rechtsanwalt gleich am Interesse des Mandanten orientiert.[358] Auf die persönliche Integrität

348 BGH BRAK Mitt. 2001, 90; BGH NJW, 2004, 212 (213).

349 BGH BRAK Mitt. 2000, 43.

350 BT-Drucks. 12/4993, S. 24; BVerfG NJW 2002, 503 (504); BGH BRAK-Mitt. 1996, 78 (79); BGH NJW, 2004, 212 (213).

351 BGH NJW 2000, 3575 (3576), BGH NJW 2004, 212.

352 BGH NJW 2004, 212.

353 BGH NJW 2004, 212; BGH BRAK Mitt. 2001, 90; BGH BRAK Mitt. 1996, 78; BGH BRAK Mitt. 1994, 43 (44), BGH NJW 1995, 2357, BGH NJW-RR 1998, 571, BGH NJW-RR 2000, 437; BGH NJW 2000, 3575 (3576).

354 st. Rspr. Vgl. BGH BRAK-Mitt. 1994, 43 (44); BGH NJW 1995, 2357; BGH NJW-RR 1998, 571; BGH NJW-RR 2000, 437; BGH BRAK-Mitt. 1994, 43 (44).

355 BGH NJW-RR 2000, 437; BGH NJW 2004, 212.

356 BGH NJW 2000, 3575 (3576); BGH NJW 2004, 212.

357 BGH BRAK Mitt. 2012, 125 (128).

358 BGH BRAK Mitt. 2012, S. 125 (128).

des Rechtsanwalts komme es hierbei nicht an, vielmehr reicht die Gefahr einer befangenen Beratungsleistung aus.[359]

Wie strikt die Rechtsprechung im Bezug auf die Frage des Zweitberufes ist, wird deutlich, wenn man bedenkt, dass der Rechtsanwalt nicht einmal als Mitgeschäftsführer und Mitgesellschafter einer Gesellschaft tätig sein darf, die sich mit der Vermittlung von Immobilien befasst, wenn er seine Aufgaben auf den Verwaltungsbereich beschränkt.[360] Selbst in dieser Funktion bestehe noch die Möglichkeit, dass der Rechtsanwalt sein Wissen im Folgenden zum Interesse der Gesellschaft nutze.

Bei Einzelpersonen kann eine Vereinbarkeit zwar dann angenommen werden kann, wenn der Rechtsanwalt in einem Unternehmen angestellt ist, aber nicht mit der Akquise von Kunden betraut ist und keinerlei Maklertätigkeiten wahrnimmt.[361] Ein solcher Fall wird jedoch in der Spielervermittlung nicht anzutreffen sein. Der Rechtsanwalt, der keinerlei Maklertätigkeit wahrnimmt, ist schon nicht Spielervermittler.

Jedenfalls kann der Geschäftsführer einer Gesellschaft eine solche Tätigkeit niemals ausüben. Als Geschäftsführer treffen ihn Pflichten aus § 43 I GmbHG. Dazu gehört es auch, den zuständigen Mitgesellschafter auf naheliegende Geschäfte aufmerksam zu machen, von denen er im Rahmen seiner Rechtsanwaltstätigkeit erfährt. Dasselbe gilt natürlich wenn der Geschäftsführer selbst Maklertätigkeiten für die GmbH übernimmt.[362]

Das gleiche gilt danach auch für den umgekehrten Fall, in dem der Rechtsanwalt zunächst als Makler und dann anwaltlich tätig wird, indem er den Mandanten, dem er den Abschluss eines Vertrages nachgewiesen hat, auch über rechtliche Vor- und Nachteile beraten soll oder den Vertrag gleich selbst entwerfen soll. Hierbei entsteht die Gefahr, dass „die Beratung und oder Formulierung des Vertrages nicht unter ausschließlicher Orientierung an den Interessen des Kunden/Mandanten erfolgt. Vielmehr kann sich der Rechtsanwalt von seinem Provisionsinteresse als Makler leiten lassen und seine anwaltlichen Leistungen so erbringen, dass der Mandant den Vertrag auf jeden Fall abschließt".[363]

Die Rechtsprechung sieht die Maklertätigkeit des Rechtsanwaltes jedoch nicht als generell untersagt an.[364] Nur die ständige Ausübung des Maklerberufs

359 BGH BRAK Mitt. 2012, S. 125 (128).
360 BGH BRAK Mitt 2008, 25.
361 BGH NJW 2006, 2488.
362 BGH MDR 2004, 299 (300).
363 BGH NJW 2004, 212 (213).
364 BGH BRAK Mitt. 2001, S. 192 (193).

sei mit dem Berufsbild des Rechtsanwalts nicht zu vereinbaren.[365] Im Einzelfall darf der Rechtsanwalt als Makler tätig werden.[366] Allerdings gelten dann die Einschränkungen hinsichtlich der Vereinbarung eines Erfolgshonorars für ihn.[367] Ein Erfolgshonorar darf er vereinbaren, sofern er nur als Makler, nicht aber als Rechtsanwalt tätig wird. Eine anwaltliche Tätigkeit kann aber auch dann angenommen werden, wenn im Vordergrund eine Maklertätigkeit steht, aber auch rechtliche Tätigkeiten von nicht unerheblichem Umfang erbracht werden.[368]

Wird der Rechtsanwalt regelmäßig als Makler tätig, ist die Versagung der Zulassung oder ihr Entzug nach ständiger Rechtsprechung auch verhältnismäßig, da die Gefahr einer derartigen Interessenkollision nicht durch die Tätigkeitsverbote zu bannen sei.[369] Es liege nahe, dass der Rechtsanwalt im eigenen Provisionsinteresse dem Mandanten den Rat gibt, bestehende Verträge zu kündigen, neu abzuschließen oder zu verlängern. Einen solchen Rat würde er als unabhängiger Rechtsanwalt möglicherweise nicht erteilen.[370] Dies stelle einen Verstoß gegen die Unabhängigkeit und die Pflicht dar, nur gegen ein im RVG geregeltes Honorar tätig zu werden.[371] Das Tätigkeitsverbot des § 45 I Nr. 4 BRAO reiche hier nicht aus, da sich die Tätigkeiten in der Regel nicht voneinander abgrenzen lassen und daher ebendiese Vorgänge der Doppeltätigkeit nicht erfasst werden.[372]

c) Literatur

Einzig angesprochen wurde die Problematik der Vereinbarkeit des Berufes des Spielervermittlers mit dem Beruf des Rechtsanwalts soweit ersichtlich von *Welter*.[373] Dieser geht in Übereinstimmung mit der Rechtsprechung von einer Unvereinbarkeit aus, wenn die Gefahr besteht, dass der Rechtsanwalt im Rahmen seiner anwaltlichen Tätigkeit Informationen erhält, die er später für seine zweitberufliche Tätigkeit nutzt. Welter sieht den Spielervermittler in einer mit dem Versicherungsmakler vergleichbaren Situation. Der Rechtsanwalt könne

---

365 BGH BRAK Mitt. 2001, S. 192 (193).

366 BGH BRAK Mitt. 2001, S. 192 (193), BGH NJW 1992, 681 (682).

367 OLG Brandenburg BRAK Mitt. 2007, 272 (273).

368 OLG Brandenburg BRAK Mitt. 2007, 272 (273).

369 BGH NJW 1995, 1031; BGH BRAK Mitt. 1994, 43 (44); BGH NJW 1995, 2357; BGH NJW-RR 1998, 571; BGH NJW-RR 2000, 437; BGH NJW 2004, 212.

370 BGH NJW 2004, 212 (213).

371 BGH NJW 2004, 212 (213).

372 BGH NJW 2004, 212 (213).

373 Welter, Die Zulässigkeit der Beratungs- und Vermittlungstätigkeit für Arbeitnehmer im Berufssport, insbesondere für Lizenzfußballspieler, S. 193 ff.

den Spieler zu einer Frage der Vertragsauflösung beraten und auf den Abschluss eines neuen Vertrages spekulieren, oder einen Verein rechtlich beraten und von diesem erfahren, dass ein neuer Spieler gesucht wird. Auch hier könnte er sich als Vermittler anbieten.

Somit bestehe eine besonders hohe Wahrscheinlichkeit, dass der Rechtsanwalt Informationen aus seiner rechtsberatenden Tätigkeit später für seine Tätigkeit als Spielervermittler nutzt.

d) Stellungnahme und Ergebnis zu § 7 Nr. 8 BRAO

Der Beruf des Spielervermittlers ist mit dem Beruf des Rechtsanwalts unvereinbar.

Dies ergibt sich schon aus dem Schutzzweck der Norm.

Die Norm soll die Unabhängigkeit und Objektivität des Rechtsanwaltes schützen und das Vertrauen der Allgemeinheit in den Rechtsanwalt stärken. Diesem Zweck läuft das Auftreten des Rechtsanwaltes als Spielervermittler entgegen.

Der Rechtsanwalt ist, wie bereits erwähnt, im Rahmen der Zulässigkeit von Erfolgshonoraren weder innerlich noch von Dritten unabhängig. Handelt er für den Spieler einen Vertrag aus, so wird der Spieler den Rechtsanwalt über rechtliche Vor- und Nachteile der einzelnen Gestaltungspunkte befragen, da er davon ausgehen kann, der rechtskundige Rechtsanwalt werde ihn aufgrund seiner Stellung als objektives Organ der Rechtspflege auf eventuelle Nachteile hinweisen. Weiß der Rechtsanwalt nun aber, dass er nur für den Fall des Vertragsabschlusses die vom Verein versprochene Provision erhält, so drängen sich Bedenken auf, der Rechtsanwalt könnte seine objektive Stellung nicht erfüllen, ohne das für seinen Provisionsanspruch erforderliche Ziel des Vertragsschlusses zu gefährden. Insbesondere besteht die Gefahr, den Spieler nicht zu dem für ihn am besten geeigneten Verein zu vermitteln, sondern an den für den Berater die höchste Provision versprechenden Verein. Damit ist der Anwalt nicht mehr unabhängig oder objektiv. Dies gefährdet das Vertrauen des Rechtssuchenden in den gesamten Berufsstand.

Dieses Ergebnis behält auch unter Heranziehung der von der Rechtsprechung entwickelten Grundsätze seine Richtigkeit.

Der Rechtsanwalt ist nach dem Ergebnis der vertragstypologischen Einordnung der Spielervermittlung ein Makler.

Die ständige Rechtsprechung sieht die Tätigkeit des Maklers immer dann als mit dem Beruf des Rechtsanwaltes unvereinbar, wenn das besondere Risiko einer Pflichtenkollision besteht. Dies kann sich auf zwei unterschiedliche Arten äußern. Zunächst wird der Fall erfasst, in dem der Rechtsanwalt in seiner rechtsberatenden Tätigkeit Informationen erhält, bei deren verständiger Würdigung sich ihm der Abschluss eines Provisionsgeschäfts aufdrängt. Dies kann immer dann geschehen, wenn der Spieler sich an den Rechtsanwalt wendet, um von ihm eine Beratung in Fragen der Wirksamkeit, der Laufzeit oder möglicher Änderungen am Vertrag aufsucht. In dieser Situation könnte dem Rechtsanwalt die Idee kommen, dem Spieler im eigenen Interesse zu raten den Vertrag zu verlängern oder einen Wechsel in Betracht zu ziehen, um sich selbst dann als Vermittler nützlich zu machen und eine Provision dafür zu verlangen. Gleiches gilt für die Wahl des Vertragspartners.

Die Tätigkeit des Spielervermittlers ist vorliegend vergleichbar mit der eines Versicherungs-, Finanz-, oder Grundstücksmaklers. Dies bezieht sich sowohl auf die Interessenlage der jeweiligen Mandanten, als auch auf die des Rechtsanwalts. Die Pflichtenkollision ist ebenfalls in ihrer Entstehung und ihrer Auswirkung identisch. Auch die daraus entstehende Gefahr verhält sich in allen Fällen gleich.

Das selbe gilt für die Möglichkeit der Verwendung der Informationen für die Zweittätigkeit und deren Einfluss auf die Objektivität des Rechtsanwaltes. Die von der Rechtsprechung entwickelten Grundsätze sind damit auch auf den Fall der Spielervermittlung anwendbar.

Noch klarer wird es, wenn man die Rechtsprechung des BGH für den umgekehrten Fall betrachtet, in dem der Rechtsanwalt zunächst als Makler und im Anschluss daran als Rechtsanwalt tätig wird. So führt das Gericht aus, es entstehe hierbei die Gefahr, dass „die Beratung und oder Formulierung des Vertrages nicht unter ausschließlicher Orientierung an den Interessen des Kunden/Mandanten erfolgt. Vielmehr könnte sich der Rechtsanwalt von seinem Provisionsinteresse als Makler leiten lassen und seine anwaltlichen Leistungen so erbringen, dass der Mandant den Vertrag auf jeden Fall abschließt“.[374]

Unter ebendiese Gefahr muss der Fall der Spielervermittlung subsumiert werden. Wie bereits im Rahmen der Zulässigkeit von Erfolgshonoraren und der Frage nach der Vereinbarkeit der Tätigkeit unter Beachtung des Schutzzweckes wird hier erneut auf die Situation des Spielervermittlers hingewiesen. Indem der Rechtsanwalt als Grundstücksmakler oder Vermittler von Finanzdienstleistungen am Vertragsschluss verdient, besteht die Gefahr, dass er im eigenen Provisionsinteresse den Abschluss eines Vertrages empfiehlt, den er als unabhängiger Rechtsanwalt nicht empfehlen würde.[375] Dieser Grundsatz muss auch für den Spielervermittler gelten. Er ist nichts anderes als ein Makler, der dem beschriebenen Interessenkonflikt in gleicher Weise ausgesetzt ist. Genau dieser Fall der Interessen- und Pflichtenkollision soll nach

---

374 BGH NJW 2004, 212 (213).
375 BGH BRAK Mitt. 2004, 79.

der Rechtsprechung den Fall einer Versagung oder Entziehung der Zulassung begründen.

Besonders in der Spielervermittlung ist diese Interessenkollision für den Mandanten von erheblichem Ausmaß. Während in den anderen Beispielen die rechtliche Beratung vorgeschaltet ist und der Rechtsanwalt dann noch immer davon Abstand nehmen könnte, den Mandanten weiter zu beraten, sobald er ein Eigeninteresse feststellt, ist die rechtliche Tätigkeit im Falle der Spielervermittlung derart eng mit dem Zweitberuf verbunden, dass sie weder zeitlich noch inhaltlich klar abgrenzbar ist. Das Eigeninteresse des Rechtsanwaltes gefährdet damit das Interesse des Spielers durchgängig. So ist unter Umständen schon der Rat der Verlängerung oder des Transfers, die Auswahl der potentiellen Vertragspartner, die Verhandlungen mit dem gefundenen Verein und die Ausgestaltung des Vertrages vom Interesse des Rechtsanwaltes beeinflusst. Dies zeigt, dass gerade in der Spielervermittlung die erhebliche Gefahr von Pflichten - und Interessenkollisionen besteht.

Daher ist die Ansicht Welters ist in dem von ihm angesprochenen Teilbereich richtig, sofern es um die Gefahr geht, Informationen aus der Rechtsberatung zu nutzen. Auch er sieht die Situation des Spielervermittlers, was die Gewinnung und Nutzung der Informationen angeht, als vergleichbar an. Er übersieht jedoch den wohl wichtigeren Fall, dass der Spielervermittler zunächst als Makler, dann aber als Rechtsanwalt auftritt, wobei die Tätigkeiten sich wie dargestellt überschneiden. Der Fall, dass ein Verein einen Rechtsanwalt mit der Prüfung eines Sachverhaltes beauftragen wird, von dem er weiß, dass dieser auch als Spielervermittler tätig ist, wird wohl in der Regel nicht vorliegen. Spielervermittler genießen bei Vereinen nicht den besten Ruf. Entstehen kann aber der Fall, in dem der Spieler den Rechtsanwalt mit der Prüfung eines Sachverhaltes beauftragt und der Rechtsanwalt hierbei die Beratung unter der Zielsetzung einer anschließenden Vermittlung des Spielers erbringt.

Die Versagung bzw. Entziehung ist vorliegend als Eingriff in die Berufsfreiheit aus Artikel 12 GG auch verhältnismäßig, denn das Verhalten des Rechtsanwaltes weckt hier bei der rechtssuchenden Öffentlichkeit begründete Zweifel an der Unabhängigkeit des Rechtsanwalts.[376] Zur Feststellung der Verhältnismäßigkeit ist eine umfassende Abwägung der einzelnen Belange und Rechtsgüter erforderlich,[377] insbesondere gilt es zu klären, ob die Tätigkeitsverbote der §§ 45, 46 BRAO als mildere Mittel ausreichend sind.[378] Dass ein solches

376 BGH NJW 2006, 2488 (2489).

377 BGH NJW 2003, 1527.

378 BVerfGE 87, 287; BGH BRAK Mitt. 2006, 222.

Tätigkeitsverbot nicht ausreicht, um die deutliche Gefahr einer Interessenkollision einzudämmen, nimmt der BGH in ständiger Rechtsprechung für den Versicherungsmakler[379] und den Immobilienmakler an.[380]

Gleiches muss für den Fall des Spielervermittlers gelten.

Wie bereits dargestellt, ist die Tätigkeit des Spielervermittlers mit der der anderen Makler vergleichbar. Das Tätigkeitsverbot des § 45 IV BRAO wird für ihn im Regelfall keine ausreichende Bannung der Gefahren aus der zweitberuflichen Tätigkeit bieten, da § 45 IV BRAO nicht einschlägig ist. Eine Abgrenzung ist im Regelfall nicht möglich, da die Maklertätigkeit mit der anwaltlichen Tätigkeit derart eng verbunden ist, dass man nicht von einer Erst - und Zweitbefassung sprechen kann. Sollte die Tätigkeit ausnahmsweise getrennt werden können, so stellt sich die Frage ob § 45 IV BRAO überhaupt noch zur Anwendung kommen kann. Eine Anwendung soll nämlich dann ausgeschlossen sein, wenn die erste Tätigkeit beendet ist, § 45 IV 2. Hs. BRAO. Ist nun eine Abgrenzung möglich, wird die teilbare Vermittlungsleistung im Zeitpunkt der anwaltlichen Tätigkeit beendet sein. Somit bietet § 45 IV BRAO keinen ausreichenden Schutz vor der Interessenkollision des spielervermittelnden Rechtsanwaltes. Damit ist die Versagung bzw. Entziehung der Zulassung auch verhältnismäßig.

Der Zweitberuf des Spielervermittlers ist daher mit dem Beruf des Rechtsanwalts nicht zu vereinbaren. Dem Spielervermittler ist die Rechtsanwaltszulassung nicht zu erteilen oder zu entziehen.

5. *Zwischenergebnis für den Rechtsanwalt*

Dass das Spielervermittler Reglement der FIFA dem lizensierten Rechtsanwalt die Tätigkeit als Spielervermittler gestattet, kann nicht darüber hinwegtäuschen, dass dies nach nationalem Recht nicht möglich ist. Möchte der Rechtsanwalt regelmäßig als Spielervermittler arbeiten, so hat er seine Rechtsanwaltszulassung abzugeben und eine nach dem Reglement der FIFA erforderliche Lizenz zu erwerben.

Sofern der Rechtsanwalt die Spielervermittlertätigkeit nur im Einzelfall ausübt, soll dies mit dem Beruf des Rechtsanwaltes vereinbar sein. Erbringt er allerdings im Rahmen dieser Spielervermittlertätigkeit auch Rechtsdienstleistungen, darf er dafür kein Erfolgshonorar verlangen. Ein solches Erfolgshonorar ist für

379 BGH BRAK Mitt. 1994, 43 (44); BGH BRAK Mitt. 1995, 123 (124); BGH BRAK Mitt. 1997, 253 (254).

380 BGH NJW 2004, 212 (213).

den im Einzelfall als Makler tätig werdenden Rechtsanwalt eben nur dann zulässig, wenn er als Makler und nicht als Rechtsanwalt auftritt.

Da dem Rechtsanwalt aber die erhebliche Konsequenz der Versagung oder Entziehung der Zulassung droht, wenn die Tätigkeit öfter als vereinzelt vorgenommen wird und nicht klar ist, wann die Überschreitung dieser vagen Grenze gegeben ist, sollte der Rechtsanwalt, der als Spielervermittler tätig sein will, höchste Vorsicht walten lassen, was das Ausmaß der Tätigkeit angeht.

Die bloße Rechtsberatung darf der Rechtsanwalt für den Spieler ohne erfolgsabhängige Vergütung übernehmen. Eine Vergütung durch den Verein stellt sich hierbei allerdings ebenfalls als Erfolgshonorar dar.

Ein Verstoß gegen § 43 a IV BRAO liegt in der Vermittlertätigkeit des Rechtsanwaltes nicht.

II. Die Zulässigkeit der Spielervermittlung durch den lizenzierten Spielervermittler

Vereine und Spieler dürfen nach Artikel 1 des FIFA-Reglements für Spielervermittler die Dienste eines Spielervermittlers in Anspruch nehmen, der nach Artikel 3 Nr. 1 des Reglements über eine Spielervermittlerlizenz verfügt.

Lizenzierter Spielervermittler ist der Definition nach jede Person, die Spieler und Verein zusammenbringt, um einen Arbeitsvertrag auszuhandeln. Geht die Dienstleistung des Spielervermittlers hierbei über das bloße Herstellen des Kontaktes hinaus, stellt sich die Frage nach einer Vereinbarkeit mit dem Rechtsdienstleistungsgesetz.

Der Spielervermittler handelt in der Praxis fast immer den Vertrag für den Spieler aus und trifft dabei für den Spieler Vereinbarungen über Punkte wie Ablöse, Laufzeit, Optionen oder Ausgestaltung des Gehaltes, also Grundgehalt und Prämien. Eine solche Vertragsverhandlung und -gestaltung könnte eine Rechtsdienstleistung im Sinne des Rechtsdienstleistungsgesetzes darstellen.

Das FIFA Reglement stellt klar, dass die Lizenz nicht die Beachtung der nationalen Gesetze ersetzt.[381] Indem alle nationalen Gesetze und Verbote beachtet werden müssen (was lediglich deklaratorische Funktion hat), ist auch das Rechtsdienstleistungsgesetz zu beachten.

Das RDG ersetzt seit dem Jahr 2008 das alte Rechtsberatungsgesetz und regelt, wer in Deutschland Rechtsdienstleistungen erbringen darf.

381 Art. 2 Nr. 2 I FIFA-Reglement für Spielervermittler.

1. *Vereinbarkeit der Spielervermittlung durch den lizenzierten Vermittler mit dem Schutzzweck des Rechtsdienstleistungsgesetzes*

Der Schutzzweck des Rechtsdienstleistungsgesetzes ist vielfältig. Es soll nicht den Rechtsanwalt gegenüber anderen Berufsgruppen privilegieren, sondern vor allem den Rechtssuchenden vor unqualifizierter Rechtsdienstleistung schützen.[382]

Mit der Überlassung von Rechtsangelegenheiten an einen Rechtanwalt wird gesichert, dass der Beauftragte sich mit der Materie auskennt, da er eine lange Ausbildung mit zwei juristischen Staatsexamen absolviert hat. Weiterhin unterliegt der Rechtsanwalt zahlreichen berufs- und strafrechtlichen Vorschriften, die dafür sorgen sollen, dass das Interesse des Rechtssuchenden zu jeder Zeit geschützt wird. Darüber hinaus verfügt der Rechtsanwalt über eine Berufshaftpflichtversicherung, die den Mandanten bei eventuellen Fehlern des Rechtsanwaltes entschädigen kann. Die Einhaltung dieser Kriterien wird auch von der Anwaltskammer überwacht und stellt somit nicht nur eine leere Versprechung an den Rechtssuchenden dar.[383] Indem Rechtsangelegenheiten bei Rechtskundigen verbleiben sollen, wird sichergestellt, dass der Rechtssuchende die bestmögliche rechtliche Betreuung erhält. Damit wird auch das Vertrauen des Bürgers in die Rechtspflege und den Berufsstand des Rechtsanwalts gestärkt. Würden Nichtrechtskundige Verträge aushandeln, die sich später oft als nichtig oder unwirksam herausstellen, so würde das Vertrauen der Allgemeinheit in die Bindungswirkung von Verträgen geschwächt. Der Glaube an dieses „Stück Papier" ist jedoch essentielle Voraussetzung für unsere Wirtschaft, so dass die Überlassung von Rechtsangelegenheiten an Rechtskundige durchaus Sinn macht.

Indem der Rechtssuchende umfassend beraten wird, versteht er das Recht besser, kann Streitigkeiten vorbeugen und die für sich beste Vertragsgestaltung ausfindig machen.

Weiterhin soll die Überlassung von Rechtsangelegenheiten an Rechtsanwälte die Reibungslosigkeit des Rechtsverkehrs mit Behörden und Gerichten sichern.[384] So müsste der Rechtsdienstleister zu Auftreten vor Gericht jedes Mal

---

382 vgl. § 1 I RDG; Wertenbruch, Die FIFA Spielervermittlerlizenz im Fadenkreuz zwischen RDG, EG-Kartellrecht und Art 12 GG, SpuRt 2009, S. 183 (184).

383 Wertenbruch, Die FIFA Spielervermittlerlizenz im Fadenkreuz zwischen RDG, EG-Kartellrecht und Art 12 GG, SpuRt 2009, S. 183 (184).

384 Kleine-Cosack, Restriktive Auslegung des Rechtsberatungsgesetzes, NJW 2003, S. 3009 (3012).

einen zugelassenen Rechtsanwalt beauftragen. Von untergeordneter Bedeutung ist dabei der Zweck, eine funktionsfähige Rechtsanwaltschaft zu erhalten.[385]

Die beschränkte Zulässigkeit von Rechtsdienstleistungen für nicht-Anwälte stellt für den Dienstleister einen Grundrechtseingriff in das Recht auf freie Berufswahl und -ausübung im Sinne des Artikel 12 GG dar. Der Eingriff ist eine Beschränkung der Berufswahl. Ein Eingriff in die freie Berufswahl ist nur zum Schutz besonders wichtiger Gemeinschaftsgüter erforderlich. Während der Schutz des Rechtssuchenden, des Rechtsverkehrs und der Rechtsordnung als derart wichtige Gemeinschaftsgüter zu qualifizieren sind, ist die Funktionsfähigkeit der Rechtsanwaltschaft als Schutzgut nicht geeignet, da dies verfassungsrechtlich nicht haltbar ist.[386] Das Bundesverfassungsgericht[387] sieht den Erhalt der Rechtsanwaltschaft nur noch dann als Schutzgut des RDG an, wenn der Erhalt in unmittelbarem Zusammenhang mit Belangen der Rechtspflege steht.[388]

Vorliegend handelt es sich um eine subjektive Zulassungsvoraussetzung.[389] Damit ein solcher Eingriff gerechtfertigt ist, muss er zur sachgemäßen Berufsausübung erforderlich sein.[390] Somit müsste die Rechtsanwaltszulassung zur sachgemäßen Erbringung von Rechtsdienstleistungen erforderlich sein.

Ein Verstoß gegen das Rechtsdienstleistungsgesetz wird also hauptsächlich am Interesse des Rechtssuchenden und am Interesse eines reibungslosen Rechtsverkehrs zu messen sein.[391]

Fraglich ist also, ob der Abschluss des Arbeitsvertrages unter Hinzuziehung eines Spielervermittlers, der nicht Rechtsanwalt ist, eine dem Schutzzweck des RDG zuwiderlaufende Rechtsdienstleistung darstellt und ob diese dem Spielervermittler ausnahmsweise erlaubt ist.

2. *Entwicklung vom alten Rechtsberatungsgesetz zum Rechtsdienstleistungsgesetz und Streitstand unter der Geltung des Rechtsberatungsgesetzes*

Bis zum 1.7.2008 galt das alte Rechtsberatungsgesetz, das vom Rechtsdienstleistungsgesetz abgelöst wurde.

385 Kleine-Cosack, Restriktive Auslegung des Rechtsberatungsgesetzes, NJW 2003, S. 3009 (3012).

386 Schönberger, Rechtsberatungsgesetz und Berufsfreiheit, NJW 2003, S. 249, (253).

387 BVerfG NJW 1998, 3481.

388 Schönberger, Rechtsberatungsgesetz und Berufsfreiheit, NJW 2003, S. 249, (253).

389 Schönberger, Rechtsberatungsgesetz und Berufsfreiheit, NJW 2003, S. 249, (253).

390 BVerfGE 7, 377 (406).

391 BVerfG, NJW 2002, 1190, (1191).

Während das Rechtsdienstleistungsgesetz den Begriff der Rechtsdienstleitung zum zentralen Ausgangspunkt gemacht hat, spricht das Rechtsberatungsgesetz noch von Rechtsangelegenheiten. Zur Besorgung einer solchen fremden Rechtsangelegenheit war eine Erlaubnis nötig, Artikel 1 § 1 RBerG a.F. Diese Erlaubnis durfte den in Artikel 1 § 1 RBerG genannten Personengruppen erteilt werden. Mithin galt seit Einführung des RBerG die allgemeine Gewerbefreiheit nicht mehr für die Besorgung fremder Rechtsangelegenheiten.[392] Damit handelte es sich um ein Verbot mit Erlaubnisvorbehalt.[393]

a) Begriff der Rechtsberatung

Nach Artikel 1 § 1 Abs. 1 S. 1 des Rechtsberatungsgesetzes war die geschäftsmäßige Besorgung fremder Rechtsangelegenheiten nur den Personen gestattet, die eine Erlaubnis von der zuständigen Behörde erhalten hatten[394].

Schon unter der Geltung des alten RBerG war höchst umstritten, ob die Spielervermittlung durch den von der FIFA lizenzierten Vermittler zulässig ist oder gegen das RBerG verstößt.

b) Grundtatbestand des Rechtsberatungsgesetzes § 1 RBerG a.F.

Eine solche Besorgung von Rechtsangelegenheiten lag nach ständiger Rechtsprechung dann vor, wenn die Maßnahme darauf abzielte, konkrete fremde Rechte zu verwirklichen, durchzusetzen, zu sichern, klarzustellen oder zu gestalten.[395] Dazu genügte jede Förderung einer konkreten fremden Rechtssache.[396] Eine solche Rechtsangelegenheit konnte sowohl die Wahrnehmung eines Rechts gegenüber einem Dritten als auch die Erteilung eines Rates oder der Entwurf eines Schriftsatzes sein.[397] Ausreichend für das Erfordernis einer Erlaubnis sei hierbei jegliche Tätigkeit auf unmittelbar rechtlichem Gebiet, so dass es auf Umfang und Schwierigkeit der Angelegenheit ebenso wenig ankomme wie auf die Frage, ob ein gesamter Komplex oder nur ein Ausschnitt zu klären sei oder ob die Tätigkeit abschließend oder vorbereitend sei.[398]

---

392 Kleine-Cosack, RBerG, II. Teil, B, I. Geschichte, Rn. 3.

393 Kleine-Cosack, RBerG, II. Teil, B, I. Geschichte, Rn. 5.

394 Vgl. Artikel 1, § 1 I RBerG a.F.

395 BGH NJW 2002, 3531 (3532); BGH NJW 2000, 2108.

396 BGH NJW 2002, 3531, 3532; BGH NJW 2000, 2108, Kleine-Cosack, RBerG, Artikel 1 § 1 Rn. 2.

397 Kleine-Cosack, RBerG, Artikel 1 § 1 Rn. 2, BGH NJW 1995, 851.

398 Kleine-Cosack, RBerG, Artikel 1 § 1 Rn. 2; BGH NJW 2000, 2108; Chemnitz/Johnigk, RBerG, Artikel 1 § 1 Rn. 61.

Indem die Spielervermittlung auf den Abschluss eines Vertrages gerichtet ist und damit die Schaffung eines Vertragsverhältnisses mit der Begründung rechtlicher Pflichten zum Ziel hat, war das Rechtsberatungsgesetz auf den Fall der Spielervermittlung grundsätzlich anwendbar.

Fraglich war jedoch, ob sie eine Rechtsbesorgung darstellte.

Durch diese weite Auslegung des Merkmals der Rechtsbesorgung fiel grundsätzlich eine erhebliche Zahl von alltäglichen Handlungen unter den Begriff der fremden Rechtsangelegenheiten.

Bedenkt man nun aber, dass auch fast alle wirtschaftlichen Fragen auch immer mit der Klärung rechtlicher Fragen oder mit einer Vertragsverhandlung oder auch Vertragsgestaltung einhergehen, so dass eine Abgrenzung im Einzelfall quasi unmöglich ist,[399] wird deutlich, wie weit das Verbot fremde Rechtsbesorgungen zu erledigen ging.

Eine derart exzessive Auslegung des RBerG wurde daher durch das Bundesverfassungsgericht im Jahr 1998 durch die Masterpatent -Entscheidung eingeschränkt.[400] Das Bundesverfassungsgericht stellte in dieser Entscheidung klar, dass Artikel 1 § 1 RBerG das Grundrecht aus Artikel 12 GG auf freie Berufswahl zwar einschränke, dies aber grundsätzlich durch ausreichende Gründe des Gemeinwohls gerechtfertigt sei.

Die Vorschrift des Artikel 1 § 1 RBerG müsse daher im Lichte des Artikel 12 GG verfassungskonform ausgelegt werden. Ziel sei die Abgrenzung zwischen Rechtsberatung und sonstiger Berufsausübung, die auch ohne Erlaubnis erbracht werden kann, ohne dass die Qualität der Dienstleistung und die Funktionsfähigkeit der Rechtspflege darunter leide. Aufgrund der rechtlichen Durchdringung nahezu aller Lebensbereiche solle diese Abgrenzung anhand einer Abwägung stattfinden, die neben den genannten Belangen der Allgemeinheit auch die Berufsfreiheit des Dienstleisters und der Veränderung der Lebenswirklichkeit Rechnung trage. Dabei handele es sich insbesondere um die tatsächlichen Merkmale und Besonderheiten des jeweiligen Berufes.

Diese Kritik an der bisherigen uferlosen Auslegung hat der BGH in den folgenden Entscheidungen[401] berücksichtigt und nahm seither im Rahmen der Abwägung eine Abgrenzung zwischen allgemeiner Berufsausübung und Rechtsberatung vor. Diese Abgrenzung orientierte sich insbesondere an den Kriterien des Schwerpunktes, also dem Kern der Tätigkeit und dem

399 Schwierigkeiten sieht auch BGH NJW 1995, 1322.

400 BVerfG NJW 2002, 3531.

401 BGH WRP 2000, 727; vgl. auch BGH NJW 2003, 1252 (1253); BGH NJW 2003, 3046 (3046 f.); BGH NJW 2005, 969 (970).

Willen der Parteien. So stellte sich die Frage, ob die Parteien überhaupt eine Rechtsbesorgung vereinbaren wollten oder der Dienstleister in ganz anderer Funktion beauftragt wird.[402] Stand also die Klärung rechtlicher Fragen im Vordergrund, so handelte es sich dem Schwerpunkt nach um eine Rechtsberatung, ging es mehr um die Frage einer wirtschaftlichen Angelegenheit, so lag keine erlaubnispflichtige Rechtsberatung vor.[403] Zur Beurteilung des Schwerpunktes wurden zunächst Kriterien wie der Auftragsinhalt und die näheren Umstände herangezogen. Zum anderen konnte eine Rechtsberatung angenommen werden, wenn es sich um eine anwaltstypische Tätigkeit handelte, die der Dienstleister übernehmen wollte.[404] Das Entwerfen rechtlich komplizierter Verträge beispielsweise gilt als eine typisch anwaltliche Tätigkeit.[405] Auftragsinhalt war dabei der Wunsch des Auftraggebers über Art und Umfang der zu erbringenden Leistung.[406]

Insbesondere war auch der Schutzzweck des RberG und das Schutzbedürfnis des Rechtssuchenden mit einzubeziehen.[407]

Unterfiel eine Dienstleistung dem Begriff der Rechtsbesorgung im Sinne des Artikel 1 § 1 RberG, so war der zugrundeliegende Vertrag nach § 134 BGB als nichtig anzusehen, sofern der Dienstleistende keine Erlaubnis besaß.[408]

Weitgehende Einigkeit bestand zutreffender Weise noch darüber, dass der Beruf des Spielervermittlers mit dem Führen von Vertragsverhandlungen und dem Aushandeln des Arbeitsvertrages eine Rechtsbesorgung darstellt.[409] Daher brauchte der Spielervermittler eigentlich eine Rechtsbesorgungserlaubnis.

402 BVerfG NJW 2002, 3531.

403 Kleine-Cosack, RBerG, Art. 1, § 1, Rn. 12; BVerfG NJW 2002, 3531 (3532).

404 Kleine-Cosack, RBerG, Art. 1, § 1, Rn. 16.

405 Kleine-Cosack, RBerG, Art. 1 § 1, Rn. 17.

406 Kleine-Cosack, RBerG, Art. 1 § 1, Rn. 13.

407 Kleine-Cosack RBerG, Art. 1 § 1, Rn. 26; Artikel 1 § 1, Rn. 11 ff.

408 BGH NJW 2003, 1252; BGH NJW 2012, 3424 (3425); BGH NJW 2013, 62 (63).

409 Schloßer, Führen Vertragsverhandlungen zur Unwirksamkeit der Vermittlungsverträge, NZA 2001, S. 16 (17); Wertenbruch, Die Vereinbarkeit der Beratungs- und Vermittlungstätigkeit für Berufssportler/Lizenzspieler mit dem Rechtsberatungsgesetz und dem neuen Arbeitsförderungsgesetz, NJW 1995, S. 223 (225); Löhr, Mitwirkung der Vermittler von Berufssportlern/Lizenzspielern bei Vertragsverhandlungen, NJW 1995, S. 2148 (2149); Buchberger, Rechtliche Grenzen von Beratertätigkeiten im Sport, AnwBl. 2000, S. 637 (639); aA aber Nasse, Der Sportler und (s)ein Manager, SpuRt 1996, 113 (116); Kleine-Cosack, RBerG, Art. 1 § 5, Rn. 49, der die Spielervermittler wohl schon nach Art. 1 § 1 RBerG im Rahmen der verfassungskonformen Auslegung ausnehmen würde.

Höchst umstritten war jedoch die Frage, ob sich der Spielervermittler auf den Ausnahmetatbestand des Artikel 1 § 5 RBerG a.F. berufen konnte.

c) Ausnahmetatbestand des Rechtsberatungsgesetzes

Einen Ausnahmetatbestand von der Regelung des Artikel 1 § 1 I RBerG stellte Artikel 1 § 5 Ziffer 1 RBerG dar. Danach konnte ein Dienstleister eine Rechtsbesorgung ohne Erlaubnis erbringen, wenn er ein kaufmännisches oder sonstiges gewerbliches Unternehmen betrieb und die Rechtsbesorgung in unmittelbarem Zusammenhang dazu stand.[410] Damit waren sogenannte Annextätigkeiten, die mit der nicht-rechtlichen Haupttätigkeit untrennbar verbunden sind, erlaubnisfrei.[411]

Durch die vom BVerfG und dem BGH entwickelten Kriterien zur restriktiven Auslegung des Artikel 1 § 1 RBerG verblieb für Artikel 1, § 5 RBerG nur noch ein geringer eigenständiger Anwendungsbereich, da die eigentliche umfassende Prüfung in die Abwägung innerhalb des Artikel 1 § 1 I RBerG vorgenommen wurde.

Sinn und Zweck des Ausnahmetatbestandes war es, Berufe, die ihrer Art und Weise nach praktisch nicht ohne Rechtsberatung zu erbringen sind, von der Erlaubnispflicht des Artikel 1 § 1 RBerG auszunehmen, um sie nicht gänzlich unmöglich zu machen. Wichtigste Voraussetzung für die Anwendbarkeit des Artikel 1 § 5 RBerG war danach, dass die Rechtsberatung als Annex zwangsläufig mit der Hauptleistung einhergeht, die Hauptleistung also ohne die Rechtsberatung nicht mehr sinnvoll erbracht werden kann.[412] Die Regelung sollte somit der Entwicklung neuer Spezialberufe Rechnung tragen.

Der BGH[413] legte als zusätzliche Voraussetzung fest, dass die Rechtsbesorgung eine untergeordnete Nebentätigkeit sein müsse, es also eine andere Haupttätigkeit geben muss, der die Rechtsbesorgung untergeordnet ist. Dies bestimme sich im Einzelfall nach Art und Umfang der Tätigkeit.[414]

Damit war eine Rechtsbesorgung nach Artikel 1, § 5 I RBerG dann erlaubt, wenn die untergeordnete Nebentätigkeit in unmittelbarem Zusammenhang zum nicht rechtlichen Hauptgeschäft steht, also für dieses notwendig ist.

Ob die Vertragsverhandlung und –gestaltung durch den Spielervermittler eine solche Nebenleistung darstellt, war in der Literatur höchst umstritten.

---

410 Vgl Art. 1, § 5 I RBerG.

411 Kleine-Cosack, RBerG, Art. 1 § 5, Rn 1.

412 Kleine-Cosack, RBerG, Art. 1 § 5, Rn. 4.

413 BGH NJW 1989, 2125.

414 BGHZ 79, 239 (244).

aa) Literatur

So sieht *Kröninger*[415] Provisionsvereinbarungen, die unter Mitwirkung eines nicht lizenzierten Beraters geschlossen wurden, unter Umständen als nichtig an. Er differenziert zwischen einfacher und komplexer Vertragsgestaltung. Bei einfacher Vertragsgestaltung stehe die Arbeitsvermittlung im Vordergrund und es handle sich daher schon nicht um eine rechtliche Tätigkeit. Nur bei Transfers innerhalb der 1., 2. Bundesliga und der Regionalliga[416] ergebe sich aus der Vielzahl der Nebenabreden eine komplexere Vertragsgestaltung und -verhandlung, die nicht als Nebengeschäft zur Vermittlertätigkeit angesehen werden könne.

Auch *Wertenbruch*[417] sieht in der Tätigkeit des Spielervermittlers eine unzulässige Rechtsberatung, da die Tätigkeit des Spielervermittlers das Führen von Vertragsverhandlungen gerade nicht zwangsläufig mit sich bringe. Weder Beratung noch Vermittlung seien zwingend mit der Vertragsverhandlung oder der Vertragsgestaltung verbunden.[418] Wertenbruch verweist dazu auf die gesetzliche Ausgestaltung der Arbeitsvermittlung in § 13 AFG a.F. Demnach sei diese Arbeitsvermittlung von der Vermittlung im Sinne des § 652 ff. BGB zu unterscheiden. § 13 AFG a.F. schrieb den Umfang der Arbeitsvermittlung vor. Eine Teilnahme an Vertragsverhandlungen war hier gerade nicht erfasst. Damit ist für Wertenbruch das Führen von Vertragsverhandlungen kein notwendiges Nebengeschäft, da die Arbeitsvermittlung dieses Geschäft nicht zwingend mit sich bringe.

Löhr[419] erwidert den Aufsatz Wertenbruchs unmittelbar mit Kritik. So vertritt er die Ansicht, es bestehe für den Vermittler die Notwendigkeit, auch die Vertragsverhandlungen durchzuführen. Oftmals komme ansonsten der Vertragsschluss trotz der Vermittlung nicht zustande, weil eine Einigung über einzelne Vertragspunkte nicht erzielt werde.[420] Vertragsverhandlungen zwischen

---

415 Kröninger, Provisionsansprüche von Spielervermittlern gegenüber Fußballvereinen, SpuRt 2004, S. 233 (234).

416 Heute 3. Bundesliga.

417 Wertenbruch, „Die Vereinbarkeit der Beratungs- und Vermittlungstätigkeit für Berufssportler/Lizenzspieler mit dem Rechtsberatungsgesetz und dem neuen Arbeitsförderungsgesetz, NJW 1995, S. 223.

418 Ebenso: Johnigk, Spielervermittler, Spielerberater und Rechtsberatungsgesetz in: Sportler, Arbeit und Statuten, S. 130 ff; aA Löhr, Mitwirkung der Vermittler von Berufssportlern/Lizenzspielern bei Vertragsverhandlungen, NJW 1995, S. 2148; Nasse, Der Sportler und (s)ein Manager, SpuRt 1996, S. 113.

419 Löhr, Mitwirkung der Vermittler von Berufssportlern/Lizenzspielern bei Vertragsverhandlungen, NJW 1995, S. 2148.

420 Löhr, Mitwirkung der Vermittler von Berufssportlern/Lizenzspielern bei Vertragsverhandlungen, NJW 1995, S. 2148 (2149).

den durch die Vermittlung zusammengeführten Parteien seien damit ein Hilfsgeschäft zur Vermittlungstätigkeit. Wertenbruch hingegen habe in seiner Untersuchung die Rechtsprechung des BSG[421] widersprochen und sei zudem von unzutreffenden Aufgaben des Spielervermittlers ausgegangen. Eine Erbringung von Rechtsdienstleistungen sei somit nach Artikel 1 § 5 RBerG erlaubt.

Auch *Schloßer*[422] kritisiert Wertenbruch und sieht im Führen von Vertragsverhandlungen ein Hilfsgeschäft. Begründet wird dies damit, dass der Spielervermittler Vermittlungsmakler im Sinne der § 652 ff. BGB sei und als solcher zum Führen von Vertragsverhandlungen berechtigt sein müsse, um seinen Provisionsanspruch verdienen zu können.

Johnigk[423] sieht ähnlich wie Wertenbruch eine verbotene Rechtsberatung als gegeben an, wenn der Spielervermittler am Vertragsschluss beteiligt ist. Er zeigt die Parallele zur Arbeitsvermittlung auf und betont, dass auch hier der Arbeitsvermittler nicht am Vertragsschluss mitwirke, sondern nur den Kontakt herstelle. Die Vermittlertätigkeit sei auch ohne Rechtsberatung auszuführen und mache auch ohne die Beteiligung an Vertragsverhandlungen oder dem Vertragsschluss durchaus Sinn. Somit bringe die Tätigkeit des Spielervermittlers den Abschluss des Arbeitsvertrages und das Aushandeln desselben nicht notwendigerweise mit sich.

Konsequenter Weise kommen auch *Chemnitz/Johnigk*[424] in ihrem Kommentar zum Rechtsberatungsgesetz zu der Annahme, der Ausnahmetatbestand des Artikel 1 § 5 RBerG erfasse die Spielervermittlung nicht. Der objektive Zusammenhang zwischen Spielervermittlung und Rechtsbesorgung bestehe nicht. Ein solcher liege nämlich nur dann vor, wenn das Rechtsgeschäft ohne die Rechtsdienstleistung nicht zustande kommen könne.[425] Die Vertragsverhandlung sei jedoch kein notwendiges Hilfsgeschäft zur Spielervermittlung. Da Vermittlungsleistung, also Kontaktherstellung und Vertragsverhandlung, voneinander abgrenzbar seien und die Vermittlungsleistung ohne die Vertragsverhandlung erbringbar sei, falle die Rechtsbesorgung nicht unter den Ausnahmetatbestand des §Artikel 1 § 5 RBerG.[426]

---

421 BSGE 37, 1 (4) zur Künstlervermittlung.

422 Schlosser, Führen Vertragsverhandlungen durch Spielervermittler zur Unwirksamkeit der Vermittlungsverträge, NZA 2001, S. 16 (18).

423 Johnigk, Spielervermittler, Spielerberater und Rechtsberatungsgesetz in Sportler, Arbeit und Statuten, S. 126 (130 ff).

424 Chemnitz/Johnigk, RBerG, Art. 1 § 5, Rn. 606.1.

425 Chemnitz/Johnigk, RBerG, Art. 1 § 5, Rn. 523.

426 Chemnitz/Johnigk, RBerG, Art. 1 § 5, Rn 606.1.

Buchberger[427] sieht eine Teilnahme an Vertragsverhandlungen dann als verboten an, wenn keine Vermittlungsleistung vorangegangen ist. Ist eine Vermittlungsleistung erfolgt, so sei die Tätigkeit erlaubt, wenn Standardverträge (also der Mustervertrag des DFB) verwendet wurden und sich die Verhandlung hauptsächlich auf wirtschaftliche Fragen bezogen hat.

Indem der Spielervermittler sich also wenn überhaupt auf den Ausnahmetatbestand berufen musste, traf ihn in diesem Fall die Beweislast dafür, dass es sich bei der rechtsberatenden Tätigkeit um eine untergeordnete Nebentätigkeit handle. Damit war er stets in der unsicheren Situation, nicht zu wissen, ob seine Tätigkeit und die von ihm ausgehandelten Verträge einer gerichtlichen Überprüfung standhalten.[428]

bb) Rechtsprechung

Auch in der Rechtsprechung stellte sich die Frage, ob der Spielervermittler eine verbotene Rechtsberatung erbringt. So stellte das OLG Dresden mit Urteil vom 18.12.2002[429] -damals noch unter Geltung des RBerG -fest, dass die Spielervermittlertätigkeit dem Grunde nach wirtschaftlich sei. Aufgabe des Spielervermittlers sei es nämlich, ein möglichst hohes Gehalt und Nebenleistungen auszuhandeln. Somit sei die rechtliche Tätigkeit bloße Nebenleistung zur eigentlichen wirtschaftlichen Haupttätigkeit des Spielervermittlers. Weiterhin seien die Verträge juristisch nicht kompliziert und könnten somit auch von Nicht-Anwälten verhandelt werden.

Auch das OLG Frankfurt[430] sieht in der Tätigkeit des Spielervermittlers keine unerlaubte Rechtsberatung. Der Vertrag sei nicht auf eine Rechtsbesorgung gerichtet. Im Rahmen der von der Rechtsprechung des BVerfG und des BGH (s.o.) geforderten Abwägung zwischen den Belangen und den Rechten des Einzelnen, insbesondere der Berufsfreiheit mit dem Schutzzweck des RBerG unter Beachtung der Lebenswirklichkeit,[431] kommt das Gericht ebenfalls zu dem Ergebnis, die Beratung von Profisportlern sei ihrer Zielsetzung nach keine Rechtsbera-

427 Buchberger, Rechtliche Grenzen von Beratertätigkeiten im Sport, AnwBl. 2000, S. 637 (640).

428 Schminke/Helmholz, Der Spielervermittler im Lichte des neuen Rechtsdienstleistungsgesetzes, SpuRt 2008, S. 189 (190); Buchberger, Rechtliche Grenzen von Beratertätigkeiten im Sport, AnwBl. 2000, 637 (639).

429 OLG Dresden SpuRt 2004, 257.

430 OLG Frankfurt SpuRt 2007, 246.

431 BVerfG NJW 1998, 3481; BGH NJW 2003, 3046 (3047); Kleine-Cosack, RBerG, Art. 1 § 1, Rn. 8.

tung. Im Vordergrund stünden wirtschaftliche Aspekte sowie die Betreuung der sportlichen Karriere. Auch gelte es zu bedenken, dass das Berufsbild des Spielervermittlers eine in der Lebenswirklichkeit etablierte Erscheinung sei. Die Existenz des Rechtsanwaltes werde durch das Auftreten des Spielervermittlers nicht gefährdet, da Bedarf für eine solche Dienstleistung bestehe. Der Spielerberater lebe von seinen Kontakten zu Vereinen, Werbepartnern und Sponsoren. Diese Kontakte zu nutzen erfordere keine rechtliche Kenntnis.

Allerdings bestand im vorliegenden Fall die Besonderheit, dass der Vertrag einem Rechtsanwalt zur rechtlichen Prüfung zugeleitet wurde. Wie das Gericht feststellt, sei dadurch im Fall der Schutzzweck des RBerG der qualifizierten Rechtsberatung gewahrt worden. Indem das Gericht seiner Argumentation diesen Schlusssatz hinzufügt, wird deutlich, dass der Schutzzweck des RBerG wohl nicht sicher als gewahrt anzusehen ist, wenn eine rechtliche Prüfung nur durch den Spielervermittler erfolgt und kein Rechtsanwalt hinzugezogen wird.

Somit wird die offene Rechtslage unter der Geltung des Rechtsberatungsgesetzes deutlich, wobei in der Rechtsprechung eine vage Tendenz zu erkennen ist, die Rechtsberatung durch den Spielervermittler zuzulassen, sofern, so zumindest das zweite Urteil, ein Rechtsanwalt in die rechtliche Prüfung einbezogen wird.

Die Literatur sprach sich überwiegend gegen eine Zulässigkeit der Spielervermittlertätigkeit durch den lizenzierten Vermittler aus.

Mit der Novellierung des Rechtsberatungsgesetzes und seiner Umbenennung in Rechtsdienstleistungsgesetz blieb die erhoffte Klärung der Frage und die wenig greifbare Abgrenzung der Haupt- und Nebenleistung leider weiter offen. Die bereits zu Zeiten des Rechtsberatungsgesetzes stark umstrittene Frage, ob der Spielervermittler Rechtsbesorgungen erbringt und ob er sich dabei auf den Ausnahmetatbestand des Artikel 1 § 5 RBerG berufen konnte, muss somit auch unter der Geltung des neuen Rechtsdienstleistungsgesetzes beantwortet werden.

3. *Lage nach der Einführung des Rechtsdienstleistungsgesetzes*

Seit 1.7.2008 gilt nun das Rechtsdienstleistungsgesetz. Mit der Novellierung sollte der bereits dargestellten Entwicklung neuer Berufe Rechnung getragen werden,[432] da die rechtliche Durchdringung nahezu aller Bereiche nicht den Stillstand in der Entwicklung neuer Berufsbilder führen dürfe. Obgleich das Problem der Abgrenzung unter dem alten Rechtsberatungsgesetz offenkundig war, wurde es verpasst, die Frage im Zuge der Novellierung zu klären. Daher

432 So Kleine-Cosack, RBerG, Art. 1 § 1, Rn. 36 unter Bezugnahme auf den Regierungsentwurf BT-Drucks. 16/3655.

gilt es zu untersuchen, ob der Spielervermittler nach heutiger Gesetzeslage eine Rechtsdienstleistung erbringt und dies nach dem RDG auch darf.

Statt von Rechtsberatung spricht das Rechtsdienstleistungsgesetz im Grundtatbestand des § 1 RDG von Rechtsdienstleistungen.

Rechtsdienstleistung ist nach der Legaldefinition des § 2 I RDG jede Tätigkeit in konkreten fremden Angelegenheiten, sobald sie eine rechtliche Prüfung des Einzelfalls erfordert.

Auch der Schutzzweck des RDG wird in § 1 I RDG festgelegt. Somit soll das Gesetz die Rechtssuchenden, den Rechtsverkehr und die Rechtsordnung vor unqualifizierter Rechtsberatung schützen. Auffällig ist hier, dass vom Schutz des Rechtsanwalts und des Berufsstandes weder in wirtschaftlicher noch in ideeller Hinsicht die Rede ist.

Zu untersuchen ist daher, ob das RDG auf den Spielervermittler anwendbar ist und ob der Spielervermittler eine Rechtsdienstleistung erbringt und dies gegebenenfalls ausnahmsweise darf.

a) Begriff der Rechtsdienstleistungen und Grundtatbestand

Das Rechtsdienstleistungsgesetz ist vorliegend anwendbar.

Die Spielervermittlung ist eine außergerichtliche Maßnahme, da Adressat der Handlung kein Gericht ist. Speziellere Regelungen, die die Spielervermittlung im Sinne des § 1 II RDG qualifizieren, existieren nicht.

Der Spielervermittler könnte eine Rechtsdienstleistung erbringen, wenn er für den Spieler Verträge aushandelt und gestaltet.

Rechtsdienstleistung ist jede Tätigkeit in konkreten fremden Angelegenheiten, sobald sie eine rechtliche Prüfung des Einzelfalls erfordert, § 2 I RDG.

Konkret ist eine Angelegenheit, wenn es nicht bloß um abstrakte Rechtsfragen geht,[433] sondern die Klärung auf eine wirkliche und sachverhaltsbezogene, nicht lediglich fingierte Rechtssache einer bestimmten anderen Person gerichtet ist.[434]

Der Spielervermittler klärt keine abstrakten Rechtsfragen, sondern die konkreten den Spieler und den Arbeitgeber betreffenden Belange. Diese sind nicht abstrakt, sondern auf den Einzelfall bezogen.

Fremd ist jede Rechtsposition, die nicht die eigene ist.[435] Vorliegend bemüht sich der Spielervermittler darum, dem Spieler einen Arbeitsvertrag bei einem Verein zu verschaffen. Dies ist zweifelsfrei ein fremdes Rechtsverhältnis, da

433 Kleine-Cosack, RDG, Allgemeiner Teil, Rn. 172.

434 BGH NJW 1956, 591 (592).

435 Grunewald/Römermann-Römermann, RDG, § 2 Rn. 12.

Rechte und Pflichten zwischen unbeteiligten Dritten geschaffen werden. Dass der Spielervermittler am Vertragsschluss partizipiert, indem er eine Provision für einen solchen Abschluss erhält, und somit ein mittelbares Eigeninteresse hat, qualifiziert die Rechtsposition nicht als eigene.[436]

Das Merkmal „sobald" erfährt in der Entwurfsbegründung keine Erörterung,[437] was darauf hindeutet, dass es nur verdeutlicht, dass die ganze Dienstleistung als Rechtsdienstleistung einzuordnen ist, sobald für einen Teil eine rechtliche Prüfung erforderlich wird.[438]

Rechtliche Prüfung im Einzelfall bedeutet, dass der oben festgestellte konkrete Sachverhalt geprüft und nicht lediglich festgestellt werden muss.[439] Es ist also eine rechtliche Prüfung in Abgrenzung zu einer Rechtsanwendung gefordert.

Ursprünglich sah die Entwurfsbegründung zum RDG vor, dass Rechtsdienstleistungen nicht nur eine rechtliche, sondern eine „besondere rechtliche Prüfung" erfordere.[440] Indem der Gesetzgeber auf das Merkmal der besonderen Prüfung verzichtete und die einfache rechtliche Prüfung genügen ließ, fallen nun weit mehr Tätigkeiten unter den Begriff der Rechtsdienstleistung. Die Beschlussempfehlung des Rechtsausschusses spricht von „bloßer Rechtsanwendung" in Abgrenzung zu „juristischer Rechtsprüfung".[441] Die Klassifizierung richte sich danach, ob ein juristischer Subsumtionsvorgang erforderlich sei.[442]

Römermann[443] kritisiert die Regelung, da sie zahlreiche offene Rechtsbegriffe enthalte. Außerdem sei der Subsumtionsvorgang als Abgrenzungskriterium zwischen rechtlicher Prüfung und Rechtsanwendung ungeeignet. Die Rechtsanwendung sei ebenfalls von einer Subsumtion gekennzeichnet. Der tatsächliche Sachverhalt müsse dabei unter eine Rechtsvorschrift subsumiert werden, um zu einer Anwendung des Rechts zu gelangen. Eine Rechtsanwendung setze daher ebenfalls Rechtskenntnisse voraus.[444] Was der Gesetzgeber mit der Abgrenzung

436 BGH NJW 1967, 1562 (1563).

437 Grunewald/Römermann-Römermann, RDG, § 2, Rn. 28.

438 Grunewald/Römermann-Römermann, RDG, § 2, Rn. 28.

439 Grunewald/Römermann-Römermann, RDG, § 2, Rn. 31.

440 Grunewald/Römermann-Römermann, RDG, § 2 Rn. 29; Römermann, Rechtsdienstleistungsgesetz-Die (un)heimliche Revolution in der Rechtsberatungsbranche, NJW 2006, S. 3025 (3026).

441 Grunewald, Römermann, RDG, § 2 Rn. 31; Beschlussempfehlung, BT-Drucks. 16/6634, S. 62.

442 Begründung zum RegE, BT Drucks. 16/3655, S. 94.

443 Grunewald/Römermann-Römermann, RDG, § 2, Rn. 32.

444 Grunewald/Römermann-Römermann, RDG, § 2, Rn. 32.

zwischen einfacher Rechtsanwendung und rechtlicher Prüfung erreichen wollte war, dass ganz einfache Rechtsfragen aus dem Bereich der Rechtsdienstleistungen ausgenommen werden.[445] Was rechtlich „einfach" oder „schwer" ist, bereitet jedoch erneut erhebliche Abgrenzungsschwierigkeiten.

Allgemeine Informationen über die Rechtslage sollen beispielsweise nicht Rechtsdienstleistung sein,[446] was jedoch schon daraus erkennbar ist, dass es sich dann nicht um die Prüfung eines konkreten Einzelfalles handelt.

Weiteres Kriterium für die Frage, ob eine Rechtsdienstleistung im Einzelfall erforderlich ist, ist dabei die Verkehrsanschauung und die Erwartungshaltung des Einzelnen.[447] Werden bei der Beratung rechtliche Aspekte komplett unbeachtet gelassen, handelt es sich um eine nicht erlaubnispflichtige wirtschaftliche Tätigkeit.[448] Zwar kann der Wille des Auftraggebers den Dienstleister nicht von der Erlaubnispflicht befreien, er kann jedoch in der Auslegung ergänzend herangezogen werden.[449]

Im Wesentlichen ist damit zu klären, ob es sich um eine rechtliche oder um eine wirtschaftliche Tätigkeit handelt, also ob eine Beratung über rechtliche Fragen erfolgt. Weiterhin ist fraglich, ob die Tätigkeit derart einfach ist, dass sie von jedermann erbracht werden kann.

aa) Rechtliche Prüfung

Das bloße Kontaktherstellen zwischen Spieler und Verein ist sicher keine Rechtsdienstleistung, da hier rechtliche Aspekte in der Regel nicht relevant sind.

Anders verhält es sich mit dem Verhandeln und Gestalten eines Vertrages. Im Rahmen dieser Tätigkeit berät der Spielervermittler seinen Auftraggeber über einzelne Klauseln, den Abschluss des Vertrages generell oder Alternativen zur Ausgestaltung. Hierbei übernimmt er für den Spieler die Prüfung rechtlicher Fragen.

Gegen die rechtliche Natur dieser Tätigkeit könnte angeführt werden, dass der Spielervermittler insbesondere bei der Gehaltsverhandlung sowie bei der Gestaltung von Ablöse- und Optionsvereinbarungen mitwirkt. Diese Punkte werden eher von wirtschaftlichen als von rechtlichen Überlegungen beherrscht. Auch werde der Spielervermittler nicht in erster Linie als Arbeitsrechtler engagiert, sondern lebe von seinen Kontakten zu Vereinen und seinem Verhandlungsgeschick.

---

445 Grunewald/Römermann-Römermann, RDG, § 2, Rn. 32.

446 BT-Drucks. 16/6634, S. 62.

447 Grunewald/Römermann-Römermann, RDG, § 2, Rn 40.

448 Grunewald/Römermann-Römermann, RDG, § 2, Rn. 41, 42.

449 Grunewald/Römermann-Römermann, RDG, § 2, Rn. 43.

Handelt es sich um eine bloße wirtschaftliche Beratung des Auftraggebers, so ist dies keine rechtliche Prüfung, sondern eine wirtschaftliche Prüfung erforderlich. Eine Rechtsdienstleistung liegt dann nicht vor.

So vertritt beispielsweise *Nasse* die Ansicht, dass Verhandlungen im Rahmen eines Arbeitsplatzwechsels von Sportlern stets wirtschaftlicher Natur seien.[450] Rechtliche Fragen seien lediglich untergeordneter Art und lassen die Einordnung der Tätigkeit als rechtlich nicht zu.

Die Frage des Gehalts ist wirtschaftlich. Allerdings kann diese Vereinbarung nicht losgelöst vom restlichen Vertrag betrachtet werden, da Klauseln auch erst in ihrer Gesamtheit beispielsweise zu einer unangemessenen Benachteiligung führen können und auch hier eine rechtliche Prüfung erfolgen muss, damit die Klauseln nachher wirksam bleiben. Hier erfolgt immer eine juristische Prüfung.

Indem der Spielervermittler Verträge verhandelt und erörtert, nimmt er die klassische Rechtsdienstleistung vor. Dies ist die ursprünglichste Tätigkeit des Rechtsanwaltes.[451] Nach der Verkehrsanschauung würde das Verhandeln und Entwerfen von Verträgen ebenfalls immer dem Rechtsanwalt zugeordnet werden.

Als Kriterium zur Abgrenzung zwischen wirtschaftlicher und rechtlicher Beratung kann auch der Auftragsinhalt herangezogen werden. Damit ist zu klären, ob der Spieler auch eine rechtliche Beratung wünscht. In der Regel wird der Spieler zumindest auch eine rechtliche Beratung erwarten. Selbst der Spieler, der von sich behauptet, eine rechtliche Beratung nicht zu fordern, da es ihm letztendlich nur um das höchstmögliche Gehalt gehe, wird eine Rechtsdienstleistung erhalten. Indem der Spieler deutlich macht, dass er das maximale Gehalt beziehen möchte, wird klar, dass er letztendlich einen wirksamen Arbeitsvertrag unterzeichnen will, um auch tatsächlich einen Anspruch auf das Gehalt zu haben. Einen solchen kann er nur bei sachgerechter und richtiger Prüfung der Rechtslage erhalten.

Insbesondere im Rahmen von Optionsvereinbarungen kann sich eine unwirksame Klausel nicht nur sportlich, sondern auch finanziell belastend für den Spieler darstellen. Der Spieler will daher in letzter Konsequenz gerade nicht vollständig auf eine rechtliche Beratung verzichten.

Weiterhin erfolgt eine rechtliche Beratung automatisch als Vorfrage, wenn es darum geht, ob der Spieler noch einen Arbeitsvertrag hat, ob er aus diesem aussteigen oder ihn vorzeitig verlängern kann. Bevor diese Fragen nicht geklärt sind,

---

450 Nasse, der Sportler und (s)ein Manager, Spurt 1996, S. 113.

451 Kleine-Cosack, RBerG, Artikel 1 § 1 Rn. 17.

kann eine Spielervermittlung nicht stattfinden. Diese Fragen können rechtlich kompliziert sein und sogar die Klärung internationaler rechtlicher Probleme verlangen, wenn der Spieler an einem Auslandstransfer interessiert ist.

Die überwiegende Ansicht sieht das Führen von Vertragsverhandlungen daher zu Recht als rechtlich an,[452] da eine Loslösung der wirtschaftlichen Aspekte von rechtlichen Fragen nicht möglich sei.[453]

bb) Ausnahme aufgrund der Einfachheit der Tätigkeit

Das Mitwirken am Vertragsschluss kann hier auch nicht als derart einfach angesehen werden, dass er von jedermann erbracht werden kann. Der Vertrag stellt sich nicht als alltäglicher und allseits bekannter Vertrag dar. Vielmehr erfordert die Beratung Spezialwissen. Die Vereinbarung von Laufzeiten und einseitigen Optionen sowie Ausstiegsklauseln ist derart kompliziert, dass eine Prüfung im Einzelfall erforderlich ist.[454]

Das subjektive Empfinden der Spielervermittler, es handele sich hierbei um einfache Fragen, kann nicht darüber hinwegtäuschen, dass eine juristische Prüfung erfolgen muss.

Letztendlich ist das Verhandeln eines Vertrages daher eine Rechtsdienstleistung und unterfällt somit dem Anwendungsbereich des RDG.[455] Es handelt sich nicht um eine bloße wirtschaftliche Beratung. Damit ist das Vermitteln von Sportlern dem lizenzierten Spielervermittler auf Grund der Vorschrift des § 1 RDG grundsätzlich nicht gestattet.

b) Ausnahmetatbestand des Rechtsdienstleistungsgesetzes

Wie das alte Rechtsberatungsgesetz enthält jedoch auch das neue Rechtsdienstleistungsgesetz einen Ausnahmetatbestand. § 5 RDG ist vergleichbar zu Artikel

---

452 Wertenbruch, Die Vereinbarkeit der Beratungs- und Vermittlungstätigkeit für Berufssportler/Lizenzspieler mit dem Rechtsberatungsgesetz und dem neuen Arbeitsförderungsgesetz, NJW 1995, S. 223; Johnigk, Spielervermittler, Spielerberater und Rechtsberatungsgesetz in: Sportler, Arbeit und Statuten, S. 121 (129).

453 Wertenbruch, Die Vereinbarkeit der Beratungs- und Vermittlungstätigkeit für Berufssportler/Lizenzspieler mit dem Rechtsberatungsgesetz und dem neuen Arbeitsförderungsgesetz, NJW 1995, S. 223, (225).

454 So auch Schminke/Helmholz, Der Spielervermittler im Lichte des neuen Rechtsdienstleistungsgesetzes, Spurt 2008, S. 189 (190).

455 So auch Schminke/Helmholz, Der Spielervermittler im Lichte des neuen Rechtsdienstleistungsgesetzes, Spurt 2008, S. 189 (190); Grunewald/Römermann-Römermann, RDG, § 2, Rn. 76; Wertenbruch, Die FIFA-Spielervermittlerlizenz im Fadenkreuz zwischen RDG, EG-Kartellrecht und Art. 12 GG, Spurt 2009, S. 183 (184).

1 § 5 RBerG ausgestaltet und soll wie bereits im Rahmen von Artikel 1 § 5 RBerG die rechtlichen Tätigkeiten legalisieren, die eine Haupttätigkeit mit sich bringt. Wie auch Artikel 1 § 5 RBerG soll § 5 RDG dem Umstand Rechnung tragen, dass sich neue Berufe etabliert haben, die aufgrund „der rechtlichen Durchdringung nahezu aller Lebensbereiche"[456] auch rechtliche Fragen mit sich bringen. Die Regelung befindet sich damit im Spannungsfeld zwischen der Ermöglichung dieser neuen Spezialberufe einerseits und dem Schutzzweck des RDG andererseits.

Erlaubnisfrei sind nach § 5 I RDG die Rechtsdienstleistungen, die im Zusammenhang mit einer andern Tätigkeit stehen, wenn sie als Nebenleistung zum Berufs-oder Tätigkeitsbild gehört. Ob eine solche Nebenleistung vorliegt ist dabei nach ihrem Inhalt, Umfang und sachlichem Zusammenhang mit der Haupttätigkeit unter Berücksichtigung der Rechtskenntnisse zu beurteilen, die für die Haupttätigkeit erforderlich sind, § 1 I S. 1 RDG.

Der Anwendungsbereich des Artikel 1 § 5 RBerG wurde durch die verfassungskonforme Auslegung eingeschränkt, da eine umfassende Abwägung der Interessen des Einzelnen mit dem Schutzzweck des RBerG schon im Rahmen des Artikel 1 § 1 RBerG stattfand und somit kaum noch Bedarf für eine Erlaubnisfreiheit im Sinne des Artikel 1 § 5 RBerG bestand. Nunmehr sollen Tätigkeiten zunächst großzügig als Rechtsdienstleistungen unter den § 1 RDG subsumiert werden, dafür aber durch den § 5 RDG ein umfassender Erlaubnistatbestand geschaffen werden. Innerhalb dieses Erlaubnistatbestandes soll der Schutzzweck des RDG beachten und danach entschieden werden, ob eine Tätigkeit als Nebenleistung erlaubt sei.[457]

aa) Voraussetzungen

Erlaubt sind Rechtsdienstleistungen im Zusammenhang mit einer anderen Tätigkeit, wenn sie als Nebenleistung zum Berufs-oder Tätigkeitsbild gehören. Ob eine solche Nebentätigkeit vorliegt, ist nach ihrem Inhalt, Umfang und sachlichen Zusammenhang mit der Haupttätigkeit unter Berücksichtigung der Rechtskenntnisse zu beurteilen, die für die Haupttätigkeit erforderlich sind.

Nebenleistungen sind danach nicht prägende Tätigkeiten, die zum Gesamtangebot des Unternehmers dazugehören. Dies setzt zunächst voraus, dass es eine Rechtsdienstleistung gibt, die sich gegenüber der nicht rechtlichen Haupttätigkeit als Nebenleistung darstellt. Dass es sich beim Führen der Vertragsverhandlungen und der Vertragsgestaltung um eine Rechtsdienstleistung handelt, wurde

456 BGH NJW 2005, 2458 (2459).
457 ABG I BT-Drucks. 16/3655.

bereits erörtert. Damit ist fraglich, ob diese Vertragsverhandlung und –gestaltung eine Nebenleistung ist, die zum Berufs-oder Tätigkeitsbild des Spielervermittlers dazugehört.

Ob die Tätigkeit nach Inhalt und Umfang eine Nebenleistung ist, bestimmt sich zunächst nah dem Schwerpunkt des Hauptgeschäfts.[458] Hierfür kommt es darauf an, dass der Schwerpunkt der Tätigkeit auf wirtschaftlichem, nicht auf rechtlichem Gebiet liegt.[459] Dies beurteilt sich danach, ob die Rechtsdienstleistung innerhalb der Tätigkeit ein derartiges Gewicht hat, dass sie nicht mehr als Nebenleistung gesehen werden kann,[460] was sich wiederum nach der Verkehrsanschauung bestimmt.[461] Es muss also eine andere Haupttätigkeit geben, die das Berufsbild prägt.[462] Hierbei kann insbesondere die Schwierigkeit und Komplexität[463] der Rechtsdienstleistung beachtet werden. Auch kann es darauf ankommen, ob eine besondere Vertraulichkeit und Verschwiegenheit des Rechtsdienstleisters gefordert werden muss.[464] Diese Eigenschaften weist der Rechtsanwalt auf Grund zahlreicher berufs- und strafrechtlicher Vorschriften auf. Weiterhin ist der Umfang der Rechtsdienstleistung innerhalb der Gesamttätigkeit zu beachten.[465] Umfang meint hierbei nicht nur den zeitlichen Umfang, sondern auch ein qualitatives Kriterium.[466] Letztendlich ist zu beachten, welche Bedeutung der Rechtssuchende der Rechtsdienstleistung beimisst.[467]

Ein sachlicher Zusammenhang soll vorliegen, wenn eine innere, inhaltliche Verbindung zwischen Rechtsdienstleistung und Haupttätigkeit bestehet.[468] Dieser Zusammenhang ist also weiter gefasst, als der von Artikel 1 § 5 I geforderte unmittelbare, unlösbare Zusammenhang.[469] Es kommt nicht darauf an, ob die Leistung ohne Rechtsdienstleistung noch sinnvoll erbracht werden kann.[470] Es

---

458 Kleine-Cosack, RDG, § 5, Rn. 35.

459 BT-Drucks. 16/3655, S. 51; Kleine-Cosack, RDG, § 5, Rn. 35.

460 Kleine-Cosack, RDG, § 5, Rn. 35.

461 Dreyer/Lamm/Müller-Dreyer/Müller, RDG, § 5, Rn. 17.

462 Dreyer/Lamm/Müller-Dreyer/Müller, RDG, § 5, Rn. 16.

463 Dreyer/Lamm/Müller-Dreyer/Müller, RDG, § 5, Rn. 25; Grunewald/Römermann-Hirtz, RDG, § 5, Rn. 39.

464 BT-Drucks. 16/3655, S. 54, Grunewald/Römermann-Hirtz, RDG, § 5, Rn. 39.

465 Grunewald/Römermann-Hirtz, RDG, § 5, Rn. 40.

466 Grunewald/Römermann-Hirtz, RDG, § 5, Rn. 40.

467 Dreyer/Lamm/Müller-Dreyer/Müller, RDG, § 5, Rn. 26; BT-Drucks. 16/3655, S. 54.

468 Kleine-Cosack, RDG, § 5, Rn. 46.

469 Dreyer/Lamm/Müller-Dreyer/Müller, RDG, § 5, Rn. 13; Kleine-Cosack, RDG, § 5, Rn. 46.

470 Dreyer/Lamm/Müller-Dreyer/Müller, RDG, § 5, Rn. 17.

reicht vielmehr, dass die Leistung zum Berufsbild dazugehört.[471] Dies ist der Fall, wenn sie zur Abwicklung der Haupttätigkeit beiträgt und sich in die eigentliche Tätigkeit einpasst.[472] Ob ein Berufsbild vorliegt und wie dieses ausgestaltet ist, bestimmt sich nicht subjektiv, sondern nach der Verkehrsanschauung.[473]

Letztendlich sind die Rechtskenntnisse des Dienstleisters zu beachten, über die er auf Grund der Ausübung des Hauptberufs verfügt.[474] Dies soll einen Mindestqualitätsstandard der rechtlichen Beratung gewährleisten.[475]

bb) Literatur

Indem nun zur Begründung des Ausnahmetatbestandes der sachliche Zusammenhang nicht mehr voraussetzt, dass die Leistung ohne die Rechtsberatung nicht mehr zu erbringen ist, hat sich der Streit um die Nebentätigkeit des Spielervermittlers unter Geltung des RBerG weitgehend erledigt. Bedeutung erlangt er nur insoweit, als dass eine Leistung, die unter dem alten RBerG als Annextätigkeit erlaubt war, auch unter dem neuen, weiter gefassten RDG erlaubt sein muss. Die neueren Stimmen der Literatur sprechen sich jedoch gegen eine erlaubte Nebentätigkeit des Spielervermittlers aus.

Weth[476] geht von einer Nebenleistung im Sinne des § 5 RDG aus, sofern es sich um eine nicht prägende Tätigkeit, also insgesamt um eine nicht-rechtliche, handelt. Eine solche Nebenleistung liege dann nicht mehr vor, wenn innerhalb der Gesamttätigkeit der Rechtsdienstleistung ein derart hohes Gewicht zukomme, dass nicht mehr von einer Nebenleistung zu sprechen sei. Während er zu dem Ergebnis kommt, dass die Rechtsdienstleistung dem Spielervermittler unter dem alten RBerG verboten war, da sie nicht notwendige Hilfstätigkeit war,[477] kommt er nun zu einem abwägenden Ergebnis. So sei im Einzelfall festzustellen, ob sich die Vertragsverhandlung innerhalb des Pflichtenprogrammes zwischen Spieler und Berater als Kern der Tätigkeit oder als Nebenleistung darstellt.[478]

---

471 Kleine-Cosack, RDG, § 5, Rn. 52.
472 Dreyer/Lamm/Müller-Dreyer/Müller, RDG, § 5, Rn. 14.
473 Dreyer/Lamm/Müller-Dreyer/Müller, RDG, § 5, Rn. 13.
474 Grunewald/Römermann-Hirtz, RDG, § 5 Rn. 43 ff.
475 Grunewald/Römermann-Hirtz, RDG, § 5, Rn. 51.
476 Henssler/Prütting-Weth, BRAO, § 5 RDG, Rn. 4.
477 Henssler/Prütting-Weth, BRAO, § 5 RDG, Rn. 29.
478 Henssler/Prütting-Weth, BRAO, § 5 RDG, Rn. 29.

Schminke/Helmholz[479] kommen nach einer Aufzählung der gesetzlichen Voraussetzungen zu dem Ergebnis, dass es für den Spielervermittler völlig offen sei, wann er im Einzelfall die Schwelle zur verbotenen Rechtsdienstleistung überschreite.

Stopper/Holzhäuser[480] kommen ebenfalls zu dem Ergebnis, dass dem Spielervermittler das Führen von Vertragsverhandlungen auch nach dem Ausnahmetatbestand des § 5 RDG nicht erlaubt sei. Die Vermittlungsleistung diene dem Vermittler in der Praxis nur als Einstieg in die Vertragsverhandlung. Dort erfolge eine umfassende rechtliche Prüfung, oftmals sogar auf dem Bereich des internationalen Privatrechts, sobald ein internationaler Wechsel zwischen zwei Vereinen zur Diskussion stehe. Vermittlung und Rechtsberatung sei hier nur schwer zu trennen. Daher sei die rechtliche Prüfung durch den Spielervermittler nicht zu erbringen, zumal sie einen Großteil seiner Aufgabe darstelle.

Hirtz[481] zweifelt zunächst an, ob es sich bei dem Spielerberater um ein Berufsbild handelt, da lediglich ein selbst definierter Aufgabenbereich gegeben sei. Allerdings kommt er zu dem Ergebnis, dass sich ein veraltetes Verständnis von einem Berufsbild nicht mehr begründen lasse und der Spielervermittler unter Beachtung der neuen Entwicklungen am Dienstleistungsmarkt auch als Beruf anzusehen sei.

Das Führen von Vertragsverhandlungen sei jedoch innerhalb dieses Berufsbildes keine Nebenleistung, da es den Parteien gerade auf ebendiesen Vertragsschluss ankomme und dessen Herbeiführung somit Hauptpflicht sei. Damit sei dem Spielervermittler das Führen von Vertragsverhandlungen verboten.

Wertenbruch[482] geht ebenfalls davon aus, dass es sich beim Führen von Vertragsverhandlungen durch den Spielervermittler um eine Rechtsdienstleistung handele. Die wirtschaftlichen Fragen seien hier nicht isoliert von rechtlichen Aspekten zu klären, somit liege insgesamt eine Rechtsdienstleistung vor. Da es Hauptziel des Spielervermittlers sei, dem Spieler ein möglichst hohes Gehalt auszuhandeln, und diese Vertragsverhandlung Rechtsdienstleistung ist, sei die Rechtsdienstleistung insgesamt Hauptpflicht und nicht Nebenleistung.

---

479 Schminke/Helmholz, Der Spielervermittler im Lichte des neuen Rechtsdienstleistungsgesetzes Spurt 2008, S. 189 (190).

480 Stopper/Holzhäuser, Juristische Fallstricke im Recht der Spielervermittler, Spurt 2011, S. 13 (S. 14).

481 Grunewald/Römermann-Hirtz, RDG, § 5 Rn. 158 f.

482 Wertenbruch, Die FIFA Spielervermittlerlizenz im Fadenkreuz zwischen RDG, EG-Kartellrecht und Art. 12 GG, SpuRt 2009, S. 183 (184).

cc) Stellungnahme

Der Spielervermittler erbringt eine Rechtsdienstleistung, indem er Vertragsverhandlungen führt und auf die Vertragsgestaltung Einfluss nimmt. Er nimmt hierbei eine rechtliche Einzelfallprüfung für den Spieler vor. Diese gestaltet sich nicht als einfache Rechtsanwendung.

Eine solche ist ihm auch nach dem Ausnahmetatbestand des § 5 RDG nicht erlaubt. Die Voraussetzungen der Norm liegen nicht vor.

Beim Führen von Vertragsverhandlungen und der Gestaltung des Vertrages handelt es sich nicht um eine Nebentätigkeit.

Der sachliche Zusammenhang zwischen der Rechtsdienstleistung und der Spielervermittlung liegt vor. Dieses Kriterium ist anders als das Erfordernis des Zusammenhangs unter Geltung des RBerG nur noch dazu da, nicht jede rechtliche Dienstleistung zuzulassen. Vielmehr soll die Verbindung mit der Hauptleistung dafür sorgen, dass der Dienstleister nicht völlig losgelöst von seinem Beruf Rechtsdienstleistung erbringt.

Da Vermittlung und Vertragsverhandlung auf das gleiche Ziel gerichtet sind, nämlich den Abschluss des Arbeitsvertrages, und insoweit auch Parteiidentität besteht, ist ein sachlicher Zusammenhang anzunehmen. Die Vertragsverhandlung gehört nach der Verkehrsanschauung wohl zum Tätigkeitsbild und fördert die Abwicklung des bezweckten Hauptgeschäftes, also des Vertragsschlusses.

Die Rechtsdienstleistung kann allerdings nicht als Nebentätigkeit gesehen werden. Nebentätigkeit ist sie nur, wenn sie nach Inhalt und Umfang eine Nebenleistung ist, also der Schwerpunkt der Tätigkeit auf wirtschaftlichem Gebiet liegt.[483]

Schaut man sich nun die Tätigkeit des Spielervermittlers genauer an, so wird man feststellen, dass sämtliche Anstrengungen darauf gerichtet sind, den Arbeitsvertrag abzuschließen. Die Beobachtung von Spielern und Vereinen dient dem Auffinden von Vertragspartnern. Alle Vermittlungstätigkeit dient ebenfalls dem Abschluss des Vertrages. Auch die Verhandlungen und die Gestaltungstätigkeit fördert diesen Vertragsschluss. Die Verhandlung und Gestaltung selbst ist rechtlich, die bloße Vermittlung nicht. Von einer Schwerpunkt der Vermittlungsleistung ist hier nicht auszugehen. Zwar kann man davon ausgehen, dass die Bemühungen aller Beteiligten von wirtschaftlichen Interessen beeinflusst werden, allerdings kann nicht davon gesprochen werden, dass die Rechtsdienstleistung innerhalb der Tätigkeit ein derart geringes Gewicht hat, dass sie die Tätigkeit insgesamt nicht prägt.

483 Kleine-Cosack, RDG, § 5, Rn. 35; BT-Drucks. 16/3655, S. 51; Kleine-Cosack, RDG, § 5, Rn. 35.

Dies ergibt sich zunächst daraus, dass es Hauptaufgabe des Spielervermittlers ist, den Arbeitsvertrag zu schließen. Vor diesem Hintergrund von einer Nebentätigkeit zu sprechen fällt bereits schwer.

Wird das Kriterium der Schwierigkeit und Komplexität der Rechtsdienstleistung herangezogen, so stellt sich diese nicht als Nebentätigkeit dar. Die Vertragsgestaltung kann sich aus äußerst komplizierten rechtlichen Fragen zusammensetzen. Das freie Gestalten eines Vertrages setzt neben rechtlichem Wissen auch immer eine umfassende Prüfung der Alternativen voraus. Zudem muss der Vertragsgestalter hier kreativ tätig werden und selbstständig Eventualitäten bedenken. Die Vertragsgestaltung ist daher komplexer, als die bloße Prüfung einer Rechtsfrage.

Auch der Umfang der Rechtsdienstleistung lässt diese nicht als bloße Nebenleistung erscheinen. Zunächst ist die Tätigkeit finanziell von erheblicher Bedeutung für alle Beteiligten, weiterhin ist die Verhandlung und Gestaltung wohl auch der zeitintensivste Teil der Spielervermittlung, zumal alle Bemühungen im Vorfeld gerade auf die Erbringung der Rechtsdienstleistung gerichtet sind.

Weiterhin hat die Rechtsdienstleistung für den Rechtssuchenden erhebliches Gewicht, da sie nicht nur finanzielle Auswirkungen, sondern auch sportliche haben kann, wenn man sich die Folgen einer unwirksamen Ausstiegsklausel oder Optionsvereinbarung vor Augen führt.

Dieser Ansicht ist auch Wertenbruch, der das Aushandeln des Vertrages somit zu Recht als Hauptpflicht des Spielervermittlers bezeichnet. Zum selben Ergebnis kommt Hirtz, der den Vertragsschluss ebenfalls als Ziel aller Beteiligten und damit als Hauptpflicht klassifiziert. Auch Stopper/Holzhäuser gehen zutreffend davon aus, dass die Vermittlungstätigkeit nur den Einstieg in die Vertragsverhandlung biete und eine solche Rechtsdienstleistung nicht Nebenpflicht sei, da sie einen wesentlichen Teil der Spielervermittlertätigkeit darstelle.

Widersprüche zu diesem Ergebnis gibt es in der Literatur seit Einführung des RDG soweit ersichtlich nicht.

Auch die Rechtsprechung, damals noch unter Geltung des RBerG, kann zu keinem gegenteiligen Ergebnis führen.

Zu Recht kritisiert *Wertenbruch*[484] diese Rechtsprechung des OLG Dresden[485] als wenig überzeugend, da das Gericht zunächst hervorhebt, Hauptaufgabe des Spielervermittlers sei es vor allem, dem Spieler ein möglichst hohes Gehalt und

---

484 Wertenbruch, Die FIFA Spielervermittlerlizenz im Fadenkreuz zwischen RDG, EG-Kartellrecht und Art. 12 GG, SpuRt 2009, S. 183 (184).

485 OLG Dresden SpuRt 2004, 257 ff.

attraktive Nebenleistungen zu verschaffen. Im Folgenden aber geht das Gericht davon aus, die dahingehende Vertragsverhandlung und Gestaltung sei bloße untergeordnete Nebenpflicht des Spielervermittlers. Gehaltsverhandlungen können aber nicht gleichzeitig Hauptpflicht und untergeordnete Nebenleistung sein.[486] Indem das Gericht die Ausgestaltung des Gehaltes als wesentliche Aufgabe des Spielervermittlers sieht, bestätigt es, dass es sich dabei um die Hauptleistung des Vermittlers handelt.

Nichts anderes gilt unter Heranziehung des Urteils des OLG Frankfurt[487]. Der Schutzzweck des RDG war in diesem Fall zumindest auch durch die Hinzuziehung eines Rechtsanwalts gewahrt worden.

c) Ergebnis zu §§ 1, 5 RDG

Somit ist das Führen von Vertragsverhandlungen und die Gestaltung des Arbeitsvertrages durch den lizenzierten Spielervermittler als eine Rechtsdienstleistung im Sinne des § 2 RDG ein Verstoß gegen § 1 RDG. Eine Erlaubnisfreiheit nach § 5 I RDG kann nicht angenommen werden, da die Rechtsdienstleistung hier gerade Hauptpflicht und somit keine Nebenleistung ist. Damit ist dem Spielervermittler die Tätigkeit auch nicht im Rahmen des Ausnahmetatbestandes erlaubt.

4. Möglichkeiten des rechtstreuen Verhaltens

Möglicherweise gibt es für den Spielervermittler, dem das Führen von Vertragsverhandlungen auf Grund eines Verstoßes gegen § 1 RDG untersagt ist, jedoch die Möglichkeit, seine Tätigkeit auszuüben, ohne dabei gegen deutsches Recht zu Verstoßen.

a) Verwendung des Mustervertrages

In der Praxis wird für nahezu jeden Arbeitsvertrag zwischen Spieler und Verein der Mustervertrag des DFB für Lizenzspieler verwendet. Dieser enthält alle wesentlichen Bestimmungen. Lediglich das Gehalt und die Laufzeit sind einzusetzen. Darüber hinaus gibt es die Möglichkeit, Zusatzvereinbarungen zu treffen. Fraglich ist also, ob ein lizenzierter Spielervermittler, der sich bei der Vertragsverhandlung strikt an den Mustervertrag hält, vielleicht nicht gegen den Schutzzweck des RDG verstößt.

---

486 Ebenso Wertenbruch, Die FIFA Spielervermittlerlizenz im Fadenkreuz zwischen RDG, EG-Kartellrecht und Art. 12 GG, SpuRt 2009, S. 183 (184).

487 OLG Frankfurt SpuRt 2007, 246.

Nach einer Ansicht soll die Verwendung des DFB-Mustervertrages dem Spielervermittler die Tätigkeit gestatten, sofern er nicht erheblich von diesem abweicht.[488] *Schminke/Helmholz*[489] gehen in ihrem Aufsatz daher davon aus, dass ein Spielervermittler bei Verwendung des DFB-Mustervertrages die „üblichen Vertragsgestaltungen und möglichen Zusatzvereinbarungen kennt". Hier handele der Spielervermittler lediglich das Gehalt aus und gehe somit einer wirtschaftlichen Tätigkeit nach. Dies erfülle, so Schminke/Helmholz, auch die Erwartungen des Spielers. Indem der Spielervermittler nur an dem wirtschaftlichen Teil der Vertragsverhandlungen teilnimmt, entspreche er den Anforderungen des Spielers. Rechtliche Kenntnisse seien nur erforderlich, wenn der Spielervermittler wesentlich vom Standardvertrag abweicht.

Anderer Ansicht ist *Wertenbruch*,[490] der auch bei Verwendung des Mustervertrages von einer Rechtsdienstleistung des Spielervermittlers ausgeht. Danach könne die Verwendung des Standardvertrages nicht dazu führen, dass der Spielervermittler keine Rechtsdienstleistung anbiete. Vorformulierte Arbeitsverträge unterlägen der AGB Kontrolle,[491] was dazu führe, dass der Spielervermittler zunächst prüfen müsse, ob die Vertragsbestimmungen, die er verwenden will, AGB darstellen. Allein dies sei eine schwierige rechtliche Prüfung. Gehe man vom Vorliegen von AGB aus, so gelte es, die Klauseln auf ihre Wirksamkeit zu prüfen. Sei der Vertrag nicht standardisiert, sondern individuell ausgehandelt, so handele es sich ohnehin um eine Rechtsdienstleistung. Weiterhin sei es nicht entscheidend, ob der Vertrag ohne wesentliche Änderungen übernommen werde, da die Entscheidung, den Vertrag in seiner vorliegenden Form zu unterschreiben, voraussetze, dass man Alternativen nicht in Betracht ziehe. Das Ausschließen dieser anderen Gestaltungsmöglichkeiten stelle ebenfalls eine Rechtsdienstleistung dar.

Dem stimmen *Stopper/Holzhäuser*[492] zu. Für sie stellt das Unterzeichnen des Mustervertrages am Ende einer Verhandlung nicht die Erklärung dar, es habe keine rechtliche Beratung stattgefunden.

---

488 Schminke/Helmholz, Der Spielervermittler im Lichte des neuen Rechtsdienstleistungsgesetzes, Spurt 2008, S. 189 (190).

489 Schminke/Helmholz, Der Spielervermittler im Lichte des neuen Rechtsdienstleistungsgesetzes, SpuRt 2008, S. 189 (190).

490 So auch Wertenbruch, Die FIFA-Spielervermittlerlizenz im Fadenkreuz zwischen RDG, EG-Kartellrecht und Art. 12 GG, SpuRt 2009, S. 183.

491 Palandt-Grüneberg, BGB, § 310, Rn. 51.

492 Stopper/Holzhäuser, Juristische Fallstricke im Recht der Spielervermittler, Spurt 2011, S. 13 (14).

Der Ansicht Wertenbruchs ist zu folgen. Jeder Rat des Spielervermittlers, auch der, den unveränderten Vertrag zu verwenden, abzuändern oder gänzlich neu zu gestalten, beinhaltet den rechtlichen Rat, dies sei die beste Gestaltungsmöglichkeit. Somit suggeriert der Spielervermittler immer eine Prüfung des Sachverhalts, die er tatsächlich nicht erbringt.

Auch die Wirksamkeit des DFB-Mustervertrages ist nicht garantiert, was man am Beispiel des Bosman Urteils[493] des EuGH vom 15. Dezember 1995 sieht. Vorher war es üblich, dass der Spieler auch nach Vertragsende nur gegen eine Ablösesumme den Verein wechseln konnte. In diesem Fall wurde eine bis dahin gängige Klausel für unwirksam erklärt, was immense Auswirkungen auf das kompletten Transferwesen hatte. Ein Verlassen auf den DFB-Vertrag kann somit eine rechtliche Prüfung des Einzelfalles nicht ersetzen.

Weiterhin verlangen gerade die nicht im DFB-Standardvertrag enthaltenen Regelungen eine besondere rechtliche Prüfung, da sie nicht nur die höchste Bedeutung für den Spieler und den Verein haben, sondern auch besondere rechtliche Probleme bieten. Gerade die einseitigen Optionsvereinbarungen und Austiegs-sowie Ablöseklauseln sind kompliziert. Dem lizenzierten Spielervermittler nun gerade den juristisch kompliziertesten Teil der Vertragsverhandlungen zu überlassen, während die weniger komplexen Fragen bereits vorformuliert sind, erscheint wenig sinnvoll.

Somit verstößt auch der den DFB Standardvertrag verwendende Spielervermittler gegen das RDG.

b) Hinzuziehung eines Rechtsanwalts

Bereits unter Geltung des alten RBerG wurde angedacht, dem Spielervermittler einen Rechtsanwalt zur Seite zu stellen, der die rechtliche Prüfung für den Spielervermittler übernimmt. Ein solche Kooperation sollte den Spielervermittler aber dann nicht von einem Verstoß gegen das RBerG befreien, wenn der Spielervermittler selbst weiterhin die Zentralgestalt der Vertragsverhandlungen und Gestaltungen bleibt.[494] Nur wenn der Rechtsanwalt die rechtliche Tätigkeit frei von Weisungen des Spielervermittlers erbringen kann, soll ein Verstoß gegen das alte RBerG nicht gegeben sein.[495]

---

493 EuGH NJW 1996,505.

494 Kröniger, Provisionsansprüche von Spielervermittlern gegenüber Fußballvereinen, SpuRt 2004, S. 233 (234).

495 Kröniger, Provisionsansprüche von Spielervermittlern gegenüber Fußballvereinen, SpuRt 2004, S. 233 (234).

Nichts anderes kann unter Anwendung des RDG gelten, da beide Gesetze den Schutz des Rechtssuchenden bezwecken. Wird ein solcher Schutz hergestellt, so ist ein Verstoß nicht mehr festzustellen. Allerdings ist auch heute noch darauf zu achten, dass der Rechtsanwalt nicht zum Erfüllungsgehilfen oder „Subunternehmer" des Spielervermittlers wird.[496]

Um dies zu verhindern, wurde der im Entwurf des RDG in § 5 III vorgesehene Zusatz, dass ein Nichtanwalt eine Rechtsdienstleistung übernehmen darf, sofern er sich für den rechtlichen Teil die Unterstützung eines Rechtsanwalts sichere, der im Bezug auf diese Rechtsdienstleistung eigenverantwortlich tätig wird,[497]gestrichen, damit der Rechtsanwalt bei einer Rechtsdienstleistung des Unternehmers nicht an Eigenständigkeit einbüße.[498] Der Rechtsanwalt soll weiterhin unabhängig und frei von Weisungen seiner Tätigkeit nachgehen können. Zulässig sind danach nur Kooperationen auf der Grundlage von eigenständigen Aufträgen, die dem Rechtsanwalt eine unabhängige, eigenständige Prüfung ermöglichen.[499]

In jedem Fall kann die spätere Hinzuziehung eines Rechtsanwaltes, der nur den bereits fertigen Entwurf unterzeichnet, um dem RDG gerecht zu werden, nicht ausreichen. Sinn und Zweck des Rechtsdienstleistungsgesetzes ist es, den Rechtssuchenden zu schützen. Nimmt nun der Anwalt einen fertigen Entwurf an sich und unterzeichnet ihn lediglich, ist die fachliche Betreuung des Spielers nicht gewährleistet.

Eine Kooperation mit einem eigenständigen, unabhängigen Rechtsanwalt mit selbstständigen Entscheidungsbefugnissen kann den Spielervermittler von einem Verstoß gegen das Rechtsdienstleistungsgesetzes befreien, wenn die Belange des Spielers auf Grund einer fachlich angemessenen Beratung nicht mehr gefährdet werden. Solange der Schutzzweck des Rechtsdienstleistungsgesetzes durch eine rechtliche Betreuung des Spielers eingehalten wird, darf der Spielervermittler den Spieler in allen wirtschaftlichen und sportlichen Fragen beraten. Um dies zu gewährleisten und eine Nichtigkeit des Vertrages wegen eines Verstoßes gegen das RDG zu vermeiden, sollte eine solche Kooperation bereits in der Vertragskonstruktion zwischen Spielervermittler und Spieler angelegt sein. Dazu verpflichtet sich der Spielervermittler, eine eigenständige Prüfung eines

496 Wertenbruch, Die FIFA-Spielervermittlerlizenz im Fadenkreuz zwischen RDG, EG-Kartellrecht und Art. 12 GG, SpuRt 2009, S. 183 (185).

497 BR-Drucks. 623/06, S. 119.

498 BT-Drucks. 16/6634, S. 52.

499 Wertenbruch, Die FIFA-Spielervermittlerlizenz im Fadenkreuz zwischen RDG, EG-Kartellrecht und Art. 12 GG, SpuRt 2009, S. 183 (185).

Rechtsanwaltes zuzulassen und ihm keine inhaltlichen Vorgaben zu machen. Eine dahingehende Klausel im Vertrag könnte wie folgt aussehen:

Der Spielervermittler verpflichtet sich, die rechtliche Beratung des Spielers im Rahmen von Vertragsverhandlung und Vertragsgestaltung durch einen geeigneten Rechtsanwalt vornehmen zu lassen. Der Spielervermittler beauftragt den Rechtsanwalt mit einer eigenständigen Prüfung aller rechtlichen Fragen und nimmt keinerlei Einfluss auf die rechtliche Bewertung und die inhaltliche Gestaltung des Rechtsanwaltes.

2. Ergebnis für den lizenzierten Spielervermittler

Der Spielervermittler erbringt eine Rechtsdienstleistung im Sinne des § 1 RDG. Diese ist ihm auch nicht nach dem Ausnahmetatbestand des § 5 I RDG erlaubt, da es sich bei der Gestaltung des Arbeitsvertrages und der Verhandlung desselben nicht um eine Nebentätigkeit, sondern um den Schwerpunkt seiner Aufgabe handelt.

Auch das Verwenden des DFB-Mustervertrages befreit ihn nicht von einem Verstoß gegen das RDG. Vielmehr verlangt auch die Verwendung eines solchen Standardvertrages eine rechtliche Überprüfung, zumal die eigentliche Leistung des Vertragsgestalters hier in der Ausgestaltung der Zusatzvereinbarungen liegt. Dies sind die rechtlich kompliziertesten Klauseln, so dass der Schutzzweck des RDG auch dann nicht gewahrt ist, wenn der Vermittler vom Inhalt des Mustervertrages nur unwesentlich abweicht und Zusatzvereinbarungen trifft.

Die Hinzuziehung eines Rechtsanwaltes kann einen Verstoß gegen das RDG verhindern. Allerdings gilt dies nur dann, wenn dem Rechtsanwalt auch tatsächlich die Möglichkeit einer unabhängigen Rechtsberatung gegeben wird. Eine solche erfolgt dann nicht, wenn der Rechtsanwalt lediglich formal hinzugezogen wird oder den bereits ausgefertigten Vertrag vorgelegt bekommt.

C. Endergebnis und Lösungsansatz

Es gilt zunächst festzuhalten, dass die Lizenz auf keine rechtlichen Bedenken stößt. Sie ist ein wichtiger Ansatz, um den Markt der Spielervermittler seriöser zu gestalten.

Eine Abschaffung wäre daher eine enttäuschende Entwicklung.

Wünschenswert wäre dagegen eine bessere Kontrolle der Einhaltung des Lizenzerfordernisses durch den DFB.

Aus der Einordnung des Spielervermittlers als Arbeitsvermittler, Makler und Dienstleister ergeben sich zahlreiche Konsequenzen für die Vertragsgestaltung. Die Vereinbarung überlanger Laufzeiten in Kombination mit dem Ausschluss des Kündigungsrechtes des § 627 BGB verbietet sich, wenn sie zu einer unangemessenen Benachteiligung führt. Insbesondere bei der Verwendung vorformulierter Musterverträge ist daher Vorsicht geboten, da ein Ausschluss des § 627 BGB in der Regel eine solche Benachteiligung darstellt.

Der Spielervermittler hat sich nicht treuwidrig im Sinne des § 654 BGB zu verhalten. Er hat bei der Ausübung seiner Doppeltätigkeit stets eine gewisse Neutralität dem Verein gegenüber zu wahren. Grundsätzlich untersagt ist ihm die Doppeltätigkeit jedoch nicht. Ob er als Nachweis-oder Vermittlungsmakler tätig wird richtet sich nach der zugrundeliegenden Parteivereinbarung.

Die Vereinbarung einer Exklusivität zwischen Spieler und Vermittler verbietet sich. Einzig zulässig wird daher die Erteilung einzelner Vollmachten erachtet. Damit besteht eigentlich keinen Bedarf mehr einen reinen Vermittlungsvertrag zwischen Spieler und Spielervermittler zu schließen. Die Vergütung wird ohnehin vom Verein übernommen.

Begrüßenswert wäre die Einführung einer Obergrenze für Vermittlerprovisionen. Diese könnte sich der Höhe nach an der Vermittlervergütungsordnung orientieren. Eine Vereinbarung zwischen Spieler und Vermittler kann vor dem Hintergrund der wirtschaftlichen Identität nicht anders behandelt werden, als eine direkte Zahlung des Spielers an den Vermittler. Dies wird durch die Annahme unterstrichen, der Verein übernehme eigentlich nur die Schuld des Spielers, also des ursprünglichen Auftraggebers, gegenüber dem Vermittler.

Erhebliche Konsequenzen ergeben sich für die Praxis aus der Unvereinbarkeit der Tätigkeit mit dem Beruf des Rechtsanwalts bei gleichzeitiger Unzulässigkeit der Vermittlung durch den lizenzierten Spielervermittler.

Während sich die Tätigkeit für den lizenzierten Vermittler als unerlaubte Rechtsdienstleistung darstellt, ist sie mit dem Beruf des Rechtsanwalts unvereinbar, sobald sie nicht nur im Einzelfall ausgeübt wird oder der Rechtsanwalt erfolgsabhängig vergütet wird.

Somit kann nach dem Ergebnis der Untersuchung weder der lizenzierte Spielervermittler noch der Rechtsanwalt den Beruf des Spielervermittlers alleine ausüben, ohne dabei gegen deutsches Rechts zu verstoßen. Gleichzeitig ist aber der Bedarf nach einer solchen Dienstleistung für Spieler und Verein offensichtlich.

Die Möglichkeit für den Volljuristen, den Beruf des Spielervermittlers auszuüben und dabei auch Rechtsdienstleistungen zu erbringen besteht ebenfalls nicht. Verzichtet der Rechtsanwalt auf seine Zulassung zur Rechtsanwaltschaft, treffen ihn die berufsrechtlichen Pflichten der BRAO nicht mehr. Eine Vereinbarung von Erfolgshonoraren ist ihm dann ebenso erlaubt wie die klassische Maklertätigkeit. Es liegt jedoch trotzdem ein Verstoß gegen das RDG vor.

Dies ergibt sich aus § 6 II RDG. Nach § 6 I RDG sind unentgeltliche Rechtsdienstleistungen erlaubt. § 6 II RDG gestattet dem Volljuristen eine unentgeltliche Rechtsberatung auch außerhalb von familiären, nachbarschaftlichen oder sonstigen engen Beziehungen. Im Umkehrschluss bedeutet dies, dass ihm die Rechtsberatung nicht ohnehin schon erlaubt ist. Da der Volljurist nicht unentgeltlich als Spielervermittler Rechtsdienstleistungen erbringen will, kann er sich nicht auf § 6 RDG berufen.

Eine Erlaubnis kann auch nicht aus dem Ausnahmetatbestand des § 5 RDG gezogen werden. Im Rahmen der Abwägung wird hier zwar die Vorkenntnis des Bewerbers berücksichtigt, es wurde jedoch bereits festgestellt, dass die Rechtsdienstleistung gerade prägende Tätigkeit der Spielervermittlung und somit nicht Nebenleistung im Sinne des § 5 RDG ist. Somit scheidet eine Erbringung der Rechtsdienstleistung unter Berufung auf den Ausnahmetatbestand aus.

Schutzzweck des RDG ist es, den Rechtssuchenden vor unqualifizierter Rechtsberatung zu schützen. Ein Volljurist ohne Rechtsanwaltszulassung ist in jeder Hinsicht fachlich kompetent. Allerdings verfügt er nicht über eine Berufshaftpflichtversicherung und unterliegt nicht den berufsrechtlichen Vorschriften. Könnte nun der Volljurist ohne Rechtsanwaltszulassung gleichermaßen Rechtsdienstleistungen erbringen wie ein Rechtsanwalt, so wäre dies eine Umgehung dieser Vorschriften, die ja ebenfalls gerade den Rechtssuchenden schützen sollen.

In der Konsequenz ergibt sich daher, dass eine Kooperation zwischen dem zugelassenen Rechtsanwalt und dem als Makler tätig werdenden Spielervermittler der einzig rechtlich zulässige Weg ist, um den Beruf des Spielervermittlers ausüben zu können. Die Fähigkeiten und Kompetenzen des Spielervermittlers werden hierbei mit den rechtlichen Kenntnissen des Rechtsanwaltes vereint. Dabei übernimmt der Spielervermittler die eigentliche Vermittlungsleistung, indem er Spieler und Verein zusammenführt. Hierbei ist er mit allen sportlichen

Fragen betraut und kann die Karriere des Spielers in jeder Hinsicht gestalten und fördern. Sobald sich dann die Verhandlung über den Arbeitsvertrag des Spielers ergibt, muss der Spielervermittler den Rechtsanwalt hinzuziehen. Hier findet eine klassische Rechtsdienstleistung statt. Innerhalb dieses Mandates muss der Spielervermittler dem Rechtsanwalt die Möglichkeit einer vollständigen rechtlichen, unabhängigen Prüfung aller Rechtsfragen einräumen. Der Rechtsanwalt verstößt bei der vorzunehmenden Prüfung nicht gegen berufsrechtliche Vorschriften. Vielmehr geht er seiner typischen Tätigkeit nach. Er wird nicht erfolgsabhängig entlohnt, sondern erhält sein Honorar gerade für die rechtliche Prüfung des Sachverhaltes. Ob der Vertrag dann tatsächlich zustande kommt ist für seinen Vergütungsanspruch irrelevant. Auch der Spielervermittler verstößt so nicht gegen das RDG. Die Rechtsdienstleistung wird ja durch den Rechtsanwalt und nicht durch den Spielervermittler erbracht.

Diese Kooperation sollte schon im Vertrag zwischen Spielervermittler und Spieler angelegt sein und abhängig vom Einzelfall auch in den Beratervertrag zwischen Spielervermittler und Verein übernommen werden. Nur wenn dem Rechtsanwalt innerhalb dieser Kooperation tatsächlich die Kompetenz zukommt den Sachverhalt auch rechtlich zu würdigen, kann ein Verstoß gegen das RDG vermieden werden.

Damit wird deutlich, dass diese Konstellation also gerade nicht dem eingangs aufgezeigten Missstand entspricht. Es geht bei der hier angestrebten Kooperation nicht darum, dass ein nicht lizenzierter Vermittler sich eines Rechtsanwalts bedient, um das Lizenzerfordernis der FIFA zu umgehen. Dabei findet eine umfangreiche und unabhängige Prüfung durch den Rechtsanwalt nämlich gerade nicht statt. Vielmehr soll der Vermittler durch eine hier angeregte echte Kooperation den legalen Weg wählen, den Beruf des Spielervermittlers auszuüben und gleichzeitig die Qualität seiner Dienstleistung verbessern, indem er die Klärung rechtlich komplexer Fragen dem Rechtsanwalt überlässt.

Durch eine solche Aufgabenteilung erhalten die Berufsbilder des lizenzierten Vermittlers und des Rechtsanwaltes die Möglichkeit sich ihrer tatsächlichen Fähigkeiten und Qualifikationen nach einzubringen und sich gleichzeitig zu ergänzen. Während dem durchschnittlichen Rechtsanwalt die Kontakte zu Spielern und Vereinen fehlen, mangelt es dem lizenzierten Spielervermittler an Rechtskenntnissen. Eine Kombination beider Kompetenzen führt daher zu einer optimalen Dienstleistung für Spieler und Verein.

Wünschenswert wäre zudem eine Kontrolle der eben erörterten theoretischen Lösung in der Praxis. Dafür müsste die FIFA ein System der Dokumentation aller Transfers entwickeln. Hier müssten nicht nur die Transfers an sich, sondern auch die beteiligten Personen aufgeführt werden. Somit würden die Vorgänge transparenter, und es könnte Missbrauch und Umgehung vorgebeugt werden. Letztendlich kann jedoch auch die FIFA nicht jedem Transfer beiwohnen. Ob der Rechtsanwalt im Einzelfall tatsächlich eine unabhängige Prüfung vornimmt oder dies nur behauptet, um dem Spielervermittler eine Umgehung des RDG zu ermöglichen, wird im Einzelfall schwer nachvollziehbar sein. Damit bleibt auch für den Fall der Etablierung eines Kontrollsystems ein Rest an Eigenverantwortlichkeit der Beteiligten bestehen.

Liegt also eine Kooperation zwischen dem Spielervermittler als Makler und dem Rechtsanwalt vor, die dem Rechtsanwalt eine selbstständige Prüfung der Rechtslage garantiert, so kann der Beruf des Spielervermittlers nach geltendem Recht auch legal ausgeübt werden.

www.ingramcontent.com/pod-product-compliance
Ingram Content Group UK Ltd.
Pitfield, Milton Keynes, MK11 3LW, UK
UKHW021902290926
8980IPUK00015B/1014

9 783631 659489